西安交通大学　研究生创新教育系列教材

新制度经济学

贾小玫　主编

西安交通大学出版社　国家一级出版社　全国百佳图书出版单位

图书在版编目(CIP)数据

新制度经济学 / 贾小玫主编. — 西安：西安交通大学
出版社,2020.10(2022.8 重印)
研究生创新教育教材
ISBN 978 - 7 - 5693 - 1067 - 2

Ⅰ. ①新… Ⅱ. ①贾… Ⅲ. ①新制度经济学-研究生-
教材 Ⅳ. ①F019.8

中国版本图书馆 CIP 数据核字(2019)第 007734 号

书　　名	新制度经济学	
主　　编	贾小玫	
责任编辑	魏照民	
出版发行	西安交通大学出版社	
	(西安市兴庆南路 1 号　邮政编码 710048)	
网　　址	http://www.xjtupress.com	
电　　话	(029)82668357　82667874(市场营销中心)	
	(029)82668315(总编办)	
印　　刷	西安日报社印务中心	
开　　本	727 mm×960 mm　1/16　印张 17.375　字数 341 千字	
版次印次	2020 年 10 月第 1 版　2022 年 8 月第 2 次印刷	
书　　号	ISBN 978 - 7 - 5693 - 1067 - 2	
定　　价	49.80 元	

如发现印装质量问题,请与本社市场营销中心联系。
订购热线:(029)82665248　(029)82667874
投稿热线:(029)82668133
读者信箱:897899804@qq.com

总　序

　　创新是一个民族的灵魂，也是高层次人才水平的集中体现。因此，创新能力的培养应贯穿于研究生培养的各个环节，包括课程学习、文献阅读、课题研究等。文献阅读与课题研究无疑是培养研究生创新能力的重要手段，同样，课程学习也是培养研究生创新能力的重要环节。通过课程学习，使研究生在教师指导下，获取知识并理解知识创新过程与创新方法，对培养研究生创新能力具有极其重要的意义。

　　西安交通大学研究生院围绕研究生创新意识与创新能力改革研究生课程体系的同时，开设了一批研究型课程，支持编写了一批研究型课程的教材，目的是为了推动在课程教学环节加强研究生创新意识与创新能力的培养，进一步提高研究生培养质量。

　　研究型课程是指以激发研究生批判性思维、创新意识为主要目标，由具有高学术水平的教授作为任课教师参与指导，以本学科领域最新研究和前沿知识为内容，以探索式的教学方式为主导，适合于师生互动，使学生有更大的思维空间的课程。研究型教材应使学生在学习过程中可以掌握最新的科学知识，了解最新的前沿动态，激发研究生科学研究的兴趣，掌握基本的科学方法，把以教师为中心的教学模式转变为以学生为中心、教师为主导的教学模式，把学生被动接受知识转变为在探索研究与自主学习中掌握知识和培养能力。

　　出版研究型课程系列教材，是一项探索性的工作，也是一项艰苦的工作。虽然已出版的教材凝聚了作者的大量心血，但还有必要在实践中不断完善。我们深信，通过研究型系列教材的出版与完善，必定能够促进研究生创新能力的培养。

西安交通大学研究生院

前　言

自 20 世纪 60 年代以来,以科斯为代表的新制度经济学在理论界的影响力日益增强,成为西方经济学界一个引人注目的现象。科斯和诺思都强调新制度经济学应该研究人、制度与经济活动以及它们之间的相互关系。尤其在我国由传统的计划经济向市场经济逐步转型的过程中,新制度经济学为当下中国经济改革提供了一种全新的思路和极具价值的分析方法。随着党的十九大的召开,深化改革的号角已经吹响,大家非常需要有关制度改革的理论知识,学习和研究新制度经济学恰逢其时。

在经济发展中,仅仅依靠土地、劳动、资本和技术等要素是不够的,还必须加上制度这一重要的基石。新制度经济学的研究表明,对于经济增长或经济发展来说,制度不是外生变量,而是经济发展的重要变量。目前我国正处在一个制度变迁的时代,1978 年从农村开始的制度改革,不仅推进了中国改革的快速发展,而且还推动了整个社会的不断进步。邓小平提出,改革是中国的第二次革命。改革是一场深刻的制度变迁,也是一项复杂的系统工程。作为经济类专业的研究生,在学习期间应该多学习一些改革的知识,多了解改革,多理解改革,而了解改革的有益途径就是学习新制度经济学。从教学效果看,这门课程对于提升研究生的经济理论素养,理性思考中国的改革和创新大有裨益。提高学生素质,增强学生的适应能力,正是我们编写这本教材的原动力。

本书通过介绍新制度经济学的基本思想,力求对当代新制度经济学的主要理论进行较为系统的概括与总结,在全面展示新制度经济学理论和方法的同时,把握新制度经济学的精髓所在,以便人们能够更好地学习和了解当代新制度经济学的主要内容和方法,并运用新制度经济学的理论和方法研究和分析中国的经济制度,为中国的经济建设服务。

本书还收集了一些中国的实际案例,希望尽可能结合中国改革实践阐释新制度经济学的理论,为新制度经济学本土化尽一份绵薄之力。在编写过程中,我们力图将制度理论与制度改革、创新及变迁的实践结合起来,尽力将最新的研究成果编入教材之中。本书涉及的内容比较广泛,希望读者通过阅读、思考,了解最基本的经济制度安排——契约、产权、企业、国家和制度变迁,形成关于制度安排的基本思路,对新制度经济学的基本内容及研究方法有一个基本把握。本书将新制度经济学自 20 年世纪 60 年代以来发展的核心和精华内容进行了解释和讨论,适合经济类专业的硕士研究生和新制度经济学的爱好者学习使用。本书包括四个部分的内容:第一部分就新制度经济学发展的现实背景、理论渊源、理论框架和研究方法作了较为详细的介绍;第二部分介绍了新制度经济学的微观理论,即交易费用理论、产权理论、契约理论和企业理论;第三部分介绍了新制度经济学的宏观理论,即国家理论;第四部分介绍了新制度经济学的一般理论,即制度变迁和法律与制度经济学。

本书得到了西安交通大学研究生教学研究与教学改革项目的资助,由西安交通大学经济与金融学院贾小玫老师担任主编,负责全书的规划与统筹,并编写了第一章、第三章、第四章、第五章、第八章;西安交通大学经济与金融学院程瑜老师编写了第二章;孙思泽博士和李英东老师编写了第六章;赵志平老师编写了第七章;硕士研究生夏冷和窦瑞琪负责全书的资料收集整理与校对工作。

由于编者水平所限,书中难免存在不足之处,恳请各位专家及读者不吝赐教,给予批评指正。

编　者
2018 年 10 月

目　录

第一章　绪论 ……………………………………………………………… (1)

第一节　新古典经济学的假设及面临的挑战 ……………………… (1)

第二节　旧制度经济学的产生与发展 ……………………………… (9)

第三节　新制度经济学的产生 ……………………………………… (11)

第四节　新制度经济学的研究现状与理论框架 ………………… (16)

第五节　中国经济转型中的制度问题研究 ……………………… (20)

第二章　交易费用理论 ………………………………………………… (33)

第一节　制度成本的交易费用理论 ……………………………… (33)

第二节　交易费用理论及框架 …………………………………… (38)

第三节　交易费用理论的经济应用 ……………………………… (51)

第四节　交易费用理论的缺陷与技术化难题 …………………… (61)

第三章　产权理论 ……………………………………………………… (72)

第一节　产权概述 ………………………………………………… (72)

第二节　产权的起源 ……………………………………………… (78)

第三节　产权的保护与交易 ……………………………………… (84)

第四节　产权的应用 ……………………………………………… (92)

第五节　产权与社会经济绩效 …………………………………… (98)

第四章　契约理论 …………………………………………………… (106)

第一节　制度与契约经济学 …………………………………… (106)

第二节　古典与新古典契约理论的发展 ……………………… (112)

第三节　现代契约理论及其进展 ……………………………… (118)

第四节　契约理论的应用 ……………………………………… (127)

第五章　企业理论···（135）

第一节　企业的性质···（135）

第二节　企业的边界与类型···（143）

第三节　企业的产权结构与委托代理问题·····································（158）

第四节　企业的最优所有权结构选择···（164）

第六章　国家理论···（171）

第一节　国家的定义与职能···（171）

第二节　新制度经济学的国家理论···（178）

第三节　强化市场型政府···（184）

第七章　制度变迁···（198）

第一节　制度变迁的供求理论···（198）

第二节　制度变迁的动机、条件与方式及路径依赖·····························（208）

第三节　制度变迁的比较···（215）

第八章　法律与制度经济学···（238）

第一节　社会秩序与法律制度···（238）

第二节　科斯定理的法经济学思想···（242）

第三节　不同博弈模型的法律制度比较·······································（249）

第四节　法律制度变迁的经济学分析···（258）

第一章 绪 论

新制度经济学是运用新古典经济学的逻辑和方法来研究人、制度与经济活动，以及它们之间的相互关系的经济学。目前我国正处于急需建立和完善社会主义市场经济体制的关键时刻，结合我国经济发展中的现实问题来阐述新制度经济学的发展历程和现有理论成果，对我国的经济体制改革和发展新制度经济学具有重要的启示作用。

第一节 新古典经济学的假设及面临的挑战

一、新古典经济学的核心假设

新古典经济学有三个核心假设，它们是新古典经济学不可反驳的理论内核的一部分，它们一旦被反驳、被证伪、被抛弃，就面临解体的危机；同时，它们也是新古典经济学同经济学的其他研究纲领的分界标准。在自然科学和社会科学中，假设的非现实性不仅是一个普遍的特征，而且还是一种重要的研究方法，甚至可能出现弗里德曼所说的那种情况——理论的意义同假设的非现实性成正比。经济理论的意义并不取决于其假设的现实性，而取决于其对经济现象的解释力和预测力。

假设 1. 每个经济主体总是倾向于使其私利在特定的约束条件下实现最大化

这个所谓的"经济人"假设意味着，消费者总是倾向于使其效用，企业总是倾向于使其利润，政府总是倾向于使其选票，在特定的约束条件下实现最大化[①]。

众所周知，这个思想始于伯纳德·曼德维尔、大卫·休谟，使其在经济学中立下根的却是亚当·斯密，而以经济人概念使其得到高度概括的则是约翰·穆勒。但这并不是对具体的、单个的经济主体行为的解释和预测，而是关于经济主体的行为倾向的假设，也就是从概率的意义上，对经济主体的群体行为特征的描述。早在1939年，霍尔和西奇就指出，因为缺乏相关的数据，企业在进行价格决策时，并不遵循边际收益等于边际成本这样的利润最大化原则，结果引发了对新古典经济学

---

① 孙鳌，陈雪梅. 新古典经济学的假设与演变[J]. 经济学研究，2005(5)：45 - 50.

关于经济主体行为倾向的最大化假设的非现实性的第一次批评高潮。但这种批评并未构成对新古典经济学致命的威胁:其一,这种批评把新古典经济学关于经济主体行为倾向的假设性命题,混同于解释性和描述性的命题。其二,新古典经济学的企业理论可以理解成一种关于企业的产业行为理论,而非关于个体企业的行为理论,也就是说,企业的最大化行为是优胜劣汰的市场竞争机制起作用的结果,而非个体企业理性的行动。弗里德曼说,市场作为一种纠错机制将保证仿佛在追求利润最大化的企业能够生存,而误入歧途的企业最终将被淘汰。对新古典经济学的这个核心假设的一些批评,主要集中在对其关于经济主体的自利性的假定上。一般性的指责是,新古典经济学关于经济主体的自利性的假定,忽视了人的利他性[①]。结果,出现了许多旨在揭示人的利他性、道德性、社会性和文化性等的文献。所以,问题不在经济人假设的非现实性,而在批评者把复杂多面的人性在资本主义市场经济条件下所表现出来的特定方面和特定向度,理解成唯一的方面和唯一的向度。实际上,"实际需要、利己主义"就是市民社会的原则。因此,经济学应当固守自己的主要研究阵地和对象——经济系统,而经济系统是一个以个人利益为动力的社会系统[②]。

假设 2. 经济自由是一国民富国强的根本保证

"看不见的手"的假定,在亚当·斯密的著作《国富论》所要努力说明的,正是使民富国强的根本途径和方法。在亚当·斯密看来,政治经济学的根本目的是富国裕民,而根本的途径和方法是经济自由。国家尽量少地干预经济,充分保障每个经济主体能够自由地从其私利出发,进行经济决策和采取行动,如此形成和扩大的市场,必然会促进社会分工的加深和扩大,而这必然会提高整个制造业的生产率,从而创造出更多的国民财富。亚当·斯密努力揭示了一种同人们的常识相反的辩证法:利己行动可以产生利他的结果。因为,自利的个人由"一只看不见的手"的指导,去尽力达到一个并非他本意想要达到的目的。不仅如此,每个人为改善自己的境遇自然而然地、不断地所作的努力,就是一种保卫力量,能在许多方面预防并纠正在一定程度上是不公平和压抑的政治经济的不良后果。但如果一国没有享受完全自由及完全正义,就无繁荣的可能。显然,这里所谓经济自由实际上是人们为追求自身利益而展开的自由竞争。哈耶克一生所推崇的"自生自发秩序"说明,竞争之所以是优越的,不仅是因为它在大多数情况下是已知的最有效的方法,而且更由于它是我们的活动得以相互调节适应而用不着当局强制和专断地干涉的唯一方法,竞争制度就是旨在用分散权力的办法来控制人的权力。

---

①　宫敬才. 经济个人主义的哲学研究[M]. 北京:中国社会科学出版社,2004:206 - 207.

②　马克思. 马克思恩格斯全集:第 1 卷[M]. 北京:人民出版社,1972:443.

假设 3. 经济资源相对于人类需求总是稀缺的

经济资源的稀缺性假定是整个新古典经济学的重要基石之一。正是因为资源是稀缺的,人类在决策时必然面临一种两难困境——当他们把稀缺的资源用在一种特定的用途时,必然招致机会成本,也就是他们因此而放弃的资源最佳用途价值。如何用既定的成本实现最大的目的,或用最小的成本实现既定的目的,这样的效率问题也成了经济学研究的问题之一。除此之外,资源的稀缺性假定还是我们理解新古典经济学效率论的关键之一。在新古典经济学家看来,稀缺性资源必然引发人们为争夺有限的资源利益而展开竞争,而优胜劣汰的竞争将保证稀缺性资源被用到最有价值的用途上。艾哈德的核心观点是效率重于平等。这充分体现在,在利益的创造与分配二者中,他更看重利益的创造。因为,自由竞争是获致繁荣和保证繁荣的最有效手段。必须指出的是,从宇宙的无限性和发现新资源的可能性来看,是不能反驳新古典经济学的资源的稀缺性假定的。因为,经济学所研究的是已经纳入了人类实践活动的现实资源,而不是仅仅作为一种可能性资源。实际上,由于人类欲望的无限性和人类实践能力的有限性,经济资源必然是稀缺的。我们可以说的,不是无限的资源,而是稀缺但用之不竭的资源。因为,当一种资源的供给因为人类使用而减少时,其价格将逐渐上升到使发现其替代品的努力达到有利可图的水平[①]。

二、新古典经济学的辅助性假设

新古典经济学有着许多派生于核心假设或为核心假设服务的辅助性假设,这些辅助性假设往往只是作为一些隐含的前提性假定,分散在众多经济学家的经济学文献中。

假设 1. 完全理性假定

假定经济主体能够合理利用自己所搜集到的信息,去估计不同结果的各种可能性,然后最大化其期望效用。这是新古典经济学理论模型的基石。而所有这些都要求经济主体具有使目标函数最大化的边际均衡条件所要求的完全理性。

假设 2. 完全信息假定

假定经济主体具有进行最优决策所需的一切相关信息,或者说,决策者获取信息的成本为零。

假设 3. 正确的市场价格假定

假定市场价格能够反映供、需双方所有的相关信息。供给方的变化,如生产成本、生产技术、供给量等的变化,或需求方的变化,如消费者的收入、偏好、预期等的

---

① 罗宾斯.经济学的性质和意义[M].北京:商务印书馆,2000:26.

变化和替代品、互补品的价格变化等,都会反映在市场价格变化中。与正确的价格相对应的错误价格,指的是那些未正确反映供、需方的某些重要信息的价格,如垄断价格、通货膨胀条件下的价格、计划经济条件下的计划价格和存在着生产或消费的外部性条件下的价格。新古典经济学家的许多主张,如反对垄断、反对通货膨胀、反对政府对经济的过度干预的主张和清晰界定产权的主张等,实际上旨在形成所谓正确的价格。因为,垄断、通货膨胀、政府对经济的过度干预和产权的不完全界定,都会降低价格作为决策信息的价值。

假设 4. 市场出清假定

假定所有生产出来的产品都刚好全部卖出去,而所有有效需求都刚好得到完全满足,在市场中,既无超额供给,又无超额需求。很明显,这实际上是萨伊"供给创造自己的需求"思想的一种变体。

假设 5. 唯一均衡假定

假定在整个经济系统中,存在着一个经济系统会自动趋近的稳定状态——帕累托最优状态。此时,任何经济主体不使他人的境况变得更糟,就不可能改善其处境。显然,这是一种有着目的论暗示的假定。

假设 6. 效用可度量假定

假定可用基数准确度量消费者的效用。我们知道,尽管序数效用论者强调,效用不可准确度量,只可比较其大小,但在无差异曲线——预算线模型中,他们又频繁使用基数效用论的边际效用概念,实际上又假定效用是可以准确度量的。

假设 7. 企业间的策略性相互作用可忽略性假定

假定在考察企业的行为时,可以忽略企业在策略上的相互依存性,而把企业间的相互作用仅看成一种参数性相互作用,也就是企业通过市场价格而发生的间接相互作用,而非直接的相互作用。

假设 8. 交易成本可忽略性假定

假定企业的全部成本就是其在生产中使用生产要素的成本,可以忽略企业发现相对价格的成本,或企业制定和执行交易合同的成本。

假设 9. 企业的结构可忽略性假定

假定可以把企业当作一个无结构的质点或"黑匣子"进行处理,也就是仅仅把企业当作一个把一定的投入转换成一定的产出的生产函数进行处理。

假设 10. 制度可忽略性假定

假定无须考察社会制度对消费者或企业行为的塑造作用。其一,消费者和企业所遵循的是目标函数最大化的边际均衡条件;其二,清晰界定的私人产权可以完全消除生产或消费的外部性,因而是最有效率的制度,从而不存在研究制度效率的必要性。

假设 11. 边际收益递减假定

假定在其他条件不变的情况下,生产要素的使用必然达到这样一种状态,此时,要素的边际产品随着使用要素数量的增加而减少。

假设 12. 方法论的个人主义假定

假定可以从那些指向他人并受其预期所指导的个人行为,而达到对社会现象的理解[1]。按照 M. 卢瑟夫的看法,方法论的个人主义合理性有:①只有个人才有目标和利益;②社会变迁往往产生于个人行动;③大多数社会现象往往可以从个人的气质、信念、资源及其相互关系角度加以解释[2]。

三、新古典经济学面临的挑战

(一)行为经济学对新古典经济学的挑战

凯恩斯、赫希曼、科斯都是其中的代表人物。他们往往是根据语境的不同对于个体的行为做出经验上可信的假设,如个体在不确定性的条件下倾向于更多地持有货币或黄金、个体不是纯粹的自私自利的、个体有获得社会声望的动机等。虽然如同公共选择学派的研究者一样,很多情况下研究者会假定个体是自私的、个体只在乎货币收益等,但这和认为新古典理论家就在本体论上认定人就是自私的、就是只考虑纯粹的货币利益等还是有差距的。例如:公共选择理论假定个体是自私的,这并不是说每个人在公共岗位上都是自私的;自私也并不是单纯意味着只追求金钱,只考虑短期利益,对于社会地位或其他非金钱利益不在乎。科斯多次强调说,经济学应该从现实中的人出发,现实中的人是怎样就怎样。但问题仍然是,无论怎样强调从现实出发,终究需要聚焦到现实的某个方面才能进行表达——这也就是在抽象了,而一旦问题到达这个层次,还是涉及“何为合理的抽象”这样的问题。

西蒙以贝克尔等对于个体行为基于最大化模型的解释为例,表明新古典最大化模型实质上主要依靠的是各种经验性的辅助假定来进行推理的,并指责说这些经验性的辅助假定,如个体的效用函数形式、个体的稳定偏好等,没有经受经验的检验。西蒙指出的这一点在阿罗那里也得到了一定的呼应。阿罗也意识到,最大化的逻辑是一回事,为了使这个逻辑能够发挥作用又是另外一回事,后者是必须结合各种经验假定的。不过,同样地,对于这些模型简单地以“不现实性”为名对它们进行责难依然是轻率的,因为如弗里德曼(1953)所言,“描述上的真实”不等同于“分析上的相关”,任何一个对象或现象都存在不止一种描述,所谓描述上的真实是

---

① 哈耶克. 个人主义与经济秩序[M]. 北京:生活·读书·新知三联书店,2003:10-12.

② 卢瑟夫. 经济学中的制度[M]. 上海:上海三联书店,1999:38.

操作上无意义的,真正重要的是分析上相关的抽象,而这从来都不可能脱离了所要解决的问题而给出答案。

总的说来,关于什么是理性人的实质规定性,至少从这些实践来看,并没有达到完全的一致性和统一性。不过,不需要首先对此达成一致,批评者们就已经以各种方式表达对新古典的理性人概念不满了。这些不满,集中在理性人这一概念的非现实性上。总的来说,这些批评围绕着两个维度展开:能力维度和动机维度。前者主要针对单纯个体决策的情形中个体是否有能力实现某种意义上的最优,后者针对的实际上是个体心智的社会性,包括个体是利己还是利他动机、是否有建立声誉的动机、是否对公正有偏好等。如西蒙(1986)说:"如果我们承认决策者的知识和计算能力都是严重地受到限制的,那么,我们必须区分真实的世界和行为者眼中的世界以及行为对它的推理。我们必须构建关于决策过程的理论。我们的理论不仅必须包括推理过程,而且包括使行为者对于问题的主观呈现得以产生的过程。"一旦开始要求对个体的决策行为予以现实的刻画以及精准的预测,必然会要求知道除传统分析中人们关注的手段、目的之外的影响个体行为的诸多因素,从个体的心理,到认知,到文化、行为惯性,乃至神经构造等。行为经济学家都主张,为了更好地解释和预测个体行为,经济学需要结合心理学乃至神经科学(以及更普遍的、关于人的心理的生理基础科学)的知识以打开个体行为的黑箱。

(二)女性主义经济学对新古典经济学的挑战

女性主义经济学的理论出发点不是新古典主流经济学意义上的"理性经济人",而是强调作为"关联的存在"的人,这里的性别指的不是生理性别,而是指社会性别,是对男女两性的社会特征和社会角色的不同定位,是一种权力关系和社会建构。市场作为新古典主流经济学研究的不变主题,决定了其研究的内容是经济主体在市场中的竞争和交易行为,新古典主流经济学家喜欢把研究重心放在人类生活的"硬性"领域和经济资源的有效利用上,而忽略了人类的另一个重要活动领域——家庭。他们把人类部分传统的、非市场的、由女性参与的活动,如将照顾家庭、孩子、病人、老人等看作是非经济性的,且认为这不适合经济学研究。因此,新古典主流经济学家把经济与社会平等以及家庭财务等领域不看作是生产性劳动,在国民收入核算体系中完全不考虑家庭生产的因素。

女性主义经济学从社会性别二元角色的认识论出发,认为人类社会活动可以分为两个领域:公共领域如市场,包括生产、交换和政府活动等;私人领域如家庭,包括抚育工作、家务劳动等。它们传统上被分别界定为男性和女性的活动范围,受价值等级观念和文化意识形态的影响,市场中男性的有酬劳动成为经济学研究的全部内容,而家庭中女性及其活动或者消失于无形,或者被划归为经济学以外的其他学科的研究内容。这种做法虽然从新古典经济学产生时的社会状况来看似乎有一定的道理,但是由于进入20世纪后,男女两性活动的范围界限已经不再明确,社会结构变动使家庭和劳动力市场中的关系变得非常复杂。所以,新古典主流经济学虽然试图将这一问题纳入经济学的分析框架,但由于不愿改变其旧范式的"硬核",而使其解释总是很牵强附会①。

女性主义经济学家认为,新古典经济学对女性忽视的原因就在于传统社会中女性的时间完全被配置在家庭的无酬劳动上。但是,由于现代女性在市场上的有酬劳动提高了其家庭工作的成本,她们可以在有酬劳动、无酬劳动和闲暇之间进行选择。所以,劳动力市场歧视问题、家庭中男女的分工和地位问题、孩子抚养成本问题等就摆在了经济学家面前。女性主义经济学的最新发展还涉及了经济学研究的另一项内容,即制度变迁问题,它特别注重研究男女社会性别角色是如何在社会制度规范演进过程中自发形成的,想找出使妇女处于劣势地位的文化和社会制度因素。女性主义经济学认为,虽然新古典主流经济学"个人如何分配稀缺资源"的模型是在经验观察的基础上建立起来的,而且这对其所描述的"男性的现实世界"来说是有效的,但是,新古典主流经济学模型没有准确地描述出女性的切身体会,进而女性主义经济学对新古典主流经济学的假定提出了质疑②。

女性主义经济学家指出,新古典主流经济学的核心假定特征在现代西方国家是与典型的男性气质紧密相关的,而这一假定特征的对立面却与典型的女性气质息息相关。同样,与独立性、数学推理、规范形式和抽象问题等相关的分析方法和阳刚、男性文化有关联,而联系、语言逻辑、非规范形式及具体细节等方法则与女性、从属文化相关联,所以,新古典主流经济学的"经济人"假设隐含着一种男女对立的二元论思想,即自利与利他、独立与依赖、理性与感性等,这种思想又将男、女各自的特征和价值判断的优、劣联系起来。换句话说,新古典主流经济学在性别特征和价值判断之间建立了必然的心理联系,这不是一种独立的、个人的信仰,而是一种社会的和认识的习惯,尤其是已有的文化认知模式,即这种认知模式从根本上影响了西方各种学科的建构,经济学也不例外。

虽然女性主义经济学不完全否定数学化的定量分析的作用,但是它还认为,完全男性价值取向的方法过于狭隘,应扩展经济学的方法论边界。例如,将参与观察、深度访谈、测量研究、实地调查、人种史等定性方法引入经济学,这是因为被传统经济学排除在研究之外的女性在家庭中从事的无酬劳动,不计入国民收入账户,统计数据也根本无法体现女性工作、劳动的价值,虽然很多国家已把女性有酬劳动

---

① 崔绍忠,邹杨.女性主义经济学对新古典主流经济学的挑战[J].求索,2007(8):39-41.
② 倪志娟.女性主义研究的历史回顾和当代发展[J].江西社会科学,2005(6):135-141.

创造的价值纳入国民收入核算体系,但是计量家务劳动和抚养孩子等劳动的价值,仍然是新古典主流经济学方法所忽视的。

(三)网络经济学对新古典经济学的挑战

由于存在网络外部性,所以网络产品的需求曲线是一条先下降、后上升的 U 形曲线。网络产品高固定成本、低边际成本的特性,使得其供给曲线向下倾斜。网络产品的均衡是一种正反馈,这会导致强者越强、弱者越弱、赢者通吃。网络经济对新古典经济学的挑战在于正反馈非均衡、边际收益递增、超边际决策以及需求方规模经济。

传统产品的需求曲线向下倾斜,随着产品需求的增加,价格下降,其原因在于边际效用递减规律。对于网络产品的需求而言,一方面,遵循边际效用递减规律,随着需求量的增加,价格有降低的趋势;另一方面,随着加入网络的消费者越多,网络的价值越大,这时消费者的支付意愿也越大,我们称之为网络效应。梅特卡夫法则认为,网络的价值与节点数的平方成正比。这时,网络效应大于边际效用递减效应,随着网络规模的扩大,网络的价值增加,消费者的支付意愿也增加[①]。

传统产品的供给曲线向上倾斜,这是由于边际成本递增。网络产品具有高固定成本、低边际成本的成本特征。铺设电信光缆耗资巨大,但一旦建成使用,随着边际消费者接入电信网,其边际成本很低。互联网提供商为第一个用户提供服务之前,要花费租用网络、购买服务器、招聘技术人员等高昂成本,但为第二个用户提供服务时,边际成本几乎为零。因为网络产品的边际成本很小,而且低于平均成本,如果像竞争厂商一样按边际成本定价,势必会亏损,因此,网络产品厂商的供给曲线不可能是边际成本曲线。可能的选择是按平均成本定价,这时,价格随网络规模的增加而减小。

在网络经济中,信息网络为经济社会提供一个新型的信息和知识空间,信息和知识可以不受时空限制地流动和共享。托夫勒曾指出,土地、劳动、原材料,或许还有资本,可以看作是有限的资源,而知识实际上是无穷无尽的。一般物质商品交易之后,出售者就失去了实物,而信息、知识交易后,出售信息、知识的人并没有失去它们,而是形成出售者和购买者共享信息与知识的局面。这种共享效应使得信息、知识能以任意规模被应用,这意味着,在信息成本几乎没有增加的情况下,信息使用规模的不断扩大可以带来不断增加的价值;同时,信息也不会因为信息的消费而消失,信息网络可以把信息存储起来,把大量零散、无序的资料、数据、信息按照使

---

① 葛伟民.网络效应:互联网发展对全球经济的影响[M].上海:上海社会科学院出版社,2004.

用者的用途进行加工、处理、分析、综合,形成新的有价值的信息。在信息、网络技术迅速发展的情况下,信息的再生能力不断增强,由已有的信息加工成增值信息也变得更为容易。这种信息、知识的累积增值效应,可以在一定程度上解释边际收益递增①。

第二节　旧制度经济学的产生与发展

一、旧制度经济学的思想起源

旧制度主义思想渊源于德国的历史学派,最早产生于 20 世纪初的美国。这一时期美国已完成了由自由资本主义向垄断资本主义的转变,因受垄断组织的压迫,国内阶级矛盾进一步加剧。而 1929 年的经济大萧条导致"供给创造需求"的萨伊定律彻底无法自圆其说。注重制度分析和强调制度因素在经济发展中的作用,批判资本主义经济制度的美国制度主义就是在这样的历史背景下出现的。制度主义最初处于异端地位,但是,随着制度主义不断演变与发展,尤其是新制度经济学的出现,其越来越受到学界的关注。20 世纪 90 年代初,科斯与诺斯相继获得诺贝尔经济学奖,使制度经济学派的影响达到了顶峰。同样是以制度为研究对象的新、旧制度学派,至少迄今为止,相当多的人认为,它们在经济学说史的地位是不同的,旧制度经济学一直被视为异端,而新制度经济学却成为主流经济学的座上嘉宾②。

以凡勃伦为代表的旧制度经济学派产生于 19 世纪末 20 世纪初的美国资本主义社会,它的产生是对美国当时经济生活的一种反映。凡勃伦的思想形成于美国内战结束后的工业化时期。这一时期美国社会经历着巨大的制度变迁,这对旧制度学派的诞生产生了深刻的影响。19 世纪最后 30 年迅速发展的美国工业化过程充满着混乱和动荡:一面是聚敛财富的亿万富翁,一面是生活艰辛、饱尝失业困苦的劳苦大众;一面是资本家冠冕堂皇的平等与民主,一面是在压迫与歧视中生活的群众。这个时期,美国的社会矛盾不断激化,农民的抗议与工人运动不断发生,阶级利益冲突日益剧烈。旧制度经济学的思想基础在这种环境下发展起来,以主流经济学(新古典理论)批判者的姿态出现③。

---

① 袁正.网络经济对新古典经济学的挑战[J].现代经济探讨,2009(1):89-92.
② 张彬彬,黄少安.新老制度经济学的思想起源及方法论比较[J].山东经济,2005,21(3):9-11.
③ 诺思.经济史中的结构与变迁[M].上海:上海三联书店,1991.

二、旧制度经济学的研究思路

旧制度学派的研究思路大致有两个重要的研究纲领,第一个纲领由凡勃伦提出,并由克莱伦斯·阿里斯发展与修正。该纲领集中考察了新技术对制度安排的影响,考察既定社会惯例和既得利益者阻碍变迁的方式。这些思想常常是与强调大公司政治经济权力的现代经济结构观念结合在一起的。旧制度学派的第二个研究纲领出自康芒斯,其代表人物是瓦伦·塞缪尔斯和阿兰·施密德等学者,较之前者这一思路更加关注法律、产权和组织,以及它们的演变及其对法律和经济权力、经济交易和收入分配的影响,这一纲领在某些方面补充了凡勃伦的理论。

三、旧制度经济学的基本方法论

以凡勃伦、康芒斯为代表的旧制度经济学的基本方法论是制度学派、历史主义、本能主义、进化主义、实用主义、集体主义和整体主义的融合。旧制度学派把社会经济的历史相对性具体化为经济制度持续演化论,提出经济学应从经济制度进化的途径来探讨某一历史时期和某一经济体系的各种经济问题。同时旧制度学派以"本能主义"心理学、达尔文的进化论作为哲学基础,并把实用主义拿来作为其批判新古典理主义的武器。凡勃伦把本能引入经济学领域,强调经济制度是人类利用天然环境以满足自己需要形成的社会习惯。他认为,社会习惯是在为达到人类行为最终目的而做出努力的行动中逐渐形成的,而人的最终目的又恰恰是由本能决定的。因此,本能是人类制度的根基。凡勃伦关于制度的定义为:所谓制度就是"广泛存在的社会习惯",直接源自实用主义大师皮尔斯的所谓"思想的全部功能就是产生行为习惯"。

受本能主义和实用主义的影响,凡勃伦对新古典的经济人假设的理性主义和抽象人性论给予了最强烈的讥讽,他认为对社会经济生活和制度起决定作用的本能分为三类:父母的天性、工作的本能和闲散的好奇心。凡勃伦依据进化论和新的心理学提出,人性是演进的,是与文化交互作用的产物,换句话说,本能是以过去几代人的经验为基础的,所以它要受制于习惯的发展并由习惯而修正,即要由制度所修正。凡勃伦否认在经济生活中存在永恒不变的自然秩序,因为制度是不断进化的;否定个体主义方法,强调集体行动的重要性,认为制度是社会经济发展的决定因素。

凡勃伦还把制度的演化比作生物界的优胜劣汰,认为其就是人类思想和习惯的自然淘汰过程,他以进化论来说明制度的演化过程,进而认为制度的发展只有渐变而没有突变。康芒斯把制度视为正式和非正式冲突解决过程的结果,成功的标准在于制度是否产生了解决冲突的"合理价值"或"切合实际的相互关系"。因此,他强调经济、法律和伦理的作用,把资本主义的产生归功于法律制度,认为资本主义制度本质上是一种法律制度,因为它完全以所有权为基础。

四、旧制度经济学的发展

从制度学派的发展过程来看,20 世纪 30 年代,是从凡勃伦等到加尔布雷斯之间的过渡阶段,即所谓的传统制度经济学向"新"制度经济学过渡的阶段,主要继承者是艾尔斯、伯利和米恩斯等。此阶段常被人们所忽视,其实这一过渡期可谓是制度经济学的重大突破,这一阶段继承了凡勃伦传统和实用主义,初显了制度学派个体主义(个人主义)的萌芽①。

艾尔斯继承了凡勃伦的传统,但有所不同。他认为,文化是一个整体范畴,经济是一个文化过程,个人只不过是这个过程的参与者。将经济视为文化过程,就是将经济视为整体、视为动态过程来理解。这种思想是对凡勃伦以及实用主义的继承,同时又更加明确了经济的文化含义②。在杜威的实用主义(工具主义)导向下,艾尔斯赞同对资本主义进行实用主义的、自由的修正,但拒绝社会主义和法西斯主义,因此他支持将修正性的经济计划和管制作为缓解资本主义过剩的手段③。

第三节 新制度经济学的产生

一、新制度经济学的发展历程

(一)制度主义的先驱

制度经济学的先驱可以追溯到苏格兰启蒙思想家,包括大卫·休谟、亚当·弗格森和亚当·斯密。他们揭示出了运行中的经济,或者在更广泛的意义上说,揭示了人类文明的制度基础及其演化的性质。涂尔干和孔德的社会学传统也是制度研究的重要起源。特别是涂尔干在《社会学方法的通则》中将社会学定义为关于制度、制度发生和制度职能的科学,并给出了制度学的研究方法。孔德则保持了与经济学的密切联系,并通过英格拉姆等英国历史主义者产生了重要影响。

---

① 蒋自强,史晋川. 当代西方经济学流派[M]. 上海:复旦大学出版社,1996.
② 巴克豪斯. 经济学方法论的新趋势[M]. 北京:经济科学出版社,2000.
③ 罗宾斯. 经济学的性质和意义[M]. 北京:商务印书馆,2000.

理查德·琼斯在 1833 年的一篇演讲被霍奇森认为是制度主义方法论的源头（霍奇森,1984）。如果经济学家认为可以从一个很小的一般假设集合出发,推导出具有广泛应用性的原理,他们就是自欺欺人,而以这种方式得出的一般原理也缺乏一般性。因此,经济学家不应通过抽象和演绎获得结论,他们必须"看和观察",把他们的研究建立在最广泛的历史和统计研究上[①]。

对以李嘉图为代表的古典经济学的全面批判始于德国历史学派。旧历史学派的代表人物威廉·罗雪尔反对将经济学作为狭隘定义和抽象演绎的政治经济学,而应与其他社会科学尤其是法理学紧密联系,但其原理并不具有广泛的普遍性,而仅仅适用于特定的时期和地点。作为青年德国历史学派的领袖,施莫勒用历史和人类文化学的方法处理各种主题,拒绝推理的作用,仅仅坚持在无限历史变动中的客观和记录下来的东西。熊彼特将施莫勒视为美国制度主义之父。由于无法提供指导和限制人类活动的原理,历史主义是一口无泉之井。尽管与德国历史学派存在方法论上的著名争论,但在对制度研究的推动方面,奥地利学派功不可没。奥地利学派的贡献在于将制度的分析置于人类的有限知识和方法论上的个人主义和主观主义语境。奥地利学派将经济视为一个复杂的演化系统,强调发生于历史性时间里和不确定环境中的无止境的试错过程。制度因素在奥地利范式中是至关重要的[②]。

柯武刚和史漫飞将弗赖堡学派也作为制度经济学的先驱之一。弗赖堡学派的构造性原则包括私人产权、缔约自由、个人对其承诺和行动负责、开放的市场、稳定的货币和经济政策,这些原则应当以同样的程度应用于所有相互依赖的市场,从而保证政策之间的协调性。

(二)旧制度主义

卢瑟夫将旧制度主义传统分为两个主要的研究纲领。第一个纲领与凡勃伦有关,其中心概念是商业或金钱经济与实业经济的基本二分法。另一个纲领主要出自康芒斯的研究工作,该纲领强调交易、产权和组织及其演变,关注人为设计的制度运作以及这些制度如何受到产权、立法和法院决定的影响,制度在很大程度上被视为正式和非正式冲突解决过程的结果,是控制个人行动的集体行动。尽管这两个纲领之间具体的分析框架存在着差异、矛盾甚至公开的冲突,但由于方法论、理论倾向和价值偏好之间的一致性——对形式分析方法的拒绝,对整体主义立场的坚持,对理性最大化的抨击等,旧制度经济学仍然被视为一个群体。由于旧制度经

---

① 吴辉,鞠方,袁芳英.新制度经济学的发展及其启示[J].桂海论丛,2004(6):51-53.
② 尼.新制度主义的源流[M]//薛晓源.全球化与新制度主义.北京:社会科学文献出版社,2004.

济学想要制度的经济学而不要理论的经济学,与新古典范式相比,其精确性和严密性上的缺失不但在分析高度复杂的演进世界时面临严重的问题,而且导致了学术传承的困难和理论进展的缓慢乃至停滞。

旧制度经济学更多的是强调侧重点的区别。即使仅仅考虑到旧制度经济学的部分洞见,包括凡勃伦关于制度演化的观点和累计因果关系所具有的路径依赖思想,康芒斯对交易的强调和分类,也足以使任何对制度的研究都无法将旧制度经济学完全置于视野之外。旧制度经济学仍然保持了其理论上的延续性和生命力,并展现出新的面貌。通过对新旧制度学派的比较,旧制度学派对问题的认定比新制度学派更接近现实,而新制度学派则在方法上更胜一筹。因此发展方向是将旧制度学派的问题和新制度学派以及主流经济学的方法结合起来,并由此形成新的分析范式。

(三)新制度经济学

新制度经济学脱胎于新古典经济学,但又对新古典经济学进行了深入的批判。作为古典主义、新古典主义以及奥地利经济学中制度主义因素的再现和重要扩展,新制度经济学的形成是一个渐进的过程,是各种持续努力相互作用的结果。在新制度经济学先行者的名单中,包括奈特、哈耶克、迪雷克托,但无可争议的是,科斯1937年的论文成为新制度经济学诞生的标志,引起了经济学的革命。

科斯的贡献在于将交易成本引入了经济分析之中,这种基于契约及其相应的交易成本的思路,成为后来企业理论的主要分析工具。科斯的论文影响广泛,根据拉斯·沃因(2003)的判断,布坎南和塔洛克的《一致的计算》是科斯对企业和契约选择分析的翻版,而著名的莫蒂格利安尼-米勒定理则是"企业的性质"的派生物。科斯将威廉姆森、德姆塞茨和阿尔钦列为对新制度经济学做出重要贡献的经济学家,特别是将阿尔钦的两篇论文——《产权经济学刍议》和《不确定性、演化和经济理论》作为早期进展的组成部分。诺思开拓性地使用新制度经济研究方法解释了经济制度的演变过程,并以制度经济史将新制度经济学中的各个类别结合起来;巴泽尔的产权理论构成了新制度经济学从交易费用到博弈均衡的重要转折点;张五常为新制度经济学的传播做出了突出贡献。

二、新制度经济学的方法论

(一)经济学与方法论

方法论有时被用来描述一门学科的技术步骤并因此成为方法的同义词,但更经常地表示对一门学科的概念、理论和基本原理的研究。布劳格赞同对方法论的广义理解,并因此将经济学的方法论解释为经济学所运用的科学哲学。通过将方法论与科学哲学联系起来,布劳格引入了波普和拉卡托斯的证伪主义,以此对经济学内部的不同流派和观点进行了分析。布劳格将主流经济学家视为证伪主义者,也就是说,任何现代经济学理论,除非它可以对待解释的现象做出一系列预言,并且这种预言至少是潜在的可用经验资料确证的,否则理论就不可能是合理的,从而无立足之地。布劳格的这种论断直接对应着发轫于弗里德曼的新古典经济学的方法论[①]。

20 世纪 50 年代,反边际主义者通过直接提问的方法,即向企业的总裁或执行官发送详细的问卷,试图了解企业家的真实决策过程,结果发现企业家在制定价格、产出和雇佣政策时,并不使用边际数量的术语进行思考,并因此主张应当放弃边际分析。针对反边际主义者的批评,马克卢普最早进行了回应,但其努力只获得了部分成功。对新古典经济学最有力的辩护是由弗里德曼作出的,他的论文《实证经济学的方法论》(1953)被布劳格(1992)称为战后经济方法论的中心著作。阿尔钦(1950)为弗里德曼(1953)的立场提供了坚实的辩护。阿尔钦通过引入不确定性和不完全信息,以进化论和自然选择的思想捍卫了新古典的边际分析和企业理论。反边际主义的问题在于没有认识到,新古典企业理论关注的是产业运行的定理,尽管这个定理是从关于企业家行为公理中推导出来的,但定理的有效性并不取决于公理的现实与否。总而言之,即使新古典企业理论关于利润最大化的严格假定是错误的,企业理论的定理仍然成立[②]。

沿着弗里德曼和阿尔钦的道路,贝克尔(1962)进行了进一步的阐述。贝克尔指出,只要承认资源的稀缺性,新古典经济学的理论,特别是市场需求曲线向下倾斜的定理,甚至可以包容非理性的行为。资源约束的变化将会迫使经济单位,无论是家庭还是企业,做出理性的市场反应。家庭和企业不管是否采用理性的决策规则,都不可能持续地超出其收入约束生存,因而必然沿着新古典理论预测的方向进行调整。贝克尔的结论是非理性单位将会因为机会的变化而被迫做出理性的反应,因而新古典经济学理论有效性与经济单位的理性是无关联的。这样,经过弗里德曼、阿尔钦和贝克尔的努力,逐步形成了芝加哥学派的工具主义方法论[③]。

① 威廉姆森.资本主义经济制度[M].北京:商务印书馆,2002.
② 威廉姆森.治理机制[M].北京:中国社会科学出版社,2001.
③ 尼.新制度主义的源流[M]//薛晓源.全球化与新制度主义.北京:社会科学文献出版社,2004.

（二）科斯的方法论

作为新制度经济学的开创者,科斯的方法论与主流方法论存在着严重的分歧。这种分歧在《企业的性质》开篇即显现出来。科斯(1937)引用了罗宾逊夫人对两类假设的区分,即易于处理的假设和符合现实的假设,进而指出,对企业的定义应当既是易于处理的又是现实的。科斯并不反对假设的"易于处理性",他反对的只是把"易于处理"作为选择前提性假设的唯一条件,特别是反对为了"易于在经济学上处理"而不惜牺牲前提的真实性。在科斯看来,这种为了易于处理而放弃真实的倾向,导致当经济学家们发现他们不能分析真实世界里发生的事情的时候,就用一个把握得了的想象世界来替代。传统的福利经济学通过对自由放任状态与理想世界的对比进行分析发现,这种方法导致了思维的松散,因为理想世界的性质从来就不清楚,因而正确的分析方法应当以实际存在的情况为出发点,进而审视政策变化的效果,决定新情况与原来情况的优劣。由于经济组织的理论假设与现实是不相干的,以及所有可行的组织形式都是有缺陷的,因而应当通过比较制度分析考察可行的组织形式之间的相互替代。

理论的生命力不在于预测,而是与大量具体信息的结合以解释具体事件(卢瑟夫)。经济学家选择理论限于理解、解释我们所处的真实世界,用科斯本人的话说,"现代制度经济学应该研究实际的人,研究现实制度约束下的人的行为"。首先,科斯反对任何的想当然,对任何常识保持怀疑主义的态度,并在事实与常识不一致时相信事实;其次,科斯还坚持经济学家的基本任务是解释我们身边的现象,这是规划更美好经济世界蓝图的前提;最后,科斯反对简单解释和简单理论的复杂化以及为了使问题的表述更精美和深奥而附加的精心安排。

三、新制度经济学的研究方法

实证研究方法是新制度经济学的主要研究方法。

首先,识别性、相关性和一致性问题。一般认为,新制度经济学的主要研究问题可以大致划分为:①假设制度是既定的并寻求制度的绩效。②试图解释制度的出现以及随着时间而发生的变更,并确定那些引起制度变迁的因素。对这两者而言,具有识别制度和确定其相关性的能力是关键。一般认为,制度定义为由规则(内部制度)及其执行(外部制度)两部分组成,那么这两部分都必须能够识别。表面看来,对外部制度的识别似乎相对容易:规则和违规制裁的内容常常会成为正式法律的一部分,因而是可以确定的。然而,这种方法在许多情形下,对于识别制度的实际功能是相当有限的。在私法领域,形式相同的制度应用不同,接受赔偿的办法也会有很大的区别。如果我们先假设尚未存在可用来规范诸如商品交换等相互影响的内部制度,再进一步假设参与者对制度变迁的需求尚未察觉,那么他们会做出以下抉择:①在现行制度下执行意愿行为;②压制意愿行为。意愿行为可以是建立公司、进行投资、交换商品等。实际上,这些抉择是由一系列连续的而非离散的选择构成。

其次,比较制度分析。比较制度分析是经济学家试图识别替代性制度安排对各种利益变量的影响,并对它们进行相互比较的分析方法。比较制度分析通常是进行横向比较,并着重比较过去的制度。进行纵向比较虽然问题明显,但也是可行的。比较制度分析背离了另外一种以传统理论观察问题的比较分析,即将实证结果与理论最优结果相比较。这种比较往往得出现实情况不是最优的结论,由此得出国家干预通常是正当的。相反,在比较制度分析中,它仅仅在现实的制度之间进行比较,而不必拘泥于"Nirvana"最优化空想理论(Demsetz)。通常理论上可能存在的因果关系很多,而在具体分析中检验的因果关系相当有限,因此比较制度分析是基于演绎推理的,不过这还尚未达成共识。当然,比较制度分析本身并不是没有问题,但因果关系问题看来是最重要的。在许多情形下那些可观察的确定变量之间高度相关的可能性很大,但是,既然理想化的约束条件几乎从未在现实世界中实现过,那么那些不可观察的变量也可能是相关的。

再次,实验室实验。经济人模型是一个简单的预期模型,因此能在可以控制条件的实验室中检验其预期。多年来的实验不仅证明许多预期是虚假的,而且还对目标行为进行了特定的限制,从而在实验的基础上使目标行为能被预测到(Kagel、Roth 提供了该新兴领域的概览)。在新制度经济学中,这些实验内容是高度相关的,因为许多实验室中观测到的行为能明确地用社会共同准则等内部制度来解释。

最后,计量经济学检验。如果我们不仅仅能够理解制度及对它们进行定性的描述,还可以对它们进行定量分析和比较,那么应用传统经济计量学工具的大门就向我们敞开了。这样就有可能对外部制度和内部制度的结果进行检验。如在现有计量经济学研究中,制度质量(被假设为是外生给定的)能够解释观察到的变量,比如投资、人均收入和人均收入增长的许多差别。

第四节　新制度经济学的研究现状与理论框架

一、新制度经济学

自 20 世纪六七十年代以来,以科斯为代表的新制度经济学派异军突起,成为新自由主义经济学中最富有吸引力且最有助于使传统经济研究和政治研究发生革命性变化的理论。到目前为止,新制度经济学并没有形成一个完整而统一的理论体系,其主要理论成果是由许多经济学家分别在不同的研究领域取得的。迄今已取得了如下主要理论成果。

(一)企业制度理论

正统微观经济学基本上没有什么企业制度理论,企业被简化成了一个关于投入和产出关系的生产函数。科斯首先研究了企业为什么存在以及边界在何处的问题。科斯指出市场交易是有成本的,通过形成一个企业组织可以节约某些市场交易成本,但是企业内也有组织协调成本,企业越大,组织协调成本越高。所以企业不能无限扩展,其边界在边际收益等于边际成本之点上。企业制度理论由此而发端,此后进一步研究了在存在信息成本和道德风险条件下,企业内部的委托-代理关系、公司治理结构以及激励机制设计等一系列重要理论问题,使企业制度理论成为一个内容十分丰富的重要经济理论分支[①]。

(二)产权制度理论

一个社会为什么需要产权的问题仅仅用人们的占有欲来解释是不够的,产权理论揭示了产权产生的必然逻辑,人们在争夺稀缺资源时就产生了财产权的最初分配,这种"自然"的分配是人们为了提高防卫和进攻能力而进行投资所形成的。人们逐渐发现通过对各自行为的限制、相互确认私人产权,可以减少或解除私人武装并节约开支,社会可以在各种财产界限划定的情况下和平地存在下去,产权制度由此而产生。随着社会分工的发展,人们之间的交易越来越频繁,产权关系也越来越复杂。首先是规范性产权,然后是建立产权的转让制度,进而又形成了与企业组织形式创新相联系的更复杂的产权制度,产权制度存在的主要功能就是实现交易费用的节约。由于交易费用不为零,并且数额巨大,交易费用也就成了可以节约的对象。财产权界定的意义不仅在于财富和收益分配,而且在于节约交易费用。不同的产权有不同的交易费用,集体产权比个人产权有更高的交易费用,而公共产权则完全不可交易,即交易费用无穷大,因此不可能通过市场机制来实现公共资源的优化配置。产权制度的另一个功能是对于外部性内在化的激励。明晰的产权会帮助一个人形成与他人进行交易时的合理预期,知道在什么条件下能做什么以及违约要付出的代价,这些常识可以降低市场中的不确定性,抑制人们的机会主义行为倾向[②]。产权理论同时也指出,产权的界定也是有成本的,只有在产权界定的预期

---

① 埃格特森.新制度经济学[M].北京:商务印书馆,1996.
② 科斯.企业、市场与法律[M].上海:上海三联书店,1990.

收益大于界定成本时,产权明晰化才是有意义的事情。国家或政府的作用是垄断暴力潜能以保护产权、降低产权界定和转让中的交易费用,而国家的过多干预则会造成所有权的残缺,降低产权制度的效率①。

(三)制度变迁理论

制度变迁理论集中研究制度效率和制度变迁的关系,诺思从历史演变的角度说明了制度与效率的关系。诺思认为制度变迁就是一个效率更高的制度对一种相对低效率制度的替代过程和交换过程,无论原始的状态如何,只要存在着选择自由和制度完全竞争性的市场,就有制度变迁的轨迹和持久贫穷的震荡。但是有效率的制度并不能自然地为自己开辟道路,文化传统、信仰体系等都是根本性的制约因素,面对社会存在的问题,某种偶然的机会可能会导致一种解决办法。当这种办法流行起来,就会在这一既定方向上自我强化,人们过去做出的选择决定了他们现在可能的选择,这就是制度变迁的"路径依赖"性。沿着既定的路径,经济、政治制度的变迁可能进入良性循环的轨迹而迅速优化,也可能顺着原来的差错往下滑或者被锁定在某种低效率状态之下。一旦进入了锁定状态,要改变就会变得十分困难,往往要依靠政权的力量或者借助外力来推动变革。总之,制度变迁理论极大地丰富了人们对于制度和制度变革的认识②。

(四)公共选择理论

公共选择理论把经济分析引入了政治领域。布坎南认为经济人假设同样适合于研究人们的政治行为,政治活动家们也并非如人们想象的那样是公共利益的化身,他们的行为同样追求自身利益的最大化。公共选择理论运用古典政治经济学的制度比较方法研究了当追求利益最大化的个人面对资源的公共运用做出决策时,不同制度规则如何使个人的成本收益计算发生变化,从而影响个人在集体决策中的行为,并进而研究了制度规则是如何产生的。因此,公共选择理论的研究可以分为两个层次:一是研究在既定制度下对公共物品的集体选择问题;二是研究对制度规则本身的集体选择问题,后者又被称为立宪性选择问题或"立宪经济学"问题。

二、一般理论框架

边际革命以后的新古典经济学体系把制度作为人类经济行为分析的既定前提,其他多数经济学流派和经济学家都研究或关注制度,至少在研究经济问题时不

---

① 科斯.论生产的制度结构[M].上海:上海三联书店,1994.
② 科斯.契约经济学[M].李风圣,译.北京:经济科学出版社,1999.

把制度、法律、文化等因素排除在外①。在不同的阶段或不同的经济学理论中,制度被重视的程度以及研究的范畴、方法和解释逻辑等存在差异。其中,以科斯、诺思、威廉姆森等为代表的"新制度经济学派"是相对于从凡勃伦到加尔布雷斯的所有制度经济学的"新制度经济学",可以说是新古典的制度经济学派,也可以说是新自由主义经济学的一个组成部分②。除了"主线"之外,还有很多从制度角度研究的经济学理论,主要有瑞典学派(The Swedish School)的制度经济学、比较经济学、比较制度分析与新比较经济学、新政治经济学、发展的制度经济学等。如果把制度经济学内容进行归纳、总结,它大体上可以分为以下几个重要理论或理论组成部分。

(一)制度起源理论

这是一个制度发生学意义上的问题,它要探索的是制度为什么会发生、怎样发生等基本问题。可以用经济学的方法去考察家庭、国家、产权、所有制、企业等起源,这些都属于制度经济学的内容,因为家庭、国家、产权、企业等,都是相应的制度安排或者说有相应的制度载体;也可以考察人类社会最初的制度起源。

(二)制度比较与选择理论

演化经济学的制度选择是自然选择,可是人们更相信,人是可以有意识进行选择的。在特定社会里,相对于资源配置、经济增长、社会和谐来说,制度有好坏及其程度的差异,人们总想有一个好制度。假定一定的制度选择集合,怎样评价和选择制度,也就是制度评价和选择的标准,就成了制度经济学的核心问题之一。不同的制度经济学有不同的具体标准。例如,新古典制度经济学的科斯定理,实际上就是一个以交易成本为依据的、评价和选择产权制度的标准③。

(三)制度变迁理论

制度变迁理论实际上就是对制度的动态比较与选择的理论。不管什么样的制度变迁理论,无非是从不同角度、用不同方法去分析谁、为什么、怎样进行制度变革或创新。"谁"就是指制度变迁主体,即使演化经济学无主体,也是对"谁"的一种回答。不过新发展起来的所谓演化博弈理论,使得演化好像也有了主体。"为什么"就是研究制度变迁原因,对具体变迁主体来说,就是实施制度变迁的动机或动力。例

① 欧阳日辉,徐光东. 新制度经济学:发展历程、方法论和研究纲领[J]. 南开经济研究,2004(6):3 - 9.
② 萨缪斯. 制度经济学的现状[J]. 经济译文,1997(1):15 - 18.
③ 王冰,黄岱. 新制度经济学方法论研究综述[J]. 江汉论坛,2004(8):46 - 48.

如,追求制度变迁的潜在利润或减少既有制度下的损失。"怎样"就是研究制度变迁的方式。例如:是渐进式还是突进式改革;是单项突进还是整体配套改革;等等。

(四)企业理论

企业理论是制度经济学最重要的理论组成部分。新古典经济学是假定企业为"黑箱"的。而企业虽然是一个组织,但是,它相对于市场和其他组织来说,是一种制度安排,不同的企业组织形式也是不同的制度安排。所以,在企业与市场以及其他组织形式之间的选择和不同企业形式之间的选择,实质上是制度的选择,企业制度的演变也是制度的变迁,它们会影响经济绩效。不同的制度经济学派,几乎都在企业理论方面有重要内容。企业理论主要探索的问题有:企业的起源和本质,企业为什么会存在,企业的规模变动,企业的权力结构和公司治理,企业的生命周期,等等。

(五)制度及其变迁与经济增长

如果说制度比较与选择和制度变迁理论大体上是基于微观的分析,那么,制度及其变迁与经济增长理论大体上属于制度的宏观分析,主要探索制度及其变迁通过什么内在机制影响经济增长。例如,马克思关于生产力与生产关系的理论就是解释所有制与技术和经济增长关系的理论。制度及其变迁会通过影响要素投入及所投入要素的利用率、收入分配等影响经济增长,有很多重要问题有待研究。新经济史学在制度与经济增长的实证分析方面做出了很大的贡献。

(六)国家理论和意识形态理论

国家在制度经济学的研究中占有重要的位置。国家理论关心的问题是:国家的性质和起源,国家的范围和规模确定,国家如何界定和维护产权及其经济绩效评价,国家在制度变迁中的角色和作用,等等。与国家理论紧密联系的是意识形态理论。意识形态作为一种非正式制度会在很大程度上影响制度安排和制度变迁,影响制度的运行及其成本,影响人们的行为方式和经济绩效,而国家可以有意识地推行或者限制某些意识形态。意识形态本身作为非正式制度,其变迁及绩效也是非常值得关注的。

第五节　中国经济转型中的制度问题研究

一、社会转型及在中国的表现

社会转型是一种整体性发展,是指社会结构及其要素、社会运行和社会整合机制从一种形态转变为另一种形态的过程。社会转型有促进社会发展和进步的转型，也有造成社会倒退和落后的转型。一般而言，促成社会结构由简单到复杂的转型往往是进步和发展的转型，相反，促成结构简单化的转型为倒退和落后的转型。中国社会的转型是由对内改革和对外开放促成的，造成政治、经济、文化等社会结构各层面从简单到复杂的转型，从而是趋于发展和进步的转型，这种转型被称为现代化转型。社会转型的思想是西方社会功能结构学派现代化理论的经典思想①。

（一）政治的民主化与法制化

中国社会转型的一个主要特点是，传统与现代共同存在，共同作用。它是一个典型的礼俗盈而法理亏的社会，礼俗的模糊性、经验性、情感性、中国传统性、体悟性使得国家轻易地借其为统治或管理的工具。人治社会不能满足在全球化背景下的经济发展需要，这是由于人治的诸多缺陷导致的。"法制"社会的建立势在必行，立法是经济发展得以可能的保障。从总体上讲，这种状况正在逐步改变，我们正在从一个伦理社会向法理社会转型，这实际上也是从传统人治走向现代法治的过程。有效法律的制定是中国与外国贸易往来的重要保障，随着开放力度的加大与不断推进，法制的完善与建设将是一个长期的课题，这对于处在转型期的中国社会来说极为重要。法律也是民主建设的保障，中国的民主制度也在这一全球化浪潮下不断推进，不断促进中国社会在政治上的转型。

（二）经济的市场化和利益的多元化

市场化，指的是市场机制在经济中对资源配置的作用程度不断增大。自改革开放以来，中国经济体制一直朝着社会主义市场化方向推进，国家对经济的直接干预不断减少，市场的自发调节功能愈来愈强。经济市场化的程度成为衡量体制建设的一个指标。中国已由传统的自然经济向商品经济转变，由后来推行的全面公有化的计划经济向市场经济转变，市场主体或经济主体的利益动机被加强，公民的利益观念和经济自由显著扩大。市场化是中国当前和今后经济和社会发展的主题。经济体制改革使中国经济结构更加合理，更加多元化。

（三）文化的世俗化和非意识形态化

改革开放已经 40 多年了，全球经济一体化正在形成，世界范围内各种观念在相互碰撞，相互磨合，相互吸收，中国城乡二元结构正在被打破，现代化建设也在突飞猛进，文化作为意识规范、思维方式、道德水准、价值取向和行为准则等的总和，

---

① 周业安. 关于当前中国新制度经济学研究的反思[J]. 经济研究，2001(7)：19-27.

也必须与时俱进。传统的道德中心文化逐渐淡化,学术思想非主流化和意识形态化,人们可以按照自己的研究思路自主观察和独立思考各种社会问题,学术自由显著扩大。人们文化观念变化的一个重要表现就是由传统文化向世俗化发展。社会文化是在特定时期内形成的人们对社会、对人生的态度、信仰和情感。因此,文化的发展也是一个随社会发展变迁的过程。

(四)社会整合机制的有机化

传统社会那种以权力、亲情和道德整合社会的力量,渐渐让位于经济利益和市场交换机制;社会分工与分层加剧,职业间、地区间、单位间以及个人间的差距拉大;社会流动性增强。人的全面发展成为经济、政治、文化发展的主体与核心。从教育上讲,中国已经是一个高等教育普及的国家。每年有几百万人参加高等学校入学考试以及各类资格证书的考试,人的素质的提高逐渐受到人们的重视,同时也向发达国家和地区看齐。人成为整个社会转型过程的核心与关键。中国所处的国际背景是全球化浪潮的到来,社会生产力高度发展,商品经济及市场经济体系的逐渐成熟与完善,从而使世界范围内的交流日趋紧密。在全球化背景下,中国社会在主动融入国际环境的过程中,政治、文化、思想观念等领域都发生着潜移默化的变革,并且这一变革将是持续的、长期的。全球范围内的人类社会不再是各地区、各民族社会的集合体,而是在全球范围内被联系成为具有系统性、有机性的整体,各民族只不过是全球系统中不可分离的一个组成部分,它的发展强烈地受到了其他地区或是国家乃至全球系统的整体状况的影响。与封闭的社会相比,这种参与全球相互影响、相互激荡的开放是人类社会制度变迁的一种进步。

(五)社会的异质化

从同质的单一性社会向异质的多样性社会的转化不是一种暂时的或过渡的现象,而是社会发展的必然趋势,是社会结构变迁的实际过程,这个过程与社会整合程度应该是同步的。改革开放以来,随着经济的发展,社会分化加速,出现了新的格局。在所有制方面,以公有制为主体的多种经济成分发展取代了旧的格局;所有制结构的变化和社会分工的精细化带来了职业群体结构的变化,由改革前社会群体结构高度均质化的状况向越来越多样化方向发展。目前中国社会已经形成了工人、干部、农业劳动者、知识分子、职员、企业经理、个体劳动者、私营企业主等主要职业群体。改革以来变化最大的是"农民",现在"农业人口"在很大程度上仅仅成为一个户籍或居住地域的概念,在现实中已分化成农业劳动者、乡村工人、乡村雇工、农民知识分子、乡村个体工商业者、乡村私营企业主、乡镇企业管理者、农村行政管理者等不同利益要求的职业阶层。与职业群体的结构分化相适应,中国的组织结构也发生了多样性和功能专门化的变化,社区的类型也在朝多样化方向发展。

二、中国社会转型的动力

中国社会转型的内容是一个国家走向现代化的任务,当前中国社会转型的特定内容或任务之一就是向市场经济转变。公平竞争、自由交易、社会公正既是中国改革开放和社会现代化的内在动力,也是制度理性化和现代化变迁的内在动力①。

(一)竞争与市场化改革

从人类的形成开始,竞争就伴随而来,差别只是在于程度、内容和方法的不同。在市场经济的发展过程中,产品的竞争一直是主流形态,表现为争夺市场份额。在供求双方和买卖双方的撮合中,人们基于多样性的偏好,用货币对市场的产品进行投票,投票的核心是个人基于偏好和信息的了解对产品的心理定价。价格向人们传递着市场的信号,使买卖双方进行撮合最终达成共识。所以,在产品竞争中,价格是最为重要的制度。

在竞争性的市场中可以提高资源配置的效率,原因就在于这是一个制度性竞争。制度性竞争不是指单一的制度或者局部市场,而是指统一的整个市场体系。竞争的结果导致市场形成一般均衡价格,只要有一个市场的价格不均衡,其他市场的价格也不是真正的均衡价格。在中国,由于计划经济体制的影响,还有很多商品的价格没有从扭曲状态回归到均衡状态,因而使整个价格体系比较混乱,尤其是垄断性公共产品价格、服务业价格和一些要素价格,连股票市场价格都不规范。所以,随着竞争性市场制度的建立,厂商的产品竞争越来越多地表现在价格上。厂商的市场竞争从现象上看是争夺产品在市场上的份额,但实质上,竞争的核心却是"制度竞争",制度竞争已经成为国家之间、企业之间竞争的重要内容。

(二)国家之间的制度竞争

国家是一种在某个特定地区内对合法使用强制性手段具有垄断权的制度安排,它的主要功能是提供法律和秩序。但是由于文化价值、历史条件和政治制度的差异,世界各国在制度安排及其绩效上存在明显的区别。一般来讲,国家主要是通过强制性制度安排推行主流意识形态,维持公平,建立有效的组织来协调社会各种矛盾。就拿市场化来看,西方发达国家从17世纪开始就适应了市场竞争的制度环境,经过几个世纪的发展,国家在推行厂商的竞争上已经形成了一整套完善的制度体系,这也使西方国家的企业在国际市场竞争中具有制度优势。相反,发展中国家由于市场化推进时间较晚,商务文明还没有成为一种主流文化,再加上面对西方的

---

① 孙立平. 社会转型:发展社会学的新议题[J]. 社会学研究,2005(1):60.

制度竞争,发展中国家难以迅速地在国际市场取得比较优势。因此,发展中国家应结合本国的国情,在开发本国经济优势的过程中,学习西方先进的制度理念。当然,发展中国家本身也具有较大的潜在制度优势,只是这一潜在要素要如何在国际市场竞争中充分表现出来。国别竞争,核心是经济竞争,而经济竞争重点是市场竞争,但谁能占领市场,并不是它的历史有多悠久、资源有多丰富,而是它的制度环境是否有利于促进企业竞争。因此,国家并不是通过直接干预企业的行为而是努力造就有利于企业竞争的制度来增强竞争力的。

(三)企业之间的市场化竞争

企业之间的竞争离不开市场,无论是价格机制还是企业的竞争能力,都与市场的发达和完善程度有关。市场化程度包括两个方面:一是市场体系的健全程度及其统一性;二是市场的竞争与垄断程度,两者可以统称为"市场的治理结构"。在一个经济区域内,从市场化的程度上讲,一个企业越是具有"替代性",其面临的竞争就越强。而影响企业替代性的最重要因素就是制度性替代,如公有制,特别是国有制企业,其制度垄断性很强,市场竞争中往往受到各种制度保护而使其在"长期亏损"的条件下也难以从产业中退出。在这里,企业的存在不再以是否盈利而决定。问题的根源在于这种制度保护性使企业所面临的市场不是竞争性的市场,不仅要素市场不是一个完全的竞争市场,而且其产品也不是完全竞争市场。一般来讲,处于这种制度保护的企业随着市场化的推广而越来越少,但它的示范效应却很大,这也是很多计划经济很深的国家进行体制内市场经济改革比较艰难的重要原因。所以,在国际竞争越来越激烈的今天,企业也要求制度的变迁,构建一个竞争的市场。

(四)人力资本的制度激励

一国生产力的强度集中地表现为该国产品的竞争强度,但在形成产品竞争强度过程中,第一核心要素便是人力资本。文明程度、技术水平是人们谈论最多的决定一国生产水平和方向的力量,但它们背后却是人力资本在起决定性的作用,所以人是最重要的。但这并不意味着"人多力量大",而是如何使用人的问题。很多小国能战胜大国,很多后来者能赶而超之,重要的是有着一个充分培育人力资源的制度机制。市场竞争的推动力在于对人力资本的激励作用,并且这种激励使人力资本产生"合力"作用。

三、中国社会转型的制度条件

任何社会都是由经济、政治、文化等要素构成的有机整体,社会转型则是这个整体结构系统及机制的整体联动,它标志着任何一个社会组成要素在这个转型过程中都会发生变化。由改革所启动的中国社会转型的主要特征在于:"一是中国现代社会转型是有中国特色社会主义制度的自我完善过程;二是中国现代社会转型是计划经济结构向市场经济结构的转变,计划与市场之间这种根本差别使得转型过程中两种体制之间的冲突和摩擦十分激烈;三是中国社会转型是由建立在伦理基础上的'人治'社会向建立在经济竞争和交换基础上的'法制'社会转型。"

(一)社会的组织化

社会转型是一个全方位的过程,它往往蕴涵着社会生活中经济、政治及人民生活方式等方面的重大转变。从中国经济社会发展的具体实践来看,社会转型则主要指改革开放以来,中国社会政治、经济发展等各个层面发生的急剧变化。在短短二十多年间,就单从经济体制的变革而言,中国分别经历了以家庭联产承包责任制、国有企业改革以及建立现代企业制度、最终确立市场经济体制为代表的三个阶段。与此同时,政治体制改革也逐步展开,整个中国社会不论是乡村还是城市,都经历了全面而深刻的变革。对于城市地域而言,这种变革集中表现为社会体制转轨、政治体制改革、社会阶层分化重构、社会发展阶段转变以及城乡文化变迁五个方面。对于农村而言,为了实现农村剩余劳动力转移和农民增收施行了一系列土地制度,实现了从土地经营权流转到规模经营再到适度规模经营的制度探索,使农业摆脱传统经济模式从而迈向现代化的发展之路。

随着市场经济的发展,经济竞争导致利益的多元化,利益或需要相对一致的群体逐渐形成自己的利益代表组织,从而促进社会的组织化发展。分散的群体无论规模大小,都是弱势群体,比如农民、农民工、学生等。只有组织起来的群体才能集中表达自己的利益诉求,并对政府的工作形成必要的制约。一个松散的社会是不可能有所作为的。"独立的社会组织是民主制中非常值得需要的东西,至少在大型的民主制中是如此。"一旦民主过程在诸如民族、国家这样大的范围内被运用,那么自主的社会组织就必定会出现。而且,这种社会组织的出现,不仅仅是民族、国家统治过程民主化的一个结果,也是民主过程本身运作所必需的,其功能在于使政府的强制最小化,保障政治自由,改善人的生活。所以传统社会最缺乏的便是平民自由结社及其理性表达的权利,而现代社会则赖此获得稳定平衡的基础。现代社会由于人们能够普遍享有组织起来保护自己利益的权利,从家庭到社区再到全社会,实现了自组织化,其功能在于它能在社会中建立起普遍性的在一切方面相互依赖的制度。其次要加强社团制度的供给。从法律上保证结社自由,维护各种合法社会团体的独立地位。最后要建立现代意识形态。现代意识形态可以有效地克服组织中的搭便车现象,有利于组织的集体行动。当前应建立的是社会主义价值体系下市场经济的有效意识形态。

（二）制度的理性化

理性化源于马克思·韦伯的社会现代化思想，在对西方社会理性化过程考察中，韦伯首先关注的是个人理性行为，即个体采取理性行动的过程。人的理性化包括：明确地意识到行动的目的，把追求的具体目标作价值上的排列；预测并计算后果来权衡行动的必要性，考虑目的与效果的关系，对效果负责；根据目的选择手段，并对各种手段进行比较和选择，以付出最小而收益最大为选择标准；在行动过程中表现出严格的首尾一贯性；个人理性化是个人变迁过程中摆脱神灵的一种选择，人们把以往由情感、个人魅力、个人信义、仁慈心、道德等支配的东西理性化了。哈贝马斯认为，就个人而言，人的理性化是一个学习的过程。总的来说，作为一种态度，理性是客观的；作为一种方法，理性是逻辑的；作为一种视野，理性是可确证的；作为一种表达，理性是精确的。因此，人的理性化实际上是个体行动的理性化，是个体行动向客观性、逻辑性、可确证性和精确性转变的过程。通过对个体理性化过程的分析，为社会的理性化过程建立了理论基础。

社会的理性化就是社会制度的系统化、合理化的过程，是人的理性化范围逐渐扩大、向社会逐渐扩展的结果。总的来说，社会的理性化进程包括三个方面：首先，理性化了的个体之间的互动。在理性化了的个体与个体互动的过程中，产生各种互动形式，并慢慢成为习惯，进而上升到制度层面，于是，社会各领域开始出现分化。其次，理性化了的个体与各种社会组织或社会亚群体之间的互动。建立在理性化基础上的各种社会制度一经建立，便独立于社会个体而存在，制约个体的社会行动，对不符合理性化的社会行为进行调整，使理性化的基础扩大、程度加深。最后，理性化了的各社会组织或社会各领域之间的互动，理性化了的社会各领域相互之间进行整合，理性化进入第三个方面，即交融和整合过程。

四、中国制度转型的基本趋势

目前中国的制度变迁是以国家为制度主体的强制性变迁，同时又是一种边际性的渐进模式，强制性和渐进性是中国制度变迁的主要特征。随着市场经济的发展，社会的组织化和理性化是中国制度变迁的基本趋势，具体表现如下。

（一）非正式制度向正式制度转变

非正式制度向正式制度转变是制度变迁中最基础和典型的一类，这是一个温和的、分散的动态过程。很多正式制度都是从非正式制度中演变而来的，非正式制度为正式制度提供合法性，正式制度只有在社会认可与非正式制度相容的情况下，才能发挥作用。非正式制度是正式制度的"先验"或萌芽形式，是正式制度形成的基础和前提,非正式制度通过对正式制度的补充、拓展、修正、说明和支持,成为得到社会认可的行为规范和内心行为标准。因此,有效的制度安排必定是正式制度和非正式制度的有机统一。

中国在 20 世纪 80 年代初建立了开发区,多年来各地开发区在认真落实国家制定的法律、法规、政策等正式制度的同时,积极探索适合本地经济发展的非正式制度建设,以弥补正式制度变迁的不足,并在经济建设和社会发展等方面做出了重大贡献。小岗村农民自发实行土地使用权民营化,是以非正式制度的形式开始的,后来才以家庭联产承包责任制这项正式制度安排确立。温州民营经济的发展也受惠于非正式制度的准备。在市场观念和商业精神的基础上,民间进行了一系列的非正式制度创新,接着温州地方政府在适当的时候将其转变为正式制度,如挂户经营、股份合作制、私营企业法规等都充分体现了非正式制度向正式制度转变的强大生命力。但是,中国具有深厚的历史文化传统,传统的习俗和观念与市场经济的要求有一定的冲突,使得这种以文化为基础的非正式制度难以发生较快的创新,从而形成对正式制度变迁的约束。所以,在市场经济秩序形成的过程中,通过加强契约与信用意识以及理性和企业家精神,以提高非正式制度的供给。

正式制度在社会认可的情况下才能发挥作用,非正式制度越能容纳正式制度,正式制度越容易嵌入到既有的社会制度中,改革的阻力也会变小。中国的经济改革就是从非正式制度安排开始的,非正式制度的改变允许对多种改革方式进行探索,择优出一条比较好的改革路径,然后再确定为基础性的社会正式制度,这个试错过程也是耗费大量成本的渐进过程。中国经济改革,正是保持制度的相对稳定和有效衔接,才取得了今天的成果。随着信息时代的来临,人的理性化越来越重要,这将使市场中的习俗和惯例向法律法规过渡与转变的进程和时间越来越短①。

(二)义务本位型制度向权利本位型制度转变

人类社会是个有序系统,这个有序系统是通过对社会个体成员附加义务、限制其行为自由而实现的,权利是允许人们有行为选择的自由。中国古代社会是重伦理轻法理的社会,大量的道德规范或宗教规范化为国家标准,道德义务本身就是法律、制度。因此,道德和宗教主要是以规定人的义务(人对人的义务和人对神的义务)来调控社会关系。义务本位型规则主要是传承自古以来的道德和宗教文化,以个人义务的确定和强制履行为核心内容的制度形态,义务作为制度的逻辑起点和核心去安排权利义务关系。权利本位型是现代社会以个人权利的取得、保障和普遍实现为内容的制度形态,以权利为制度的重心,主张以人为本。在权利本位型制

---

① 周业安.关于当前中国新制度经济学研究的反思[J].经济研究,2001(7):19 - 27.

度下,以激励为机制调整社会关系,它鼓励人们积极、热情而理智地参与到社会生活和公共事务中,尊重人的现实需要,最大限度地保障人的权利,以实现人的全面发展为目的。

权利本位反映了人们之间的平向利益关系。权利是国家通过法律予以承认和保护的利益及权利主体根据法律做出选择以实现其利益的一种能动手段。义务是国家通过法律规定的、权利相对人应当适应权利主体的合法要求而作为或不作为的约束。主体的权利通常是通过权利相对人履行义务而实现的。权利相对人之所以履行义务是因为他相信与之相对的权利主体已经或以后会履行同样的义务,自信作为法律关系另一极的主体,他有正当和合法的资格要求对方履行与自己的权利相适应的义务。在这个意义上,权利本位是对抗以自上而下的绝对支配权为标志的"权力本位"。而在商品经济和民主政治发达的现代社会,制度的制定是以权利为本位的,从宪法、刑法到其他制度,逻辑前提都是公民、社会或国家的权利。中国的改革一直是由政府推动和主导的社会转型,但随着改革的不断深入,尤其是非公有制经济的不断发展,各市场主体的利益必须得到制度的保证,义务本位型的制度必须让位于权利本位型制度,各制度相关主体共同参与创设来维护自己的合理利益。义务本位型制度向权利本位型制度的演进是推动民主化、人性化的重要力量。

(三)约束型制度向保障型制度转变

迪尔凯姆把社会的现代化理解为由传统的、乡村的机械团结的社会,向现代的、工业的有机团结社会的过渡,在社会规范或规则方面,则表现为由约束性法律占主体向由复原性法律占主体的社会转变过程。在这里,约束性主要指禁止和惩罚方面,而复原性,主要指对人原本享有,但在结成社会过程中被逐渐限制和剥夺的行动自由和权利的恢复和保证。他指出社会结构从机械团结向有机团结社会过渡,其对应了两种制度即约束型制度和复原性制度。约束型制度对应的是机械团结的社会,在这种原始或低级社会中,个人完全融入集体中,集体对于个人来说有种绝对权威,制度注重的是对人的约束和惩罚,并且这种惩罚通常是非常残酷的。复原型制度对应的是有机团结社会,是一种相对高级的社会,为了将事物"恢复原貌",集体情感随着分工及专业化的出现而弱化,注重恢复个人在自然中的状态,包括应得的权利、义务和自由。

中国在计划经济时代,农村社会的机械性建基于家族制度和自然集群,而原本是有机社会的城市在计划经济时代,则被单位制管理模式机械地整合在一起。市场交换和作为其制度基础的个人财产权利被否定,功能化城市逐渐转变为单位化城市。这种靠单位制来整合社会成员,每个单位都是一个小的集体,集体对个人的行为有绝对的约束性,是一种典型的机械团结社会。而在机械团结社会中,契约关系是最重要的社会关系形式,人与人之间依据契约来进行交往协作。随着市场经济的发展,个性的发挥、兴趣、能力和满足为前提的,提倡以人为本,以人与人之间相互依赖的关系来整合社会,这时已转向了复原型制度。每个社会成员都有自己的利益诉求和表达需要,社会则为其提供相应的机制和保障,以协调各种利益关系和互动机制,达到团结社会的目的。

(四)实质合理性制度向实质形式合理性并重的制度转化

法律的实体公正是对制度的实质合理性的体现,而程序公正是对形式合理性的体现。制度的理性化实质就是制度的合理化,使社会结构合理、各个群体利益得到保护,用经济理性参与市场的、政治的和言论的表达。我们追求一种有利于社会存在和发展的体制,在这种体制下作为个人的行为模式是理性的,作为人与人之间、国家与社会之间的互动方式是有规则和规范的,作为一种社会运行机制是理性化的。社会以流动的方式走向开发,赋予社会择优的活力和社会结构合理化的动力,推进社会整合功能的强化,使社会对原有存在的改良、延续,并在一定历史高度上向着成熟的理性化方向发展。

法律制度是一项重要的制度体系。一般来说,司法公正包括两个方面:实体公正、程序公正。实体公正其实就是实体裁决公正,是一种相对公正,并且受到时空条件的限制。因此,司法公正的前提是程序公正问题,程序公正具有优先性,可以说程序公正是司法活动追求的目标,程序是诉讼的规则,只有依据程序进行的诉讼才是法律意义上的诉讼。强调程序公正可以给当事人双方公平的机会,在诉讼程序法允许的范围内最大限度地影响法官做出对各自有利的判决。在中国两千多年的发展史中,实体公正一直是统治者孜孜以求的目标,出现刑讯逼供、冤狱横行的情况,到了现代社会才被西方的程序公正的理念逐渐冲淡。美国的诉讼制度是现代普通法系的典型代表,奉行当事人主义,追求程序公正。中国的诉讼制度则是在继承了大陆法系传统的基础上融入了一些中国经验,追求实体公正。程序不公正的问题在中国普遍存在,群众反应强烈的司法不公实际上大部分都是程序不公正而造成的问题。因此,从注重实体公正的制度向注重实体和程序并重的制度变迁是中国法律制度变迁的基本趋势之一,通过程序公正来保障实体公正并进一步全面实现司法公正是一条必经之路。

[案例]   **养蚝的经验**

蚝是在海滩上繁殖的。要繁殖得好,每天要有过半的时间浸在海水之下。蚝是不会走动的;若海滩是公用的,任何人都可随意拾蚝,而这海滩又是容易到的地方,就算是小孩也知道蚝的数量一定不会多。若海滩是私有的,投资养蚝的机会必定较大。同样的人,同样的海滩,同样的天气,同样的蚝,不同的产权制度肯定有不同的行为。当然,养蚝是可以国营的。政府养蚝,以法律甚至武力惩罚拾蚝的人,又是另一种制度。国营蚝场既非公用地,也非私产,它有着不同的困难,不同的经济效果。养蚝若是国营,投资多少由谁决定?用什么准则决定?蚝类的选择由谁决定?用什么准则决定?蚝的收成时间由谁决定?又用什么准则决定?决定错了谁负责?而惩罚多少又以什么准则来决定?

在私有产权的制度下,这些问题都有肯定的答案,做决定的人是蚝的拥有者,或是租用蚝场而养蚝的人。投资的多少,蚝类的选择,收成的时间,都是以蚝的市价及利润做指引而决定。不按市价,不计成本,不顾利润,养蚝者是会亏本的。做了错误的判断,市场的反应就是惩罚。亏损的大小是惩罚的量度准则。我们怎能相信政府是万能的,怎能相信官员的判断力会在"不能私下获利"或"不需私人负责"的情况下较为准确,怎能相信他们错误的判断会一定受到适当的惩罚?

美国西岸的华盛顿州,是一个养蚝的胜地。这可不是因为天气适宜养蚝。正相反,这地区处于美国西北,天气较冷,对养蚝是不适合的。冬天若结冰过久,蚝会受到伤害;夏天不够热,蚝的成长速度会减慢。那为什么华盛顿州是养蚝的胜地呢?主要的原因是这个州不单准许私人拥有海滩,就连被海水浸着的地也可界定为私产。所以这地区虽然海水奇寒,不适宜养蚝,但在那些海水较暖的海湾,养蚝者比比皆是。华盛顿州的胡德海峡(Hood Channel),长而狭窄,两岸有山,海峡有尽头,所以海水较暖。海滩既是私有,养蚝是海边房子拥有者的"例行私事"。在同一海峡,公众可用的海滩,蚝就很难找到了。私人的海滩一看便知。除了蚝多以外,我们还可看见开了的蚝壳被有计划地放回滩上(让小蚝附壳而生);取蚝的人多在蚝床开蚝(让蚝中液体的营养留在原地);蚝与蚝之间有空隙(让蚝多食料而增肥);海星被人拿到岸上(海星是会吃蚝的)。这些小心翼翼的行为,没有私产保障,怎能办到?商业化的蚝场,蚝床面积以亩计。被选用的海滩都是极平坦、海水浅而风浪不大的地方。商业养蚝的品种,都是长大较快的。养蚝者用竹枝插在浅水的蚝床上,作为产权的界定,也用以作为收获分布的记号。有不少商业蚝场的海滩是租用的,也有些海边住户将蚝滩卖掉。若你要在华盛顿州的海边买房子,你要问海滩属谁?海滩的私地是用哪个潮水位量度?若你见海滩有蚝,你也要问,蚝是否跟房子一起出售?假若蚝滩是租了出去的,你应再问,租蚝滩的合约中有没有容许业主采食少量的蚝?养蚝者有没有权走跟房子一起出售的岸上地?在私产制度下,这些问题都是黑白分明的。在不同的产权制度下,人的行为是不同的,这是因为不同的产权结构下,收益-成本体系对组织中雇员和所有者的冲击是不一样的。

案例评析：

在私有产权制度下,报酬和费用更直接地集中在对它们承担责任的每个人身上;报酬和费用更高集中明显地意味着每个人的财富更加依赖于自己的活动。设想在一个社区里有 100 人,掌管 10 个独立的企业。设想每个人把十分之一的时间用于作为所有者的某个企业,就能创造 1000 美元的报酬或利润。因为每个人只是所有者的 1/100,他将获得 10 美元。再假设在他占有 1/100 财产的 10 个企业的每个企业里,他都如此办理。那么他的财富收益金额将是 100 美元,其余的 9900美元分给另外的 99 个人。如果另外的 99 人也按同样的方式工作,他将因此而得到增加的财富 9900 美元(990000/100=9900)。这样他得到的收益总数为 10000美元。这与他的产品价值(其中绝大多数分给别的所有者)是完全相等的。然而,如果个人只拥有一个企业的 1/10(这意味所有权已重新分配),即将所有企业按比例分成等份,10 个人掌管一个企业,每个人只掌管一个企业(企业总数依然相等)。可以假定他把一年中的全部时间投入一个企业,这样他又生产出 10000 美元。由此他得到 1000 美元,其余的 9000 美元由其他 9/10 的股份所有者得到。像他们那样,他也得到其他所有者生产的相应部分,他从自己企业的另外 9 个联合的所有者那里得到 9000 美元(10000×9/10=9000),总计 10000 美元,这同上面的例子完全相同。区别在于:现在这 1000 美元是由他自己的活动得来的,而以前由此得到的只是 100 美元,或者说得更恰当些,取决于其他人活动的收入总数从 9900 美元减到 9000 美元。如果最后,这 10 个企业被分成 100 个,每个人都是一个企业的唯一所有者,那么他一年的财富总量中增加 10000 美元都将取决于自己的活动。第一个例子是同公有制相符合的,第二个例子适合于联合的私有制(或合伙制),第三个例子适合于一人的业主制(私有制)。

案例讨论：

对于该案例,分别讨论在私人产权制度和公有产权制度下所有者承担的交易成本。

复习思考题

1. 我国的国有企业和私有企业相比,哪种产权制度下资源配置效率高?
2. 股权分置改革对国有企业的产权制度有什么影响?

参考文献

[1] 孙鳌,陈雪梅.新古典经济学的假设与演变[J].经济学研究,2005(7):45-50.
[2] 宫敬才.经济个人主义的哲学研究[M].北京:中国社会科学出版社,2004:206-207.
[3] 马克思恩格斯全集:第 1 卷[M].北京:人民出版社,1972:443.

[4] 罗宾斯. 经济学的性质和意义[M]. 北京:商务印书馆,2000:26.

[5] 哈耶克. 个人主义与经济秩序[M]. 北京:生活·读书·新知三联书店,2003:
　　10-12.

[6] 卢瑟夫. 经济学中的制度[M]. 上海:上海三联书店,1999:38.

[7] 崔绍忠,邹杨. 女性主义经济学对新古典主流经济学的挑战[J]. 求索,2007(8):
　　39-41.

[8] 倪志娟. 女性主义研究的历史回顾和当代发展[J]. 江西社会科学,2005(6):
　　135-141.

[9] 葛伟民. 网络效应:互联网发展对全球经济的影响[M]. 上海:上海社会科学院
　　出版社,2004.

[10] 袁正. 网络经济对新古典经济学的挑战[J]. 现代经济探讨,2009(1):89-92.

[11] 张彬彬,黄少安. 新旧制度经济学的思想起源及方法论比较[J]. 山东经济,
　　 2005,21(3):9-11.

[12] 诺思. 经济史中的结构与变迁[M]. 上海:上海三联书店,1991.

[13] 蒋自强,史晋川. 当代西方经济学流派[M]. 上海:复旦大学出版社,1996.

[14] 巴克豪斯. 经济学方法论的新趋势[M]. 北京:经济科学出版社,2000.

[15] 罗宾斯. 经济学的性质和意义[M]. 北京:商务印书馆,2000.

[16] 吴辉,鞠方,袁芳英. 新制度经济学的发展及其启示[J]. 桂海论丛,2004(6):
　　 51-53.

[17] 威廉姆森. 资本主义经济制度[M]. 北京:商务印书馆,2002.

[18] 刘少杰. 制度研究在社会学中的兴衰与重建[J]. 江苏社会科学,2006(3):88-92.

[19] 威廉姆森. 治理机制[M]. 北京:中国社会科学出版社,2001.

[20] 尼. 新制度主义的源流[M]//薛晓源. 全球化与新制度主义. 北京:社会科学文
　　 献出版社,2004.

[21] 科斯. 论生产的制度结构[M]. 上海:上海三联书店,1994.

[22] 科斯. 契约经济学[M]. 北京:经济科学出版社,1999.

[23] 张军. 比较经济模式:关于计划与市场的经济理论[M]. 上海:复旦大学出版
　　 社,1999.

[24] 周业安. 关于当前中国新制度经济学研究的反思[J]. 经济研究,2001(7):
　　 19-27.

[25] 布迪厄. 实践与反思[M]. 李猛,译. 北京:中央编译出版社,1998.

[26] 吉登斯. 社会的构成[M]. 李康,李猛,译. 上海:上海三联书店,1998.

[27] 布希亚. 消费社会[M]. 刘成富,译. 南京:南京大学出版社,2004.

第二章　交易费用理论

交易费用是新制度经济学具有理论基础意义的最基本的范畴和分析工具。新制度经济学家,如科斯、威廉姆森、诺思、德姆塞茨、张五常等,都采用这一范畴作为分析工具。威廉姆森还把他对经济组织问题的研究称为"交易成本经济学"。他们利用交易费用范畴对制度和经济运行进行了广泛的研究,试图阐述隐含在经济活动背后的社会经济制度基础及其历史演变,并进而创造了他们的理论体系。因此,把交易费用理论放在最前面介绍是完全合适和必要的。本章首先对交易费用理论创立和发展的过程作简单介绍,然后对交易费用的含义、决定因素和性质进行分析,在此基础上,讨论交易费用的计量和应用问题。

第一节　制度成本的交易费用理论

交易费用概念最初是由科斯创立的。他于 1937 年发表的《企业的性质》一文,标志着交易费用范畴的创立和交易费用理论的初步形成。就整个制度经济学体系而言,科斯的交易费用范畴和交易费用理论并非没有现实基础和思想渊源。他在批判现实和总结前人的基础上,创立交易费用概念和交易费用理论,使交易费用理论从基础理念到基本方法范式发生了较大变化。在科斯之后,交易费用理论得到了迅速发展。

一、科斯以前的交易理论

在科斯以前,经济学在研究资源配置中的基础制度因素功能的过程中,就已经有许多经济学家研究过交易问题,这些研究构成了科斯交易费用范畴和交易费用理论的思想渊源。

(一)亚里士多德的交易思想

古希腊伟大的思想家亚里士多德最早使用了交易这一概念,分析了交易的功能和类型。他在《政治论》中把交易视为三种"致富技术"之一,另外两种是畜牧业以及矿冶和木材采伐业。他还把交易分成三个部门的交易,实际上是分成三种交易:一是商业交易;二是贷钱取利,实际是金融交易或货币交易;三是雇佣制度,实际是劳动力交易。他的意思是人们从事这三种交易活动都可以带来财富或致富。

虽然亚里士多德的交易概念和新制度经济学使用的交易和交易费用范畴的含义有相当大的不同,但他提出了交易概念,并将交易与生产区别开来,这种区分为后来的经济学家所肯定。值得肯定的是,他把交易与畜牧业、矿冶和木材采伐这些活动并列开来。因为交易与生产发生的关系不同,交易应是指人与人之间的经济活动,畜牧业、矿冶和木材采伐则被看成是人与自然之间的经济活动。对交易的这一区分与新制度经济学把交易与生产区别开来并将其定义为"人与人之间的关系",已相去不远了。可以看出,亚里士多德对交易问题的研究具有很多的朴素成分。

(二)康芒斯的交易思想

旧制度经济学家康芒斯把交易作为比较严格的经济学范畴。在 1934 年出版的《制度经济学》一书中,他从法律视角来解释社会经济关系,认为经济关系的本质是交易,整个社会是由无数种交易组成的一种有机的组织。为此,他定义的交易内涵如下。

首先,他认为交易是人类经济活动的基本单位,也是制度经济学的最小单位。"使法律、经济学和伦理学有相互关系的单位,必须本身含有'冲突、依存和秩序'这三项原则,这种单位是'交易'。一次交易,有它的参与者,是制度经济学的最小单位。"[①]

其次,他认为交易不是实际"交货"的"物品的交换",而是以财产权利为对象,是人与人之间对自然的权利的出让和取得关系。它是人与人之间的关系,是所有权(不等于自然形态的物质即财产本身)的转移,正如他所说:"商人在市场上是做了两种完全不同的活动,实际交货和实际收货的劳动活动,以及让与和取得所有权的法律活动。一种是实际移交对商品或者金属钱币的物资控制,另一种是依法转移法律上的控制。一种是交换,一种是交易。""交易不是实际'交货'那种意义的'物品的交换',它们是个人与个人之间对物质的东西的未来所有权的让与和取得。"

最后,他认为交易作为人类经济活动的基本单位,本身必须含有"冲突、依存和秩序"三项基本原则,实质上是指人类交易关系的三个基本特征。即人与人之间的交易关系是一种利益上既相互冲突又相互依存的关系,而且这种交易既在现在不断地、反复地、连续地发生,又使交易者能可靠地预期将来还会这样发生。换句话说,

---

① 康芒斯.制度经济学[M].北京:商务印书馆,1962:73.

交易是不断的、反复的，具有必然性，类似于天然规则。这就是所谓交易的"秩序"。

可见，康芒斯的交易是在一定的秩序或集体行动的规则中发生的、在利益彼此冲突的个人之间的所有权的转移。这样就将交易建立在稳定市场基本制度的层面上进行阐释。

除此之外，康芒斯还对交易活动的具体类型和形式进行了划分，将它划分为以下三种。

第一，买卖交易，即法律上平等和自由的人们之间自愿的买卖关系。"在通常的买卖交易中……当一个人从另一个人那里取得商品或货币时，他并不意图盗窃和欺骗，而是准备负责付给谁代价，或者给对方一种商品或服务，作为交换。他无意于用经济的压力或者暴力的强迫，在关于所有权的转移的条件上压倒对方的意志，而是准备付出公平合理的代价或者履行公平合理的义务。"他认识到，买卖的交易过程中必然存在谈判和交易后可能发生争执的问题。他说："买卖的交易是法律上认为平等和自由的人们之间进行包含劝说或逼迫的意志的谈判，结果相互交换商品和货币的合法控制权，一切根据现行法律进行，并且预料到万一发生时法庭会怎样处理。"①康芒斯认为，买卖的交易的目的是财富的分配，以及诱导人们生产和移交财富，买卖交易的一般原则是稀缺性。

第二，管理交易，是一种以财富的生产为目的的交易。交易双方是一种上级和下级的关系，一个是法律上的上级，另一个是法律上的下级，他在法律上有服从的意义。管理的交易和买卖的交易一样，含有一定成分的谈判，虽然在法律上是完全以上级的意志为根据。这种谈判成分的产生主要是由于现代劳动的自由。工人可以自由离开，不必说出理由。在这样的制度下，管理的交易里当然不免要出现一些像是买卖的情况。管理交易的一般原则说是效率。

第三，限额交易，也是一种上级对下级的关系，不过，与管理交易不同的是，在管理的交易里，上级是单个个人或是一种少数个人的特权组织，可是在限额交易里，上级是一个集体的上级或者它的正式代表人。这有各种不同的组织，例如公司的理事会，或者立法机关，或者法院，或者政府，或者征税机关。限额交易是有权力的那几个参加者之间达成协议的谈判，这几个人把联合企业的利益和负担分派给企业的各个成员。例如，经济纠纷中的司法判决，是把一定数量的国民财富或者等值的购买力，强制从一个人手里拿过来，分派给另一个人。就这种情况来说，没有买卖，也没有管理。这里只是有叫作"政策的体现"或者"公道"的那种东西，可是这种东西，具体地变成经济的数量时，就是财富或购买力的限额配给，不是由人们认为平等的当事人自己决定，而是决定于一个在法律上比他们高的权威。

---

① 康芒斯. 制度经济学[M]. 北京：商务印书馆，1962：76.

以上分析表明,交易概念在康芒斯这里已经相当成熟。他将交易作为制度经济学的最小分析单位,认识到交易是人与人之间对自然物权利的出让和取得关系,是所有权的转移,交易的过程有谈判、有争执,并区分了三种类型和形式的交易,这是极具意义的。康芒斯对交易的论述对科斯提出交易费用范畴显然是有帮助的,不仅如此,康芒斯对交易的论述对我们进一步理解科斯的交易费用范畴也是有意义的。

(三)马克思的交易思想

我们在研读马克思经济学理论的过程中,许多人认为没有交易问题,事实上,早在1885年出版的《资本论》第二卷中,马克思就已经讨论过流通费用问题。在马克思的经济学研究中,将流通费用作为交易费用。这里的流通费用就是交易费用。按照马克思的论述,流通费用指的是在流通中所耗费或支出的各项费用,主要包括纯粹的流通费用、保管费用和运输费用。而纯粹的流通费用又包括:①买卖所费时间。"形态变化 $W—G$ 和 $G—W$,是买者和卖者之间进行的交易;达成交易是需要时间的,尤其是因为在这里进行着斗智,每一方都想占对方的便宜……用在买卖上的时间,是一种不会增加转化了的价值的流通费用。"①②簿记费用。"劳动时间除了耗费在实际的买卖上外,还耗费在簿记上;此外,簿记又耗费物化劳动,如钢笔、墨水、纸张、写字台、事务所费用。因此,在这种智能上,一方面耗费劳动力,另一方面耗费劳动资料。"③货币磨损费用。"货币的磨损,要求不断得到补偿,或要求把更多的产品形式的社会劳动,转化为更多的金和银。这种补偿费用,在资本主义发达的国家是很客观的,因为一般说来被束缚在货币形式上的财富部分是巨大的。"这说明,马克思在论述商品市场交换和流通的过程中都已关注到了人类交易的过程。不过,他没有使用交易费用这个词汇,而是使用市场流通这个最为普通的概念。马克思关于流通费用的论述显然是十分深刻的。尽管流通费用概念还不是现代意义上的交易费用概念,但它表明马克思已初步认识到了交易存在费用的问题。

二、科斯对交易费用的"发现"

这里所说的"发现",并不是科斯的真正发现,而是在以前经济学研究中本身就存在的东西,科斯只是在特定的环境中重新认识到他的新价值。科斯是在对新古典经济学反思的基础上才"发现"交易费用的。新古典经济学以完全竞争的自由市场经济为现实背景,以价格理论为探讨供求关系和市场竞争机制的内在规律。在他看来,价格机制是如此的完美,它将社会经济活动结成高效运行的有机体。在这

---

① 马克思.资本论:第2卷[M].北京:人民出版社,1975:147-153.

个有机体中,任何混乱都不会出现,或者更准确地说,混乱一旦出现,价格机制通过市场可以自动、迅速、无成本地把混乱状态调整到应有的秩序。用威廉姆森的话说就是:"市场有着非凡功能,仅靠各种价格就能把一切问题摆平。"①用经济学术语来说就是,价格机制能够自动保证各种资源的配置达到帕累托最优状态,这也就意味着市场价格机制的运转是无成本的、无摩擦的。对于市场交易者来说,不存在了解市场信息的困难,不存在交易的障碍。也就是说,交易是不需要任何费用的。这个理念在新古典经济学的教科书里存在了相当长的时间。20世纪30年代科斯的《企业的性质》一文发表,才使局面发生细微的变化。也正是由于科斯对市场交易过程的如此思考才在后面研究中提出了市场交易费用。科斯的问题是,既然价格机制如此完美,企业内部交易这种方式为什么会存在? 既然市场交易不存在费用,人们为什么还要组建企业,以便在企业内部由企业家来配置资源? 也就是说,人们在企业和市场之间进行选择,以企业取代市场的根本原因是什么。

在科斯看来,之所以如此,是因为价格机制的运行并非没有成本。他说:"利用价格机制是有成本的。通过价格机制组织生产的最明显的成本就是发现相关价格的工作。随着出卖这类信息的专门人员的出现,这种成本有可能减少,但不可能消除。市场上发生的每一笔交易谈判和签约费用也必须考虑在内。"②正是从上述简单但现实的观点出发,科斯可以在价格机制与企业家指挥协调之间架起一座桥梁,把"企业的显著特征是作为价格机制的替代物"这个假设说得"圆满顺畅"。在科斯看来,既然市场交易存在着成本,市场价格机制的运转存在代价,企业替代市场一定是因为企业内部的交易在一定限度内可以降低市场交易成本。企业作为市场的替代物,作为一种不同于市场的交易组织或交易方式,正是企业的本质。企业生产和存在说明了市场交易费用的存在。反过来,企业不能完全替代市场,而是与市场并存,说明企业内部交易也是有成本的,降低市场交易费用的量也是有限度的。再推而广之,其他交易方式或配置资源方式,也是可以替代的,但是也都是有代价的。对不同方式的选择就是依据交易费用的高低。企业规模的限制因素也是交易费用。科斯结论性地认为:"市场的运行是有成本的,通过形成一个组织,并允许某个权威(一个企业家)来支配资源,就能节约某些市场运行成本。""当我们考虑企业应多大时,边际原理就会顺利地发挥作用。这个问题始终是,在组织权威下增加额外交易要付出代价吗? 在边际上,在企业内部组织交易的成本或者等于另一个企业的组织成本,或者等于由价格机制'组织'这笔交易所包含的成本。"③

① 威廉姆森.资本主义经济制度[M].北京:商务印书馆,2002:28-29.
② 科斯.企业的性质[M]//盛洪.现代制度经济学:上卷.北京:北京大学出版社,2003:106.
③ 科斯.企业、市场与法律[M].上海:上海三联书店,1990:7,18.

在《企业的性质》一文中,科斯既没有使用"交易费用"这个词,也没有把交易费用的内涵说明白,但它首次"发现"了交易存在费用问题,并率先将交易费用引入经济分析之中,这是一个很成功的发现。他说:"为了进行市场交易,有必要发现谁希望进行交易,有必要告诉人们交易的愿望和方式,以及通过讨价还价谈判缔结契约,督促契约条款的严格履行等。这些工作常常是需要花费成本的,而任何一定比率的成本都足以使许多无需成本的定价制度中可以进行的交易化为泡影。"[①]在1991年接受诺贝尔经济学奖的演讲中,科斯进一步补充说:"谈判要进行,契约要签订,监督要实行,解决纠纷的安排要设立,等等。这些费用后来被称为交易费用。"[②]科斯的这些补充显然使交易费用概念的内涵比1937年的说明更具体一些了。

三、威廉姆森对交易费用理论的发展

科斯只是提出了交易费用的概念,对交易费用的内涵和外延、决定因素和性质等问题并没有做深入的分析。继科斯之后,许多学者投入到对交易费用的定义、性质和决定因素等问题研究中,从而使交易费用理论逐步完善。在这些学者中,特别值得一提的是威廉姆森。威廉姆森对交易费用理论的主要贡献体现在以下几点:①在科斯基础上,对交易费用的内涵和外延做了新的解释。②从资产专用性、机会主义、有限理性、不确定性和交易的频率等多方面论证了交易费用产生的内在原因。③建立交易费用与资产专用性等变量的简单关系式,为交易费用的实证分析和检验奠定了基础。④将交易费用理论和方法应用到经济组织问题研究中,拓展了交易费用研究和应用的领域。

第二节 交易费用理论及框架

揭示交易费用的含义、决定因素和性质等问题是交易费用理论的主要内容。对于交易费用的含义,在科斯提出交易费用概念的基础上,有不少经济学家进行了研究。而对交易费用的决定因素问题进行了论述的则是威廉姆森和诺思等人。

一、交易费用的含义

把握交易费用的含义,需要从内涵和外延两个方面进行。新制度经济学家科斯、阿罗、威廉姆森等也是从这两个方面来界定交易费用的。

---

① 科斯.财产权利与制度变迁[M].上海:上海人民出版社,2014.
② 科斯.论生产的制度结构[M].上海:上海三联书店,1994:356.

(一)交易费用的内涵

对于交易费用的内涵,新制度经济学家科斯、阿罗、威廉姆森、张五常等都做过界定。在界定交易费用内涵中,不同学者的视角是不同的。例如,科斯在1937年发表的《企业的性质》一文中,将交易费用解释为"利用价格机制的成本"。他同时认为,企业组织作为市场的替代同样存在内部"管理费用"。阿罗1969年将交易费用定义为"新经济制度运行的费用"。作为阿罗学生的威廉姆森认为交易费用就是:"经济系统运转所要付出的代价或费用。"[①]诺思将交易费用界定为:"交易成本是规定和实施构成交易基础的契约成本,因而包含了那些经济从贸易中获取的政治和经济组织的所有成本。"[②]埃格特森对交易费用的定义是:"个人交换他们对于经济资产的所有权和确立他们的排他性权利的费用。"[③]张五常则将交易费用界定为"所有那些在鲁宾孙·克鲁索中不可能存在的成本,在这种经济中,既没有产权,也没有交易,亦没有任何种类的经济组织……简言之,交易成本包括一切不直接发生在物质生产过程中的成本。"他还说:"从最广泛的意义上说,所有不是由市场这只'看不见的手'指导的生产和交换活动,都是有组织的活动……当把交易成本定义为鲁宾孙经济中不存在的所有成本,把经济组织同样宽泛地定义为任何要求有'看不见的手'服务的安排时,就出现了以下推论:所有的组织成本都是交易成本。"为此,他还提出了"组织运作的交易成本"的概念。

显然,对于交易费用的内涵,各位学者的表述是不尽相同的,但就其实质而言,却是基本一致的。

总结起来看,交易费用主要有以下三类定义。

第一类直接界定。由于"交易费用"一词由"交易"和"费用"两个词组合而成,而"费用"一词的含义在新古典经济学那里是十分清楚的,因此,这一类定义主要是从解释什么是交易开始的。在上面的几种交易费用定义中,埃格特森的界定很明显就是用这种方法。在他看来,交易无非是"个人交换他们对于经济资产的所有权和确定他们的排他性权利"。实际上,这一定义并没有告诉我们什么新内容,因为"交易"一词早在康芒斯那里就已经得到了很明确的界定。在康芒斯看来,交易是人与人之间对自然物的权利的出让和取得的关系,是排他性所有权的转移。

第二类简介定义。并不直接对"交易"和"费用"两个概念加以界定,而是把它抽象地界定为所谓"经济制度运行的费用"或者"经济系统运转所要付出的代价或

---

① 威廉姆森.资本主义经济制度[M].北京:商务印书馆,2002:32.
② 诺斯.交易成本、制度和经济史[J].经济译文,1994(2):23-28.
③ 张五常.经济解释:张五常经济论文选[M].北京:商务印书馆,2000:407-408.

费用"。这种界定确实是高度概括的,但它仍然来自康芒斯。如前所述,康芒斯把交易看作是经济制度的基本单位,无数次的交易构成经济制度的实际运转。因此,阿罗说,交易是经济制度的运行费用。不过阿罗的定义没能使人们就定义本身直接得到更多的具体信息,人们还是不能因此具体知道交易费用到底是什么。但是这并不影响人们对交易费用的理解和使用。与其说新制度经济学家给"交易费用"以明确定义,不如说,这是一个不言自明、无须再专门定义的范畴。

第三类管理定义。这也是建立在康芒斯的"交易"定义基础上的。康芒斯把交易分为买卖的交易、管理的交易和限额的交易三种形式,管理的交易和限额的交易实际上是组织内部的交易。既然不仅存在市场交易,而且组织内部的管理活动也是交易,那么,组织内部的交易自然也存在费用。很明显,张五常和诺思就是这样对交易费用加以界定的。这种从交易的三种形式理解交易费用的含义的还有一些学者。例如,菲吕博顿等就把交易成本明确分为市场性交易成本、管理性交易成本和政治性交易成本三种类型。"交易成本的典型例子是利用市场的费用(市场交易成本)和在企业内部行使命令这种权利的费用(管理性交易成本)……(还有)一组与某一政治实体的制度结构的运作和调整相关的费用(政治性交易成本)。"[①]

从新制度经济学家对交易费用的界定可以看出,只要对康芒斯的"交易"概念有一个比较清楚的认识和了解,我们对交易费用概念的理解就不会存在什么困难。当然,在理解交易费用概念时,还有必要说明的是,不仅交易存在的形式是多样的,而且交易的对象也是十分广泛的,它不仅包括一般的有形和无形产品,而且包括一种特殊的产品——制度。在新制度经济学家看来,制度是一种公共品,也有供给和需求。制度这种公共品的制定、实施、维护和变革包含着人与人、集团与集团之间极为复杂的交易活动。正因为如此,美国经济学家布罗姆利还提出了制度交易概念。他说:"大多数经济学关注的是商品关系领域,即物品和服务的买卖。在此,这一经济活动领域将被称作商品交易。第二个经济活动领域关注的是商品流通的有规则的市场过程和秩序、结构、稳定性和可预测性,在此领域中存在超越'博弈规则'的交易。这些交易被称为制度交易,以此强调它们是关于将经济界定为一套有序关系的制度结构。制度交易会产生一个特定的制度安排,它界定了商品交易将发生的领域。"[②]由于制度的制订、实施、维护和变革包含着人与人、集团与集团之间极为复杂的交易活动,因而也必然存在制度制订成本、制度运转或实施成本、制度监督或维护成本以及制度变革成本等各种交易费用。正如菲吕博顿和瑞切特所指出的:"交易成本包括那些用于制度和组织的创造、维持、利用、改变等所需资源

① 科斯,诺思,威廉姆森,等.制度、契约和组织[M].北京:经济科学出版社,2003:428.
② 布罗姆利.经济利益与经济制度[M].上海:上海三联书店,1996:61.

的费用……当考虑到存在着的财产和合同权利时,交易成本包括界定和测量资源和索取权的成本,并且还要加上使用和执行这些权利的费用。"阿罗将交易费用定义为"经济制度运行的费用",大概也有这个意思。

(二)交易费用的外延

要准确把握交易费用的内涵,还要对其外延有一个清楚的认识。所谓交易费用的外延,就是指它到底包括哪些具体项目。对于交易费用所包括的具体项目,科斯、威廉姆森和马修斯等都做过研究。他们的研究有一个共同特点,即都是从交换过程本身所包含的不同阶段,对交易成本所包含的项目进行揭示的。

科斯作为交易费用概念的提出者,最早对其外延进行了分析。在《企业的性质》一文中,他认为,交易费用至少包括以下三个项目。①发现相对价格的工作。进行市场交易并不是如正统的完全竞争理论所假定的那样:价格信息为既定的并为所有当事人所掌握。相反,价格是不确定的、未知的,要将其转化为已知,进行市场交易的当事人必须付出代价。②谈判和签约的费用。市场交易过程不一定是顺利的,因为交易人之间常会发生纠纷、冲突,这就需要讨价还价,签订和履行合约,甚至诉诸法律。这些都要花费一定的费用。③其他方面的不利因素(或成本)。对于这一点,科斯没有详细论述,只是列了签订长期契约虽然可能节省因较多的短期合同而需要花费部分费用,但是却可能因为未来的不确定性或预测的困难,契约期越长,对未来进行预期的费用越高,因而长期契约只可能是粗略的"一般条款"。以后需要解决交易的细节问题,从而要花费成本①。

威廉姆森是科斯之后对交易费用理论做出了重大贡献的学者之一。除了对交易费用的内涵进行界定外,他还对其外延进行了研究。1985 年,他将交易费用区分为合同签订之前的"事前"交易费用和签订合同之后的"事后"交易费用。"事前"交易费用,是指草拟合同、就合同内容进行谈判以及确保合同得以履行所付出的成本。"事后"交易费用涉及内容相对比较多一些,主要有:①不适应成本,即交易行为逐渐偏离了合作方向,造成交易双方不适应的那种成本;②讨价还价成本,即如果双方想纠正事后不合作的现象,需要讨价还价所造成的成本;③建立及运转成本,即为了解决合同纠纷而建立治理结构(往往不是法庭)并保持其运转,也需要付出成本;④保证成本,即为了确保各种承诺得以兑现所付出的那种成本②。

在这些有关交易费用外延的分析中,另一位学者马修斯的观点为不少学者所接受。他认为,交易费用包括事前准备合同和事后监督及强制执行合同费用。交

---

①　科斯.企业的经济性质[M].上海:上海财经大学出版社,2000:81－83.

②　威廉姆森.资本主义经济制度[M].北京:商务印书馆,2002:33－35.

易费用与经济理论中其他费用一样,也是一种机会成本,也可以分为可变成本与不变成本两部分。具体来说,当信息存在成本的时候,与个体间产权交易有关的各种行为导致了交易费用的产生。这些行为包括:①寻找有关价格分布、商品质量和劳动投入的信息,寻找潜在的买者和卖者及有关他们行为与环境的信息。②在价格内生的时候,为弄清买者和卖者的实际地位而必不可少的谈判。③订立合约。④对于合约对方的监督以确定对方是否违约。⑤当对方违约之后强制执行合同和寻求赔偿。⑥保护产权以防第三者侵权,例如,防御海盗在非法交易时对政府的防范①。

关于交易费用外延的分析还有许多,我们在此不再赘述。显然,交易费用无非就是交易前、交易中和交易后各种与交易有关的费用,具体包括:①收集和传递有关商品和劳务价格分布和质量的信息费用;寻找潜在买者和卖者,获得与他们行为有关的各种信息费用。②当价格可以商议时,为确定买者和卖者的真实要价而进行讨价还价的费用。③起草、讨论、确定交易合同的费用。④监督合同履行的费用。⑤履行合同的费用(不包括执行合同本身而发生的生产成本)。在一方未履行合同因而造成另一方损失时,后者提出起诉,要求赔偿的费用。⑥保护双方权益,防止第三方侵权,比如防止剽窃、侵犯专利权的费用。⑦其他上述不曾列入的有关交易活动的费用支出。

二、交易费用的决定因素

新制度经济学家认为,只要不是鲁宾孙世界,就可能发生交易费用。在鲁宾孙世界,由于只有他一个人,根本不存在交易,因而没有交易费用发生。但是,只要有两个以上的人存在,就可能产生交易费用。正像有学者形象地比喻那样,一个没有交易费用的世界,宛如自然界没有摩擦力一样,是非现实的。既然交易费用普遍存在是一个客观事实,那么,交易费用产生的原因或者说决定因素又是什么呢? 对此,新制度经济学家威廉姆森和诺思等人做过分析。

(一)威廉姆森对交易费用决定因素的分析

科斯没有对交易成本的决定因素进行专门分析,但他首先认识到了交易的稀缺性,使分析交易成本产生的原因有了基础。威廉姆森在科斯的基础上扩展和深化了对交易成本决定因素的分析。他主要是从人的因素、与特定交易有关的因素以及交易的市场环境因素三个方面来分析交易成本的决定因素的。其中,人的因素是指他对人的行为的两个基本假设:有限理性和机会主义。与特定交易有关的

① 埃格特森.新制度经济学[M].北京:商务印书馆,1996:17.

因素则指他提出的决定交易性质的三个维度:资产专用性、交易的不确定性和交易频率。交易的市场环境因素指的是潜在的交易对手数量。

1.人的因素

威廉姆森的交易成本经济学是在新的人性假设基础上来研究合约行为问题的。在他看来,现实经济生活中人并不是古典经济学所研究的"经济人",而是"契约人"。"契约人"都处于交易之中,并用或明或暗的合约来协调他们的交易活动。"契约人"的行为特征不同于"经济人"的理性行为,具体表现为有限理性和机会主义行为。正是"契约人"的有限理性和机会主义行为导致了交易成本的产生。

(1)有限理性。有限理性是说,主观上追求理性,但客观上只能有限地做到这一点的行为特征。也就是说,通常人们经济活动的动机是有目的、有理性的,但仅是有限条件下的理性行为。威廉姆森认为有限理性这一定义的两个部分都应该得到重视,其中主观理性部分导出了最小化交易成本的动机,而对认知能力有限的认识则鼓励了对制度的研究。主观理性支持交易各方会努力抓住每一个机会以实现效率的假设,而对有限理性的重视加深了对各种非标准形式组织的理解。既然人们的理解是有限的,交易当事人既不能完全搜集事前合约安排相关的信息,也不能预测未来各种可能发生的变化,从而在事前把这些变化——讨论清楚写入合约的条款中,因此,合约总是不完全的。在这种情况下,交易当事人也许就要消耗资源选择某种仲裁方式,以便发生不测事件,双方出现分歧时合理地加以解决,而这必然增加交易成本。正如威廉姆森所说:"理性有限是一个无法回避的现实问题,因此就需要正视为此所付出的各种成本,包括计划成本、适应成本,以及对交易实施监督所付出的成本。"在现实经济生活中,人们建立不同的经济组织,选择不同的合约形式都是为了弥补个人在外界事务不确定性、复杂性时的理性不足。

(2)机会主义行为。威廉姆森明确指出,机会主义行为是交易费用研究的核心概念,它对于涉及交易专用性的人力资本和物质资本的经济活动尤为重要。所谓的机会主义行为是指人们在交易过程中不仅追求个人利益的最大化,而且通过不正当的手段来谋求自身利益。例如,随机应变,投机取巧,有目的和有策略地提供不真实的信息,利用别人的不利处境施加压力,等等。机会主义者与谋求私利者的不同点在于:后者虽然也最大限度地追求自己的利益,但却不会食言或有意歪曲他掌握的信息;而机会主义者在可能增加自己利益时却会违背任何戒条。例如,他会不守信用,并会有意发出误导他人的信息,或者是拒绝向别人透露他持有的而别人需要却又缺少的信息。威廉姆森对机会主义的理解可以从这句话看出:"我说的投机指的是损人利己,包括那种典型的损人利己,如撒谎、偷窃和欺骗,但往往还包括其他形式。在多数情况下,投机都是一种机敏的欺骗,既包括主动去骗人,也包括不得已去骗人,还有事前及事后骗人。"

机会主义行为又分为事前的机会主义行为和事后的机会主义行为。前者以保险中的逆向选择为典型,投保人尤其是风险较大的投保人不愿意坦率地披露与自己的真实风险条件有关的信息,还会制造虚假的或模糊的信息。由于投保人的这种行为,在订立契约时,保险公司与投保人之间存在"信息不对称"。保险公司无法鉴别隐瞒信息的投保人,便只能"一刀切",把所有投保人的风险程度都设定为某一平均程度。结果,真实风险小于平均程度的投保人就不太愿意与保险公司签订契约,被筛选出来的投保人多数是真实风险大于平均程度而又没有坦率披露信息的投保人。事后的机会主义行为以保险中的道德风险、代理成本为典型,出现的是契约的执行问题,即已经取得保险的投保人不以完全负责的态度行事,不采取应当采取的缩减风险的行为。同时,正是这些机会主义的行为表现直接或间接地导致了信息不对称问题,从而使经济组织中的问题极大的复杂化了,其导致的一个直接结果就是合同风险。如果契约人只有自利行为而没有机会主义行为,那么人们可以相信缔约人将会忠实地履行他的承诺。但是,如果契约人采取机会主义行为,那么他不仅不一定守约,而且还会见机行事,使事后的实际结果不是按合同而是按有利于他的方向发展。此时,怎样采取措施遏制机会主义也就有了经济意义,当然也带来了新的成本。

人的有限理性和机会主义行为的存在,导致了交易活动的复杂性,使得交易成本增加。也正因为人的有限理性与人的机会主义行为,严重的合约问题才会产生,从而使交易方式的选择成为必要。但是,这两个行为特征对交易活动的影响,还要看交易过程的特点。

2. 与特定交易有关的因素

威廉姆森认为,某些交易要按这种方式来组织,而其他交易要按那种方式来组织,其中必有经济上的合理原因,因此有必要找出是什么原因使得各种交易彼此不同。威廉姆森通过对与特定交易有关的因素,即他所谓交易的三个维度——资产专用性、不确定性和交易频率——对这个问题进行了解释。不同的维度与交易成本有关,三者中,资产专用性最重要最独特。当然,不确定性和交易频率也起着重要作用。

(1)资产专用性。按照威廉姆森的解释,资产专用性是指"在不牺牲生产价值的条件下,资产可用于不同用途和由不同使用者利用的程度。它与沉没成本概念有关"[①]。一项资产的专用性与这一资产用于其他用途或由不同使用者利用时其产生价值的损失程度成正比,损失程度很大时,为专用性资产;反之,则为通用性资

---

① 威廉姆森.企业制度与市场组织[M].上海:上海三联书店,1996:70.

产。当一项耐久性投资被用于支持某些特定交易时，所投入的资产就具有专用性。在这种情况下，如果交易过早地被终止，所投入的资产将完全或部分地无法改作他用，因为在投资带来的固定成本和可变成本中都包含了一部分不可挽救的成本或沉没成本。所以，契约关系的连续性意义重大，契约双方中有一方投入了专用资产时，一旦另一方采取机会主义行为提前终止交易，投资一方就可能蒙受损失。因此，契约的或组织的保障可以大大降低交易成本，这就是经济联系紧密的上下游企业间追逐纵向一体化的内在动力。

在威廉姆森之前，已有一些学者认识到了资产专用性的问题，如马歇尔（1948年）和贝克尔（1962年）都曾谈到过劳动过程中会产生特有的人力资本，马尔沙克则明确提到了员工、机关、工厂与港口不可替代的独特性，波兰依则通过对"个人性知识"的著名讨论进一步证明了专用知识和工作关系的重要性。威廉姆森的研究在三个方面推进了上述观点：一是资产专用性可以有很多形式。例如，他进一步将资产专用性分为五种独特类型：场地专用性，物质资产专用性，在边干边学过程中出现的人力资产专用性，专项资产、品牌资产的专用性，临时专用性。二是资产专用性不仅引起复杂的事前激励反应，而且，更重要的是，它还引起复杂的事后治理结构反应。三是对所有形式的经济组织进行的研究，成了交易成本经济学的主要研究内容[①]。

（2）交易的不确定性。这里的不确定性是广义的，它既包括事前只能大致甚至不能推测的偶然事件的不确定性和交易双方信息不对称的不确定性，也包括可以事先预料，但预测成本或在契约中制订处理措施的成本太高的不确定性。不确定性的意义在于使人们的选择成为必要。当交易受到不同的不确定性的影响时，人们就会在交易成本尽量低的情况下对不同的合约安排进行选择。对不确定性，库普曼斯把它分为两类：一是原发的不确定性，指的是由于自然无序行为和无法预测的消费者偏好变化造成的不确定性。二是继发的不确定性，即由于缺乏信息沟通，使一个人在做出决策时，无从了解其他人同时也在作的那些决策和计划所带来的不确定性[②]。威廉姆森则进一步强调了行为的不确定性对理解交易成本经济学问题的特殊重要性。行为的不确定性即由于人的机会主义行为以及这些行为的千差万别（人们往往无法预见）而产生的不确定性。不确定性在不同的交易协调方式中所起的作用和约束交易的程度是不同的。因此，这也给交易的合约安排与协调方式的选择留下广阔的空间。而且它和有限理性密不可分，如果没有有限理性，也不会存在不确定性。同样，如果没有机会主义，不确定性问题也可以根据有关协议加

---

① 威廉姆森.治理机制[M].北京:中国社会科学出版社,2001:52.
② 威廉姆森.资本主义经济制度[M].北京:商务印书馆,2002:85.

以调整。因此,当交易过程中的不确定性很高时,交易双方对未来可能发生的事件就无法预期,因而也就很难把未来的可能事件写入合约中。在这种情况下,就必须设计一种交易当事人双方都能接受的合约安排,以便在事后可能的事件发生时保证双方能够平等地进行谈判,做出新的合约安排,这样就必然会增加交易成本。

（3）交易频率。交易频率是指交易发生的次数,它并不会影响交易成本的绝对值,而只影响各种交易方式的相对成本。一种治理结构的确立和运转是有成本的,这些成本在多大程度上能被带来的利益抵消,这取决于在这种治理结构中所发生的交易频率。多次发生的交易,较之于一次发生的交易,更容易使治理结构的成本被抵消。这里的道理与亚当·斯密所说的劳动分工受到市场规模限制的订立是相同的。交易成本与交易频率的关系是,在重复性交易中,交易成本随交易频率的增加而递减,但交易成本不能随交易频率的增加而无限减少,或者说,在重复性的交易中,交易成本不会趋近于零。

3. 交易的市场环境因素

交易的市场环境是指潜在交易对手的数量。威廉姆森指出,交易开始时有大量的供应商参加竞标的条件,并不意味着此后这种条件还会存在。事后竞争是否充分,依赖于所涉及的货物或者服务是否受到专用性人力或物质资产投资的支持。如果没有这样的专用性投资,最初的赢家就不能实现对非赢家的优势。尽管它也许会继续供应相当长的一段时间,这只不过是因为它一直在对付来自合格对手的竞争性叫价。相反,一旦存在了专用性投资,就不能假定竞争对手还处于同一起跑线上了。在这种情况下,最初的完全竞争市场就被垄断市场所代替,最初的大数目竞争条件就让位于事后的"小数目条件",而这一个过程被他称之为"根本性转变"。如果持续交易关系终止就会造成经济价值的损失,并且使交易处于垄断一方的机会主义行为的可能性大增,非垄断一方将为此交易的继续维持付出相当大的成本代价。

需要指出的是,在威廉姆森看来,对交易成本起决定作用的六种因素并不具有完全相同的重要性。其中,他特别强调了有限理性、机会主义行为和资产专用性这三种因素对交易成本的决定性作用,其中,又以机会主义行为为基础。按照威廉姆森的见解,倘若上述三个因素不是同时出现的话,交易成本就不会存在。因为在完全理性情况下,一开始就可以无需耗费地签订极为详尽的合同,签订长期合同也是有可能的;在不存在机会主义的情况下,任何由于受到有限理性而在合同中造成的疏忽欠妥之处,不会引起对方在执行合同中钻空子的危险,因为双方都不想从对方那里捞取便宜,因而签订短期而连续的合同是可能的;当资产专用性因素不存在时,将没有必要保持持续不断的经济关系,因而市场将是充分竞争性的。

(二)诺思对交易费用决定因素的分析

对交易费用的决定因素,诺思则主要从商品和服务的多维属性、信息不对称与人的机会主义动机、分工与专业化程度等方面进行了分析。

1. 商品和服务的多维属性

诺思认为,作为交易对象的商品、服务(代理人给购买者提供的服务)都具有许多属性,他们的层次在不同种类商品和不同代理人之间是不同的。要对这些层次予以充分理解和精确计算是代价高昂的。想一想买一辆汽车所要考虑的上百个质量方面的问题,这里的度量问题不仅涉及汽车的各个组成部分的潜在质量,而且还涉及特定的(也许用过的)汽车的确切状况。再举例说,当一位大学的经济系主任雇佣一位助理教授时,不仅需要了解他从事教学的数量、质量以及研究成果,而且也包括受雇者其他方面的情况,如他们是否已经做好准备,与上课时间相符,为同事提供外部收益,与系里的事务合作,或用系里的费用给在外地的朋友打电话等。显然,在交易之前,要对商品和服务的这些属性有较清楚的了解是需要高昂费用的。这就必然引起交易费用的发生。用诺思的话说就是:"确定所交换的每单位物品或服务的单个属性的层次是要支付信息成本的。它是交易在这方面代价高昂的基础。"①

2. 信息不对称与人的机会主义动机

由于商品和服务具有多维属性,就必然使交易双方出现信息不对称问题。例如,卖橘子的人比买者对橘子的价值属性更为了解,卖车的人比买车的人更了解汽车的价值属性,医生比病人更了解服务的数量和技能,一个去保险公司购买保险的人比保险公司更了解自己的身体状况。这就给人的机会主义行为提供了现实条件并导致交易费用的产生。正如诺思所说:"不仅一方比另一方更为了解某些价值属性,而且他或她还将从信息的收集中获取收益。按照一个严格的财富最大化行为假定,当进行交换的一方进行欺骗、偷窃或说谎所获取的收益超过他所获得的可选机会的价值时,他就会这样做。"

3. 分工与专业化程度

诺思认为,交易费用的产生与分工和专业化程度的提高或者市场规模的扩大也有关系。根据专业化和分工的程度,诺思把迄今为止人类社会经历的交易形式分为三种:第一种是简单的、人格化的交易形式,在这种交易形式中,交易是不断重复进行的,卖和买几乎同时发生,每项交易的参加者很少,当事人之间拥有对方的

---

① 诺斯.制度、制度变迁与经济绩效[M].上海:上海三联书店,1994:40-41.

完全信息,因而交易费用(TC)不高。这种个人的交易受市场和区域范围的局限,专业化程度不高,生产费用(PC)高,实际上这就是新古典经济学家的完全竞争状态。第二种是非人格化的交易形式。在这类交易形式中,市场得以扩大,长距离与跨文化交易得到发展,交易费用明显上升。由于交易市场范围的扩大,专业化程度有所提高,生产费用也有了下降。第三种是由第三方实施的非人际交易形式。随着分工和专业化程度大幅度提高,生产费用逐渐下降,但由于交易极其复杂,交易的参与者很多,信息不完全或不对称,欺诈、违约、偷窃等行为不可避免,又会使市场的交易费用增加,交易费用的增加有时会抵消专业化程度提高带来的好处(见图2-1)。

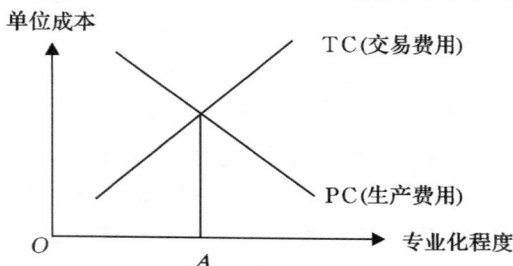

图 2-1 交易费用与专业化程度关系

亚当·斯密在1776年出版的《国民财富的性质和原因的研究》一书中研究了交换引起分工和专业化,从而大大提高劳动生产率的情况。在此基础上,他还探讨了分工与市场范围的关系。他的基本观点是:分工受市场范围的限制。斯蒂格勒在其《分工受市场范围的限制》的论文中进一步发挥了他称之为"斯密定理"的观点。其含义是,只有当对某一产品或服务的需求随市场范围的扩大增长到一定程度时,专业化的生产者才能实际出现和存在。随着市场范围的扩大,分工和专业化的程度也不断提高。但是,斯密只是单方面地强调了交换的专业化水平提高对生产成本的节约,却没有权衡与此同时所增加的交易费用。诺思的分析表明,在历史上,分工与专业化的发展严重地受到交易费用提高的制约。斯密只是看到了分工及专业化与市场范围的关系,而没有发现分工及专业化与交易费用的关系这个更深层次的问题。图2-1表明,当专业化程度达到A点以前,专业化所带来的生产费用的降低高于引起的交易费用的上升,因而专业化程度仍然会提高,而当专业化程度达到A点以后,专业化所带来的交易费用的上升已经高于其所带来的生产费用的降低,因而专业化程度会受到交易费用上升的阻碍。

从上面两位学者对交易费用决定因素的分析可以看出,他们对交易费用决定因素的认识不尽相同。我们认为,这里并没有什么根本上的不一致,实际上只是他们看问题的角度和分析的重点不一样而已。他们的分析实际上具有一定的互补性,有助于我们从多方面、多角度了解交易费用的产生原因和决定因素。例如,诺思关于商品和服务的多维属性与信息不对称引起交易费用的分析,有助于我们对"事前"的收集和传递有关商品和劳务的价格分布和质量的信息费用产生的原因的了解,而分工和专业化程度的提高对交易费用影响的分析则有助于我们对"事后"交易费用的理解。威廉姆森的交易费用决定因素分析显然比诺思的分析更全面,也有更强的解释力,但他的分析主要是针对"事后"交易费用的形成。

三、交易费用的性质

从新制度经济学家对交易费用的分析中,我们可以将交易费用的性质归结为以下几点。

第一,交易费用是对社会财富和稀缺资源的耗损。正如我们已经知道的,发现交易存在费用是科斯的伟大贡献。在科斯之前的古典经济学和新古典经济学中,人们只认识到生产成本是对人类稀缺资源的损耗,也只看到专业化和劳动分工对生产成本降低的重要作用,却没有发现由此导致的交易费用的成倍增长。正如诺思所说:"承认经济交换的代价高昂,则将交易费用方法与经济学家从亚当·斯密那里继承下来的传统理论区分了开来。200多年来,通过日益专业化的劳动分工与从交易中获取收益一直是经济理论的基石。专业化可以经由市场规模的日益扩大来实现,正如世界经济的成长和劳动分工变得更为专一一样,经济绩效中所含的大量交换也扩大了。但是经济学家在这一方法纳入经济理论整体的长期探索中,确实没有考虑到交换过程是代价高昂的这一点。"①作为人类稀缺资源损耗的交易费用又有两种类型:一类是交易所必需的,另一类则纯粹是浪费。一般来说,为达成交易总是需要信息搜寻,由此引起的费用显然是必需的。另一类由于人的机会主义行为引起的交易方的损害和由此引起的诉讼费用等则很大程度上是人类稀缺资源的浪费。在政治交易中,一些人和企业的寻租行为完全是人类稀缺资源的浪费。

第二,高额的交易费用可能减少或消除本来可能有利的交易。科斯说过:"任何一定比率的(交易)成本都足以使许多无需成本的定价制度中可以进行的交易化为泡影。"例如,当贸易受到第三方(一群海盗)威胁的时候。在高速通货膨胀时期,特别是不断变化的和不可预期的通货膨胀,会使交易费用提高,从而使许多有利于经济发展的投资受阻。在技术交易中,由于交易双方可能存在的逆向选择和道德风险行为导致高昂的交易费用,也使许多本来有利于交易双方的交易活动受阻,从而也抑制了技术创新活动。许多科技发明之所以未能转化为技术创新,其中一个

---

① 诺斯.制度、制度变迁与经济绩效[M].上海:上海三联书店,1994:38.

重要的原因就是发明转让过程中的高额交易费用。据估计,我国"八五"期间共取得国家级科研成果 16 万项,但实际转化为现实生产力的仅占 20%。这其中的原因当然很多,但技术交易过程中的高交易费用显然是一个重要的阻碍因素。需要注意的是,高额的交易费用并非总是具有不利的影响。对于有害的交易,如毒品交易、走私交易、野生保护动物交易、赌博交易等,政府通过严厉打击,以提高其交易费用,则具有减少和防止有害交易发生的积极作用。正如埃格特森所说:"国家强制实施所有权会提高个人所拥有的资产价值,这种国家行为构成了市场交换的一个基石。在某些领域,契约执行得不到政府帮助或政府明确禁止占有资产或交换有关资产(如海洛因),高昂的交易成本会限制甚至完全阻止了交换。"

第三,虽然交易费用无法彻底消除,但却是可以降低的。由于交易费用是由多种因素决定的,要彻底消除交易费用显然是不可能也不现实的。但这并不意味着交易费用不可以降低,有哪些因素可以降低交易费用呢?在新制度经济学家看来,制度和技术是降低交易费用的主要力量。正如诺思所说:"制度所提供的交换结构,加上所用的技术决定了交易费用转化的费用。"

制度的一项重要功能就是降低交易费用。科斯关于企业对市场替代的论述说明,当市场方式组织生产费用高昂时,可以用企业这种制度方式代替市场制度方式,从而节省交易费用。诺思指出,随着人类交易形式变得越来越复杂,制度必须随之变化,其目的就在于降低交易费用。"它们从那些解决简单交换问题的制度,扩展到跨时空和无数人的制度……当交易的成本和不确定性很高时,非专业化就是一种保险形式。专业化及有价属性的数量与可变性越大,投入可信制度的权重越大,它们能使个人从事复杂合约时的不确定性最小化。在现代经济中,交换是由许多延伸了很长时间的许多可变属性构成的,它们必须要有制度的可信性,而这些制度在西方经济中是逐渐形成的。"

技术对交易费用降低所起的作用主要体现在它可以节省交易的信息搜寻费用。我们可以从人类社会制度创新和技术进步的历史演进中清楚地看出制度和技术降低交易费用的作用。例如,相对于人类最初的交易物物交换而言,定期集市的出现,一般等价物——货币的产生,就极大地节省了交易费用。技术进步方面,交通的不断改进,如马路、运河、航海、公路、铁路、飞机场等,通信如驿站、邮政、电报、电话、电传、电子计算机、互联网等手段的发明和进步,则极大地节省了交易的信息费用。当然也要看到,技术进步对交易费用的影响具有两面性:一方面,技术进步可以产生诸如新的有效的度量方法使交易费用降低;另一方面,技术进步意味着出现更复杂的商品从而提高交易费用。技术进步为设计新的能够降低合约费用的经济组织提供了机会,但已出现的少量系统经验资料表明,在发达的工业国家,技术进步的净效益提高了交易费用。

美国加州大学洛杉矶分校的 Deepal Lal 在北京大学中国经济研究中心的演讲"信息革命、交易费用、文明和经济运行"中,把交易费用分为与交换的效率有关的交易费用和监督机会主义行为有关的交易费用。Lal 认为,由于信息革命的作用,尽管用于交换的交易费用会下降,但因为文明的差异,用于监督的交易费用的未来变动会在国与国之间出现很大的不同。Lal 和 Patel 的研究表明,不同发展中国家有不同的从事商业的成本,也对应着他们不同的经济表现。一个有趣的问题是,总体上看,信息革命到底是降低了交易费用还是增加了交易费用? 在 Lal 看来,信息革命虽然可以降低用于交换的交易费用,但却增加了用于监督的交易费用。这是因为:第一,由于计算机和网络的使用,专家咨询等业务能够避开税务当局的管制,人力资本可以像金融资本一样越来越具有流动性。这使税基萎缩到只有非流动要素——非技术劳动力、土地和销售税。并且销售税收也会由于设在免税区的电子超市的发展而减少,因为人们可以通过信息高速公路来此购物。第二,由于信息革命大大地拓展了市场的范围,使一次性的"匿名"交易迅速增加,所以,如果传统的道德被极度的个人主义替代,用于监督的交易费用将会大大上升。

第三节　交易费用理论的经济应用

交易费用不仅作为一个范畴,而且作为一种新的经济学分析方法,得到了广泛的应用。很多的经济和经济学问题,以交易费用方法去研究,都获得了令人耳目一新的成果。在交易费用的应用研究方面,尤其值得一提的是威廉姆森,他将交易费用应用于经济组织问题的研究,独创了新制度经济学的一个重要分支——交易成本经济学。另外,张五常借助交易费用范畴,对土地契约选择的研究也很有价值。

一、交易成本与组织治理结构选择问题

威廉姆森对交易费用理论的贡献不仅表现在他对交易费用决定因素的分析上,而且还表现在他对交易费用的应用研究上。威廉姆森借助交易费用工具,深刻地研究了各类经济组织问题,特别是企业、市场以及与之相关的签订契约问题。

传统新古典经济学忽略了企业等经济组织问题的研究。正如威廉姆森所说:"正统经济理论认为,经济活动在企业和市场间的配置是个已知数,企业是生产函数,市场是信号揭示机制,合同通过一个拍卖人达成,由于事先假定了法庭裁决的有效性,冲突被置之度外。组织形态所满足的经济目的并不是这一框架的产物——事实上,它超出了这一框架的研究范围。"威廉姆森把自己对组织经济学的研究称为"交易成本经济学"。他的交易成本经济学以完全不同的方法研究了经济组织问题。

在威廉姆森看来,企业、市场和两者的混合形态被看作是不同的组织形式,经济活动在其中的配置是个决策变量。企业被描述为治理结构,企业的内部不具有实际的经济意义。契约签订过程包括简单地由拍卖人提供的非面对面交易到交易各方的身份起着关键作用的复杂双边交易。司法中心主义传统——法庭裁决具有效力——被对私人秩序的研究所取代。组织形式成为研究的中心而不是被抛于脑后。

威廉姆森的交易成本经济学具有如下特点:①更注重微观分析;②在作出行为假定时更为慎重;③首次提出资产专用性对经济的重要意义并用以解释实际问题;④更加依靠对制度的比较分析;⑤把工商企业看作治理结构,而不是一个生产函数;⑥特别强调私下解决(而不是法庭裁决)的作用,重点是研究契约签订以后的制度问题。

(一)交易与契约关系

威廉姆森在经济组织研究方面的一个主要观点或者说主要贡献是认为不同治理结构应该与不同的交易类型相匹配,匹配的目的是实现交易成本最小化。正如威廉姆森所说:"对企业、市场和混合形式的研究被作为一个统一体,交易成本是其核心。不同交易在特征上存在差异这一事实说明了组织形态的多样性,由于这种差异,交易的治理也不同。通过一一对应的方式把交易和治理结构相应地匹配在一起,实现了交易成本最小化。"[①]在其 1985 年所著的《资本主义经济制度》一书中,他又说:"经济组织问题的比较研究强调的是以下基本观点:根据不同的治理结构(治理能力及有关成本不同)来选择不同的(具有不同属性的)交易方式,可以节省交易成本。"

1. 交易的类型

在威廉姆森看来,生产或提供商品服务活动从技术上可分为一系列独立的活动过程,每个在技术上不可分的活动都是一个独立的活动过程,它们是属于整个活动的一个阶段。当一项物品或劳务从一个阶段移交到下一个阶段时,则会发生交易。因此,即使是企业内部各车间或同一车间的操作工人之间,也存在着交易关系。他说:"交易之发生,源于某种产品或服务从一种技术边界向另一种技术边界的转移,由此宣告一个行为阶段的结束,另一个行为阶段的开始。如果技术边界清晰,就会顺利成交,就像一台运转良好的机器那样。"

为了区分不同的交易,威廉姆森提出了三个维度:资产专用性、不确定性和交易频率。为了便于分析,他首先假定影响交易的不确定性程度适中,从而先着重考

---

① 威廉姆森.新制度经济学[M].上海:上海财经大学出版社,1998:67-68.

察交易的另外两个维度——资产专用性和交易频率。根据交易频率的不同,他将交易分为三种,即一次性交易、数次交易和重复发生的交易。根据资产专用性的不同,又将交易分为非专用性交易、混合的(中度)专用性交易以及高度专用性交易。由于单项交易并不经常发生,而且对于大多数人来说,一次性交易和数次交易的差别不大,因而把单项交易排除掉。这样,威廉姆森把根据频率划分的两种交易和根据资产专用性划分的三种交易进行组合,形成六种交易类型,即偶然进行的非专用性交易、重复进行的非专用性交易、偶然进行的混合性交易、重复进行的混合性交易、偶然进行的特定性交易和重复进行的特定性交易。这六种类型的例子见表2-1。

表2-1　交易的六种类型

频率		投资特点		
		非专用	混合	特质
频率	偶然	购买标准设备	购买定做设备	建厂
	经常	购买标准原材料	购买定做原材料	中间产品要经过各不相同的车间

2. 交易与契约

众所周知,任何交易都是通过契约关系进行和完成的,无论这些契约是书面的,还是口头的或者默契的。契约到底有哪些类型? 根据法学家麦克内尔的观点,契约主要有古典契约、新古典契约和关系契约三种。

(1)古典契约。古典契约强调了交易者的独立性和契约的明晰性,所有与交易有关的事项都得到了清晰的描述。古典契约的独立性和明晰性主要体现在以下三个方面:①交易双方身份是否明确无关紧要。在一个理想的市场中,参与者所买卖的是标准的契约,单位契约之间可以完全替代,因而交易者的身份并不重要,它不会对交易条件造成影响。②契约的性质经过仔细敲定,一旦正式的(如书面)契约与非正式的(如口头)契约发生矛盾,则以正式契约为准。③对违约的处理简单。这是因为古典契约假定交易各方从一开始就已预见到契约履行的情况,并在契约条款里事先规定了相应的处理措施。当事人诉诸法庭完全是为了确认权利的要求,因此违约行为较少发生。即便发生,也不会有第三方介入。双方不会为了维持契约关系而花费太多的时间与精力,而是强调诉诸法律规则、正式文件以及自我清算的交易。一项契约即使很复杂,如房地产买卖契约,只要具备上述三个特点,就是古典契约。由此可见,古典契约视契约为具有自由意志的交易当事人自主行为的结果,不受外来力量的干涉,从而体现了一种自由选择和反对政府干预的思想。

（2）新古典契约。并非每一种契约都可以归结为古典契约。对于长期契约来说，古典契约不是无法履行，就是履行成本过高。这是因为：首先，人们不可能在最初就预见到将来发生的、需要他们去适应的所有问题。其次，有很多意外事件，究竟怎样应对才算适当，在客观环境使之变成现实以前是说不清楚的。最后，除非自主的交易双方能搞清世间各种变化，否则对某些特定权利会使他们争执不休。

面对这些困难，有三种可选择的对策：①放弃全部交易；②退出市场，建立组织使交易内部化，在组织内部通过激励和控制机制执行连续稳定的决策；③另行设计一种契约关系，使交易还可以进行下去，但需要增加一层治理结构。这就是新古典契约。新古典契约的特征是：①契约难以明晰化，是不完全的，契约筹划时留有余地。②契约筹划者所使用的技术和程序本身的可变范围很大，导致了契约具有一定程度的灵活性。③有些契约的达成需要交易各方都相信某种解决机制。由于不能事先预测所有未来发生的事情并明确写入契约，也不能事先规定好某种事件发生后所采取的补救措施或补偿办法，因此新古典契约必然是不完全的。与此相对应的交易常需要第三方介入，根据事先规定的程序，对违约和损失做出仲裁。可见，新古典契约是一种长期的契约关系，当事人关心契约关系的持续，并且初步认识到契约的不完全性和事后调整的必要性。双方纠纷的解决需要一种包括第三方在内的治理结构。

（3）关系契约。随着契约期限的延长和复杂性的增加，维持交易各方持久稳定关系的压力导致了新古典契约的许多从属内容（如公司法和集体谈判中的许多内容）分离出来，形成了关系契约。关系契约是对不完全契约的一种反映。既然契约不可能完成，交易双方也就不再追求明晰化，不再对行为的详细计划达成协议，而是对总的目标、广泛使用的原则、意外出现后的处理程序和准则以及争论解决机制加以框定。因此，关系契约不再像新古典契约那样强调初始协议的参照作用，即便没有初始协议也不要紧，交易各方的关系是随着时间而展开的。分散性的假定被完全取消，交易者的身份特征在交易过程中的作用开始显著起来。关系契约包括一部分三边契约（另一部分属于新古典契约）、双边契约和层级契约（企业内部实施的自制法）。三边契约中不再具体规定各种违约行为的惩罚或补偿，而是指定一个各方都可信赖的第三方，根据规定的程序作出事后裁决。当交易双方依靠自己的能力来解决交易安排如何适应环境变化的问题时，就形成了双边契约。在双边契约里，如果一方拥有支配另一方的权利，双方地位就是不平等的，这是一种层级契约。在我们日常生活中有很多例子，例如雇佣劳动契约，其中老板和雇工是命令与服从的关系；但雇工也拥有一部分权利，当二者发生矛盾或者纠纷不能解决时，雇工或者老板可以采取自己认为对自己更合适的方式进行解决，如雇工可以选择辞职，老板也可以选择不再雇佣该名员工。

（二）交易与治理结构的匹配

威廉姆森认为,对以上六种交易类型,每一种都需要配以相应的治理结构。如何进行匹配呢? 他分析道:"①对于非标准化的交易,不大容易采用专门的治理结构。②只有经常性的交易才能采用专门的治理结构。③虽然那种非标准化的、偶然的交易不要求采用专门的治理结构,却需要给以特别的关注。"①具体如何匹配呢? 他提出了如下反映交易与契约和治理结构匹配的关系表(见表2-2)。

表 2-2　交易与契约和治理结构的匹配

		投资特点		
		非专用	混合	特质
频率	偶然	市场治理	三方治理(新古典式合同)	
	经常	(古典式合同)	双方治理 (关系	统一治理 合同)

威廉姆森认为,对于非专用性交易,无论是偶然进行还是经常进行,都可以采用市场治理结构,与之相对应的契约形式是古典式合同。对于偶然进行的混合性交易,应该采用三方治理结构,与之相对应的契约形式是新古典合同。而对于重复进行的混合性交易和特定性交易,则应该采用双方治理结构和统一治理结构,与之相对应的契约形式是关系合同。正如威廉姆森所说的:"古典式合同可适用于所有标准化的交易(不论其交易频率的高低);为进行经常性的、非标准化的交易,发展出了关系式合同;至于偶然的、非标准化的交易,则需要使用新古典式的合同。特别要指出的是,古典式合同和市场治理结构很相近;新古典式合同则涉及第三方治理;而关系式合同就要在双方或统一建立的治理结构中来组织。"②

下面对三种治理结构,即市场治理、三边治理和专用性治理结构做些简要的介绍。

1. 市场治理结构

对于高度标准化的交易来说,市场是最主要的治理结构。尤其是当交易重复进行时,市场最为有效。因为双方仅凭已有的经验就可以确定是继续保持交易关系还是以极小的转移费用去寻找新交易伙伴。由于是标准化交易,寻找另一种交

---

① 诺思.制度、制度变迁与经济绩效[M].上海:上海三联书店,1994:38.
② 威廉姆森.资本主义经济制度[M].北京:商务印书馆,2002:106.

易安排也不成问题。因此,即便是持久的交易关系,也可以通过一系列短期契约来维持。至于偶尔进行的非专用性交易,交易双方虽然难以根据以往的经验来防止交易中的机会主义行为,但也可以参考商业信誉或同一商品的其他买主的经验。而且,如果交易商品或劳务是标准化的,那么这种经验或评价就能够激励当事人对自己的行为负责,以避免其不良行为对所有商品或劳务造成损失。

2. 三边治理结构

混合型数次交易和特质数次交易,需要三边治理结构。在这类交易中,交易主体一旦缔约,就有很强的动机维持交易直到完成。这是因为交易过程中有专用性投资的发生,这些投资转到其他用途或为其他人使用,经济价值损失就会很大;而且由于在转移过程中资产评估方面还存在很多困难,这就进一步增大了其价值损失,因而双方更愿意维持较稳定的关系。在这种情况下,市场调节是不能令人满意的。但是交易次数太少又使得建立一个交易专用性的治理结构的成本得不到补偿。因此交易双方需要的是一种介于市场治理和专用性资产交易(双边)治理之间的中间形式。新古典契约就符合这种要求,它不是直接诉诸法律来保持或断绝交易关系,而是借助于第三方(仲裁者)来帮助解决争端和评价绩效。例如,建筑契约的内容可以请建筑师以相对独立的专家身份加以确认。

3. 专用性治理结构

专用性治理结构适用于混合交易和特质性交易。由于交易的非标准化特征,交易双方需要维持稳定持久的关系;而且,交易的重复也能保证交易带来的收益弥补建立专用性治理结构的成本。专用性治理结构又分为以下两种。

第一种是双边治理。其主要特征是交易双方的自主权得到维持。由于是混合型交易,资产专用性不高,因此,出于规模经济的考虑,买方可能会倾向于从外部购置零件。而且与一体化相比,外部采购还能对持续供货进行成本控制,在保持了一定市场激励的同时,又避免了内部的行政扭曲。但是考虑到可适应性和契约费用,外购也存在一些问题。因为内部(自觉)适应是通过行政命令实现的,而外购则只能通过市场协调的自发性适应。由于一开始就考虑到并在契约中明确规定适应性问题,常常是做不到的或成本太高,因此,外购的适应性问题只能以双方补充协议的形式出现。适应性问题的存在造成了一种两难局面:一方面,双方愿意维持交易关系,以避免牺牲专用性资产的价值;另一方面,双方为了各自的利益,又不可能顺利地调整契约。这样,交易当事人通过订立双方都信赖的条款,来保证契约在一定程度上可以做出适当调整。

第二种是纵向一体化。交易越专门化,人们进行交易的意愿越小。因为随着人力和实物资产专用性的加强,它们向其他用途转移的可能性减小;而且专用性投资也有利于购买者和外部供应商实现规模经济。在这种情况下,垂直一体化将被采用,即由一方来买断另一方,完全控制整个交易并承担全部责任。一体化的优势在于,它不再需要商谈和修正交易主体之间的契约,而是用一种连贯的方式随时调整以适应环境的变化,因而联合利润最大化可在一定程度上得到保证。与双边治理相比,纵向一体化的企业能够对价格和数量作出更加彻底的调整,以实现交易总收益最大化。由此可以看出,高度专用性交易的特征是交易者不变,而价格和数量则具有广泛的适应性。随着资产专用性的加深,市场让位于双边治理,又让位于一体化。

(三)不确定性对治理结构的影响

前面在探究交易与治理结构的匹配时,暂时略去了不确定性的影响,如果考虑到不确定性问题的存在,则治理结构会有所变化。对于非专用性交易来说,因为新的交易安排容易达成,所以无论不确定性如何,古典契约法仍然适用,与这种交易相匹配是市场治理。对于非标准性交易,则情况有所不同。只要投资的专用性不能被忽略,不确定程度的增加就会迫使主体设计一种应变机制,以减少交易关系不稳定带来的风险。如果不确定性增加的是非经常性的交易,通常有两种做法:一种是牺牲有价值的专用性设计或投资以适应标准化的商品或劳务,使用市场治理;另一种是保留原设计,但为交易设计一种精细的仲裁机制,以便进行适应性更强的连续性决策。随着经常性交易的不确定性增加,双边治理为一体化所取代。如果不确定性减小,则上述治理结构的变化会向反方向进行。典型的例子是,随着一个产业逐渐走向成熟,不确定性降低,以至于一体化所产生的收益减少,即使经常性交易也可以依赖市场治理。

二、市场治理与企业治理的权衡模型

科斯1937年的经典论文《企业的性质》关注的主要问题是企业与市场的替代。其主要观点是:当企业内部组织交易的成本低于市场交易成本时,企业就会代替市场。威廉姆森则借助于资产专用性等因素,对企业(等级制)与市场以及其他治理结构(混合制)的选择作了进一步的解释,从而推进了企业与市场关系的研究。威廉姆森有关企业与市场关系的理论集中体现在市场治理与企业治理的权衡模型中[①]。威廉姆森认为,市场治理与企业治理的选择主要取决于两个因素,一是治理成本(即交易成本)的高低,二是生产成本的差异。

---

①　威廉姆森.资本主义经济制度[M].北京:商务印书馆,2002:126-133.

(一)治理成本与治理结构的选择

对治理结构的选择开始于对市场和企业这两种治理形式在激励和应变方面区别的描述:市场比企业内部组织能更有效地产生强大的激励并限制官僚主义的无能。市场还能汇集需求,从而实现范围经济和规模经济。因此,市场在生产成本控制方面发挥着核心功能。企业内部组织的长处则在于容易建立不同的治理手段,因而具有较强的应变能力。因此,如果一个交易面临内部制造还是市场采购的选择(先假定不存在规模经济和范围经济),那么决定选择的关键因素是对生产成本的控制和生产期间调节的自动型的成功。

假定 $\beta(K)$ 为内部治理的官僚成本,$M(K)$ 为市场治理成本,其中 K 是资产专用的指数,则存在以下两个不等式:$\beta(O) > M(O)$,$M' > \beta'$。前一个条件表示使用通用型资产时等级制的官僚成本纯属额外支出,后一个条件则表示市场在协调适应方面存在明显不足。这种内部治理的官僚成本与市场治理成本的关系可以使用简单的图形描述,如图 2-2 所示。

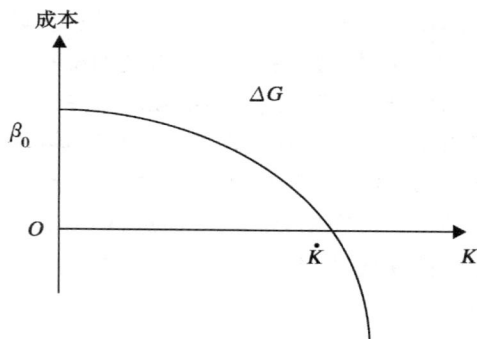

图 2-2 内部治理的官僚成本与市场治理成本的关系

由图 2-2 可知,当资产专用性较低,市场激励的好处要大于内部组织,此时采用市场购买模式是最优的。随着资产专用性程度的提高,市场治理结构的优势逐渐丧失,内部组织的优势逐渐加强,内部制造将取代外部购买。而在 $\dot{K}$ 点,选择企业还是选择市场是无差异的。

(二)存在规模经济与范围经济的治理结构选择

在以上有关企业组织制度选择模式的研究中,我们在分析中忽略了规模经济和范围经济因素的影响,因此治理成本的差异决定了选择企业还是市场。而事实上,在有关企业组织治理结构选择时,还需要关注规模经济和范围经济的影响,毕竟企业在长期追求利润目标的过程中,大多通过规模经济和范围经济进行扩张发展。当资产专用性指数较小时,所进行的交易是标准化的,因此市场中对标准产品的总需求很大,外部供应商可以实现规模经济和范围经济,从而大大节省生产成本,如果企业自己生产(原材料),生产成本就会很大。随着各类产品和服务的独特性越来越大(即 K 值越来越大),外部供应商再也不能靠规模经济和范围经济来节省其总成本了,这时企业自己生产所需的(原材料)产品与通过市场采购同样产品的静态成本之差就会缩小。

从上述的分析我们可以得到如下一些结论。

第一,当资产专用性的最佳水平极低时,无论从规模经济还是从治理成本上看,都是市场采购更有利。

第二,当资产专用性的最佳水平极高时,则内部组织更为有利。这不仅是由于市场未能实现聚集经济,而且当资产具有高度专用性因而形成锁定效应时,市场治理还会带来各种矛盾。

第三,对于呈中间状态的资产专用性来说,这两种成本只有很小的差别。这时就很容易出现混合治理,即可以看到某些企业将从市场上采购,而特定的企业则自行制造,两者对自己当前的对策都会表示不满意。

第四,与市场相比较,企业总存在生产成本方面的劣势,因此纵向一体化形成的原因不是生产成本的差异,而是由于缔约困难等问题所产生的交易成本的不同。因此,可以理解科斯单独用交易成本来解释纵向一体化问题的合理性。

第五,如果改变前面产出不变的假定,那么就会看到,随着企业对自己产品的需求相对于市场需求的增加,企业就能够实现规模经济。因此,在其他条件相同的条件下,规模较大的企业比规模小的企业更多地实行一体化。

第六,企业内部不同的组织结构可以改变官僚成本的大小。如果多部门化(M形企业)能够减少单一型企业(U 形)中所存在的官僚成本,那么,在其他条件相同的情况下,M 形企业会比 U 形企业更多地实行一体化。

三、土地契约制度的选择问题

在新制度经济学应用问题研究中,学者张五常先生具有重要的贡献,尤其是针对土地契约选择问题的研究具有独到见解。在 1969 年出版的《佃农制度》一书中,他从交易费用、风险规避两个方面对农业土地契约选择进行了研究,成为新制度经济学现实运用的经典例证。

根据张五常的研究,在资源所有者所拥有的私有财产给定条件下,所有者可以选择不同组合的契约安排。其中,主要有两个因素影响他们对不同类型契约安排的选择,即自然风险和交易成本。

（1）自然风险。张五常将自然风险定义为它对生产价值的方差（或者标准差）的自然特征或状态所起的作用。既定的预期收益（缔约双方的总收益）的方差不为零，不同的契约安排将会在缔约双方之间产生不同的收入分配变异。在假定存在风险规避的条件下，缔约方会寻求规避风险的成本低于从中所获取的收益的办法。他规避风险的办法主要有两种：搜寻有关未来的信息、选择风险较小的方案，以及选择那些能够将他的风险负担分摊给其他人的安排。

（2）交易成本。对于每一种契约选择，都会有相应的交易成本。由于投入产出的物质属性不同、制度安排的不同以及不同的契约规定所付出的谈判与执行努力的不同，各种契约选择所发生的交易成本也有很大差异。交易成本的存在会有三个可预知的效应，即减少交易量、影响资源使用的边际等式（帕累托最优条件）和使用的密集度、影响契约安排的选择[①]。

在上述分析的基础上，张五常结合自然风险中的第三种选择和交易成本方面的第三个效应提出了一个假说：契约安排是为了在交易成本的约束下，使得从风险的分散中所获得的收益最大化。他通过农业契约安排的例子进行了验证和说明。

农业有三种主要的契约形式，即定额租约、分成契约和工资契约。虽然私有产权所有者可以自由选择这些形式，但经过观察表明，契约的选择类型在各地不一样。张五常先分别从交易成本和风险两个角度考察这个问题，最后把这两个因素结合起来分析不同土地契约形式存在的原因。

首先，假定自然风险不存在，而只考察交易成本。契约安排的成本不仅有谈判成本，还包括根据契约条件来控制投入与分配产出的执行成本。分成契约从整体上比定额租约或工资契约包含更多的谈判费用和执行费用。一个分成契约条款包括租金率、非土地投入对土地投入比率以及种植的作物种类等，这些需由土地所有者和佃农共同决定，而且，由于产出分成基于实际产量，土地所有者还要核实作物的实际收获量，因此分成契约的谈判和执行较复杂。而定额租约或工资契约较为简单，单独一方就可以决定他要使用对方多少资源以及种植何种作物，因此交易成本比分成契约要低。但是定额租约或工资契约的交易成本的排序是不确定的。如果交易成本是唯一的决定因素，分成契约就不会被采用。这与事实不符，因此一定还有其他决定因素。

其次，假定交易成本为零或所有形式的契约的交易成本相同，但存在自然风险。假定一个人有风险规避行为，即在相同的收入期望值上，他会选择收入波动较小的契约形式。农业生产容易受一些难以预测因素（如气候条件）的影响，产出值的变化较大。在定额租约条件下，佃农不管收成如何，都要按契约规定缴纳固定的

① 张五常. 佃农理论[M]. 北京：商务印书馆，2000：91－96.

租金或产品,因此他承担了绝大部分甚至全部风险。同样,在工资契约下,土地所有者承担了全部风险。而在分成契约条件下,收益的变化是在缔约各方之间分配的,因此分成契约是一种分担风险的契约。既然交易成本不起作用,而且分成契约更能很好地分散风险,那么现实中为什么会存在定额租约和工资契约呢?

最后,张五常综合交易成本的不同及风险规避的差异来分析土地契约的选择。一方面,在既定的与某一产出相联系的风险状态下,交易成本的存在导致了生产性资产的收益降低。另一方面,在交易成本给定时,风险规避则意味着资产的价值与受益的波动程度负相关。就分成契约来说,风险分散导致了参与契约的资源的价格提高,较高的交易成本则降低了它们的价值,因此契约的选择是由风险分散所带来的收益与不同契约的交易成本加权决定的。两个因素在解释不同地域为什么会选择不同的契约类型时尤其重要。张五常通过分析中国 1925—1940 年有关定额租约和分成契约规定的资料,得到了三个与契约选择有关的结论:第一,农作物的物理特性及气候的差异通常会导致在不同农业区的产出变化不同;第二,不同的法律安排会影响收入的变化以及缔约双方的交易成本;第三,不同的市场安排也会影响契约形式的选择①。

第四节　交易费用理论的缺陷与技术化难题

交易费用理论对新制度经济学的产生和发展具有重要的影响,但其本身还存在一些内在缺陷,在现实运用中也存在一些困难因素,一个很重要的方面就是如何进行定量化分析,以便人在交易中能够进行有针对性的把握和降低交易费用。这一节着力分析交易费用的一些缺陷和在技术化程度上存在的难题。

一、交易费用的缺陷

自从交易费用理论产生以来,学术界就一直存在着多种多样的评价,在肯定交易费用对经济制度本身作用的同时,也针对其中的一些问题分析其内在缺陷。整体上说,交易费用理论对解释制度安排和制度环境作用具有积极的影响,但同时有些地方还是存在一些缺陷,这些缺陷虽然还不能构成对交易费用理论多大的冲击和负面影响,但在认识和探索新制度经济学发展的过程中有必要对这些缺陷进行分析。这里着重对交易费用分析范畴和方法以及威廉姆森的决定因素问题存在的缺陷进行解释。

---

① 张五常. 佃农理论[M]. 北京:商务印书馆,2000:97 - 104.

(一)有关交易费用分析范畴和方法的缺陷

新制度经济学家将交易费用概念用于以研究资源配置为目的的经济分析之中,从而在西方经济学中创立了一种新的分析范式。客观地说,建立交易费用范畴的理论贡献无疑是巨大的。然而,作为一个整体,交易费用分析范式又确实存在一定的内在不足。

1. 交易费用的外延并不确定

通常确定的外延就是该范畴所覆盖的事物前后都应该是一致的,不能随意增减。但是按照这样的标准,交易费用范畴在外延上是不确定的。从新制度经济学家对交易费用的解释可知,尽管在科斯的研究中已经列举了交易费用的一些项目,但是每一位经济学家所列举的项目内容都是不完全相同的,如果要严格地、具体地确定哪几项作为交易费用,恐怕很难得到一致的意见。具体到市场交易的过程来看,任何一项交易活动都有一张项目很多的交易费用清单,这一列长长的交易费用清单一方面使人觉得似乎每一项都是存在的,都应该列出来,另一方面又使人担心,似乎还有一些项目本来应该存在,而我们却没有发现,因而没有列上。也许将来还会有新的项目,到时候应该再加上去。这样,交易费用就变成一个外延无法确定的概念。这样是不利于对交易费用进行研究的。正是由于交易费用外延没有明确的界定,在交易费用理论研究中就容易成为一个"筐",一切难以解释或无法明确表示时间、精力(实际活动乃至纯粹的思考、意念等)的花费都可以往里"装",这样,理论研究是会失去基础条件和发展方向的。进一步说,一个没有确定外延的交易费用,哪怕经济学家费再多笔墨,所列举的交易费用项目都是有限的,进而产生研究分析的不一致。

2. 过分夸大了交易费用的作用

我们应该承认,交易费用的确在交易中普遍存在,新制度经济学家对其解释具有一定的客观性,但不应该过分夸大其功能。就企业的性质和起源问题来说,科斯在 1937 年认为,交易费用的存在是企业产生和存在的唯一决定因素,这过于绝对。只能说,交易费用是企业存在的一种重要的影响因素,而不是唯一决定因素。如果交易费用真的等于零,人们无法考证究竟是市场出现在先还是企业出现在先,也无法考证和判断第一个企业是由于节约市场交易费用而出现的。实际上,从市场与企业之间的关系来分析,市场经济的发展离不开企业,绝不仅仅是因为企业可以节省市场交易费用,更重要的原因也许是企业具有生产组织功能。人类社会的发展生产是很重要的关键因素,从原始部落的家庭作坊生产到现代公司企业组织出现,生产活动出现不同的组织形式,一个共同的地方是都存在指挥协调过程和功能,所不同的是,完成这些过程和功能的方式存在差异。只要能够明白企业的基本功能是生产,就很容易理解企业的产生并不完全归因于市场交易费用的存在,离开了生产功能谈企业的性质和起源是难以令人信服的。

可见,交易费用理论作为新制度经济学理论体系的重要组成部分,对于繁荣和创新制度经济学具有重要的意义,奠定了新制度经济学的基础。正是由于有了交易费用的概念,新制度经济学才可能对那些许多传统经济学没有进行研究或者虽然有过研究但并未使用经济学方法进行研究的现象和领域展开经济学分析。例如,由于认识到交易费用的存在,将其作为一种稀缺资源进行分析,这样才能更加清晰地认识到人们之间的经济交易关系。又比如,从零交易费用假说到正交易费用现实,使得人们可以重新认识市场机制的作用,也使得人们可以深入到企业这个经典经济学所言的"黑匣子"中探索企业组织的内在治理过程,了解企业组织出现和运作的详细过程。可以说,离开交易费用范畴,就不会有新制度经济学理论的形成和发展。正如埃格特森所说:"正是在新古典经济学的框架中加入了正的交易费用使新制度经济学与新古典经济学相区别并改变了研究方向:交易费用使产权的分配成为首要的因素,提出了经济组织问题,并使政治制度结构成为历届经济增长的关键。"

(二)威廉姆森交易成本决定因素缺陷

在威廉姆森的交易成本经济学中,交易成本的决定因素理论处于核心地位,也是其对交易费用理论发展和影响最完善的地方。当然,他的交易费用决定因素假说一定程度上也存在着不足,主要表现在以下两个方面。

首先,他的分析只是说明了哪些因素导致了市场交易成本的上升,并没有回答"市场交易成本为什么会产生"的问题。而"市场为什么会有交易成本"与"市场的交易成本为什么会上升"是两个不同的问题,答案自然也不会相同。威廉姆森用机会主义、有限理性和资产专用性解释交易费用上升,一定程度上能够阐述清楚影响交易费用的关键,但这些因素只能说明交易费用是上升的,而不能说明交易费用是如何存在和产生的问题。事实上,即使上述这些因素均不存在,市场交易在完全竞争和非完全竞争等条件下进行,交易成本仍然是存在的。威廉姆森的几个因素只是解释了交易稀缺性存在本身,从而导致交易成本的上升,而不能说明交易成本存在的原因。

其次,在威廉姆森的分析框架中,只强调了人类行为动机中机会主义倾向的一面,而没有看到人类行为中还有信任的一面。要想更好地理解人类交易行为的实质,就必须同时了解人类信任的形成原因。对于这个问题,已经有不少经济学家做出了解释,国内学者张维迎将信任的来源分为三类:基于个性特征的信任、基于制度的信任和基于信誉的信任,并认为在人们的市场交易实践中,这三个方面的信任是相互影响的,其至是不可分离的,而不是孤立地发挥作用的。怒海文将个人行为属性中的"信任"区分为"品质信任"和"情境信任"。"品质信任"是基于对另一方的感知,认为是对于具有与生俱来的可信任度而形成的信任,而"情境信任"是指特定环境下的信任倾向,它取决于环境特征而非交易另一方的属性。他在分析中认为,品质信任在环境变化时作用更加显著,并且建立在这一类信任之上的交易关系也更加牢靠。可以看出,在人类市场交易的具体实践中,基于机会主义的交易和基于交易双方信任关系的交易是交易存在的两种具体形态,但在具体的交易中机会主义倾向在怎样的环境下被激活,在怎样的情况下人们更倾向于建立信任交易,都将随着交易环境的变化而变化,通常在交易中如果一方能够持续得到另一方值得信赖的信息时,信任关系的交易将会被强化。例如,朋友和亲属关系可以确保交易各方更多地从公平和团结角度来考虑问题,这也就是为什么在市场交易中,人们都倾向于从亲戚朋友交易中实现个人目标,这是由于信任关系交易比基于机会主义倾向的交易具有更加稳定的关系。因此,只有对行为者之间的各种关系进行周密细致的考察,才能为完善的契约关系的达成提出有用的建议,而不加区分地将机会主义看作是人类行为的一贯倾向的观点是很片面的。

当然,在新制度经济学有关交易成本的讨论中,威廉姆森所说的决定因素具有重要的理论和实践价值。

就理论视角来看,威廉姆森从对人的因素、与特定交易有关的因素和交易的市场环境因素进行考察,将前人(如阿罗、西蒙等)解释同一问题的许多因素,如风险因素、信息因素、习俗因素、人的有限理性因素等总括起来,采用新的分析框架,从而创立了新的分析范式。威廉姆森打破了传统经济学的分析视野,在人和人之间的正常交易行为中引入权力关系内涵,将以往加里·贝克尔有关经济学对人类交易行为的三阶段划分向前推进了一步,看到了交易关系背后存在的人与人之间的权力关系对交易目标实现的影响。

就交易费用实践意义来看,威廉姆森推进了科斯交易费用观点在现实经济生活的作用。尽管科斯提出了交易费用理论,但针对人们的交易过程没有深入研究交易费用和交易维度的关系,更没有在引导人们如何降低交易费用努力方向上进行正确的论证。威廉姆森将决定费用大小的两个维度概念,即资产专用性和交易频率引入交易费用中,利用交易类型和交易组织形式的差异构建不同的模型,这样对微观交易计量和测度,以及引导人们如何降低交易费用具有积极的意义。

二、交易费用的技术化难题

交易费用理论创立后,对交易费用的计量就一直为新制度经济学家们所特别关注,因为能否准确计量交易费用的大小直接影响到交易费用理论的现实解说力。

比如说,在进行制度效率比较时,新制度经济学家用交易费用作为主要的标准和依据,如果我们不能对两种制度的交易费用作出准确的计量,那么,我们对两种制度优劣的评判就难免带有主观性。正如西蒙所说的:"(交易成本)被随意地用于分析,除了内省和缺乏实证支持,这类做法在文献中迅速扩散,使人觉得(交易成分分析)只是权宜的做法……除非(外生参数估计和理论检验所需的实证研究)得以开展,新制度经济学及相关方法只能是人们基于信念或虔诚而做出的(选择)。"在交易费用是否可以计量问题上,主要存在两种观点:一种是悲观论,认为由于交易费用中的搜集信息费用、谈判和签约费用、履约的费用等大多涉及人的时间和精力耗费,难以用货币表示,因而要准确计量交易费用几乎不可能。另一种比较乐观的观点认为,尽管难以对交易费用作出十分清楚的计量,但通过一些间接的办法还是可以对交易费用进行计量的。张五常就说:"说一种成本可以度量,或可以精确地度量,并不一定意味着它可以用元或分来度量。如果我们能够说,在其他条件相同的情况下,某种特定类型的交易成本在状况 A 下高于状况 B 下,并能够说不论什么时候观察到这两种状况,不同的个人都能始终如一地确定同一种排列,那么就可以得到可检验的命题,这才是重要的。"这一方面又存在三个层面的研究:一是宏观层面上对一国(或地区)整体交易费用的计量;二是微观的企业层面上对交易费用的大小进行计量;三是进行经验性案例研究。

(一)宏观层面上的交易费用计量研究

在宏观层面上对一国(或地区)交易费用的计量最具代表性的是瓦里斯和诺思1986 年提出的方法。他们认为交易费用的计量方法包括以下几个部分:①在人类行为理论的基础上对交易费用和转型成本进行定义:交易费用是"执行交易功能的成本","是在交易中为界定、保护、实施产权而消耗的资源的总和";转型成本"是执行转型功能的成本","是为改变物资的属性(颜色、地点、尺寸、化学性质等)而消费的资源总和"。②对计量任务进行调整,只计量通过市场的各种交易费用,并把形成这些交易成本的活动定义为交易服务,因此计量的任务就是加总各种交易服务并计量其价值。③加总交易产业的价值。所谓交易产业就是在公开市场上为产权交换而提供交易服务的各种部门,它包括金融业、房地产业、批发零售业、广告业、各种咨询业、保险业等,交通业除外。④在非交易产业中,划分企业职员的职业,一是提供交易服务的职业,二是提供转型服务的职业。提供交易服务的职业收入就是交易费用,这些职业包括业主、经理、主管、监视员、测量员、会计、营销员等。⑤加总除转移性支付外的国家公共部门为国防、教育、城市服务等活动而支付的各种费用。⑥把以上各项相对应于国民经济核算账户,加总交易费用,该总额就是该社会制度的运行成本。瓦里斯和诺思用上述方法对美国 1870—1970 年的交易费用进行了测算,结果发现,美国国民收入的 45% 以上被用于交易,这一比例比 1870 年增加了近 25%。

显然,上述计量交易费用的方法存在一定的不足。首先,把社会活动划分为转型活动和交易活动,进而把社会运行成本划分为交易费用和物资转型费用,其目的是想利用社会转型活动和物资转型费用的明确性来确定交易和交易费用的界限。这种区分在理论上有一定的意义,但是在计量中却不具有操作性。因为社会活动在交易活动与转型活动之间的划分并不是泾渭分明的。当某些活动既具有交易功能也具有转型功能时(这种活动在社会中广泛存在),会使交易费用的计量产生困难。其次,他们提出的所谓的交易费用总额在实质上是总市场上可计价的各种交易性产业的价值加总,而没有将各种非市场化的资源损失包括在内。因而,他们对交易费用的计量是不全面的。对于这一点,诺思也是承认的。正如他所说:"交易成本是作为交换制约的基础的制度框架中最能观察到的部分的度量,他们包括两部分:一部分是经由市场的可能度量的成本,一部分是一些难以度量的成本,如获取信息、排队等候的时间、贿赂,以及由不完全监督和实施所导致的损失。这些难以度量的成本部分使得要准确地评价由一种具体的制度所导致的总交易成本是多少更为困难。不过,我们在这方面所做的程度有多大,我们就在衡量制度的有效性方面取得了多大进展。"

(二)微观企业层面上的交易费用计量研究

为微观企业层面计量交易费用奠定了方法论基础的是威廉姆森。他认为,尽管直接计量"事前"和"事后"的交易费用很困难,但可以通过对制度的比较来对交易费用做出测算。他说:"由于只有通过制度的比较,也就是把一种合同进行比较,才能估计出它们各自的交易成本。因此,说到交易成本的计算问题,其困难也不像初看上去那么大,因为只要比较出哪个大、哪个小即可,不一定非要算出具体数值来。"根据这一思路,我们可以对不同制度的交易成本进行比较。例如,如果用 G_1 和 G_2 表示一组可供选择的制度安排,G^* 是被选中的安排,C_1 和 C_2 是各制度安排方案所对应的交易成本,则可以得到如下式子:

$$若 C_1 < C_2, G^* = G_1$$
$$若 C_1 > C_2, G^* = G_2 \tag{2-1}$$

那么,如何计量每一种制度安排方案下的交易成本呢?在威廉姆森看来,首先要揭示使各类组织(制度)安排有所区别的组织属性如何影响与组织相关的成本,然后以差别化方式将上述成本的发生与交易的各个可观察维度(如资产专用性、交易频率等)相联系。因此可得如下关系式:$C = \beta X + \lambda$。将关系式代入上面的式(2-1)得到:

$$C_1 = \boldsymbol{\beta}_1 X + \lambda_1 \qquad\qquad (2-2)$$
$$C_2 = \boldsymbol{\beta}_2 X + \lambda_2 \qquad\qquad (2-3)$$

式中:X 表示影响组织制度成本的可观察的特征向量;$\boldsymbol{\beta}_1$ 和 $\boldsymbol{\beta}_2$ 是参数向量,λ_1 和 λ_2 为未被观察到的因素,如决策者估计组织制度成本时的误差、错差等。即使无法观察交易成本,我们仍可以通过具体分析交易如何导致各组织形式的效率差别来设计可检验的假设,并根据 $\boldsymbol{\beta}_1$ 和 $\boldsymbol{\beta}_2$ 的相对量值建模预测。在实证分析中,观察到制度 G_1 的概率为 $P_r(C_1 < C_2) = P_r[(\lambda_1 - \lambda_2) < (\boldsymbol{\beta}_1 - \boldsymbol{\beta}_2)X]$,$X$ 的影响取决于 $(\boldsymbol{\beta}_1 - \boldsymbol{\beta}_2)$ 的符号。

上述简化假设很容易用定性选择模型(如 PROBIT 模型和 LOGIT 模型)加以检验。最先使用这种简化表述的研究有:蒙特沃德等 1982 年对汽车行业部件供应一体化及对生产性资产的产权分配的研究,安德森等 1984 年对电子零部件行业的销售人员前向一体化的研究,以及马斯顿 1982 年和 1984 年对航天工业中自制-外购政策的研究。威廉姆森开创的比较选择逻辑还可用于任何一个由离散的制度或组织(安排)所构成的集合之间的选择。这方面的研究包括:戴维德森等 1984 年对专利技术发放证还是直接销售该技术的研究,马斯顿等 1993 年对耐用品的租赁与销售的研究,以及雷菲勒等 1991 年在一次总付还是可变定价之间的选择的研究。

威廉姆森用可观测属性对组织成本差异的影响来重新阐述交易成本理论的做法,避免对交易成本的直接比较,扫清了交易成本论点检验的关键障碍,使对交易成本命题的正规统计检验成为可能。接踵而来的实证研究为以下观点提供了广泛而成熟的证据:交易成本方面的考虑会影响组织选择和设计,并特别影响到资产专用性和不确定性等在这些决策中的作用。尽管交易费用的实证检验仍然遇到不少困难和问题,例如,如何采集和运用更多更好的数据等,但可以肯定的是:"新制度经济学不是基于信念或虔诚而做出的行为,而是对制度、组织形式的决定因素与含义进行的科学探究。新制度经济学相信,交易成本影响制度的选择与设计,且资产专用性、不确定性和复杂性是决定各种组织安排相对优劣的重要因素。这一信念是建立在严格的实证检验和可靠的理论原则基础上。"

(三)经验性案例研究

交易费用计量研究的另一个重要方面是许多学者对不同国家、不同部门的交易费用进行的经验性案例研究。1988 年,诺思参加了世界银行举办的一次关于经济发展的会议并作了一场关于交易成本对经济发展所具有的重要意义的演讲。会议的主持人事后对诺思说,他不相信交易成本会如此之高,为此他们打了一个赌,他们同意做一个非常简单的试验,看看一个经济体系在世界不同的地方是如何有效运行的。他们采取如下办法,他们实际完成一个对纺织品下订单的全过程(作为世界大多数国家普遍存在的一种商品,从低收入国家到高收入国家都从事该项生产活动)。当他们下了订单以后,根据各国生产产品、按照他们的要求完成订单的质量和完成订单的时间等打出分数。他们拥有一整套标准来间接反映交易成本的状况。他们拿到结果后,把它与不同收入的国家进行对比,结果和他们预想的一致:像美国和中国香港这样的地方按照效率来分类排在名单的前列,而诸如莫桑比克这样的地方则排在了名单的最下方。因此他们相信或至少在当时他们相信,世界银行的某些职能从降低交易成本的角度看是有价值的。

在 20 世纪 90 年代初,亚历山德拉·贝纳姆等人调查了在几个国家里拥有一部商务电话的费用。在两个星期内安装一部电话的实际价格从马来西亚的 30 美元到阿根廷的 6000 美元不等。在埃及,1996 年官方公布的获得一部电话的价格为 295 美元,"紧急安装"的价格为 885 美元。为了表示机会成本,学者们对开罗市内那些已安装电话的公寓与相似的但没有安装电话的公寓的购买价格进行了比较。它们的差别大约为 1180～1770 美元,这代表了那些与市场没有很好联系的人们对于一部电话的预期现货价格。

资产所有权的有效转让对于现代市场经济非常重要。与转让一套公寓所有权相关的费用可以在这里得到考察。在开罗,个人购买一套公寓并对所有权的转让进行注册需向第三方额外支付的费用相当于购房价的 12%,这其中 6% 用于纳税,6% 用于支付法律规定的注册转让所必需的律师费用。房地产经纪人的服务是可以自由选择的,其费用大约是销售价的 1.5%。在美国密苏里州的圣路易斯,依法转让所有权的费用大约是销售价的 1.5%;如果有房地产经纪人参与其中,他们的费用将占到销售价的 6%。这些费用之间的差别是惊人的。在国家控制的部门,开罗的费用是圣路易斯的 8 倍;而在竞争性部门,开罗的经费仅比圣路易斯高 1/4。

获得开办新企业的法定许可是另一个利益竞技场。在第索托的书《另一条路》中提供了一个模拟方法的例子。1983 年,一个研究小组在秘鲁利马亲历了依法建立一个新的小型成衣工厂所需的官僚程序。他们试图在不贿赂(仅有两次不行贿)或不利用政治关系的情况下进行所有程序,详细的注释和时间耽搁被记录了下来。模拟结果显示,一个采用适度手段的人不得不花费 289 天才能完成依法建立这个小型工厂的程序;那些没有政治关系的人通常都是留在非正式部门,而没有依法注册。当第索托在美国佛罗里达州的坦帕重复这种模拟时,仅仅花了两个小时就获得了开办一个小型企业的许可。因此在秘鲁的时间费用比佛罗里达州的费用高得多。

跨国贸易是市场范围的重要指标。为了看一看国与国之间的差异,亚历山德拉·贝纳姆等人考察了与进口大型掘土机所需的曲轴相关的交易费用。与美国相比,1989年的秘鲁,正式获得这种曲轴所花的货币价格是前者的4倍,在等候上花费的时间是前者的280多倍(41周对1天)。在阿根廷,货币价格是美国的2倍,等候时间是30天。相反,在马来西亚,货币价格和等候时间与美国大致相同。在匈牙利,在货币和进口管制被解除之前,即大约在1989年之前,为了替换一个西方制造的拖拉机的曲轴要花上30~40个星期;自由化之后,等候时间下降为2个星期。一个相关的指标是在港口办理清关手续的平均等候时间。在新加坡,这一指标是15分钟,然而在坦桑尼亚却是7~14天,并且据报道还有等候时间长达91天的。14天的等候时间是在新加坡平均等候时间的1300多倍。

以上案例从不同侧面表明,在不同制度下交易费用的差异是巨大的。制度成本就是一种制度运行的费用。在这种制度下,单个交易的成本越低,那么这种制度就越有效。发展中国家与发达国家差距形成的一个重要原因是发展中国家的制度成本高,这种高的制度成本(指单个交易的成本)使发展中国家的分工、交易等经济发展的因素大大地受到影响。

[案例] 生活中的交易费用——网络交易的便利性

根据新制度经济学有关交易费用理论的思想,产生交易费用的主要原因在于人们利用价格制度的不便,导致市场交易花费额外的代价。这样,寻求便利交易成为人们降低交易费用努力的方向。交易费用是相对于生产费用而言的,它是处理人们之间交易关系所需要的成本,包括交易信息费用、交易谈判费用、合约签订费用、执行和监督费用、违约成本,以及保障交易实现的其他制度的运行成本。

在人们的日常生活中,积极寻求便利的交易条件减少交易中的额外费用,主要通过两种途径:一种是缩短交易的空间距离,寻求在地理范围内交易距离较近的交易机会或市场;另一种则是在交易频率和交易商品数量上通过增加一次交易数量和减少交易次数的方式实现交易费用的降低。这也就导致网络交易和电子商务交易方式的发展。

一段时间之前,我的一个朋友要过生日,几个大学的同学想一起前往向其祝贺生日快乐,大家觉得很长时间了都没有机会在一起聚聚,希望能找一家适合过生日的小饭馆吃饭。考虑到大家生活在城市的不同地方,饭店菜品价格和口味的差异,到哪一家去吃饭成为选择的难题,对此大家经过商议,主张使用美团进行团购,这样做选择空间较大,也符合大家工作都比较忙,没有时间和机会考察的现实。最后就在美团网上团购一家小店餐饮。下单之后再利用电话联系,很快就确定了就餐的地方,这样做很是便利。

这样做的原因是基于在搜寻合适小店的时候需要花费许多代价,产生无必要的交易成本。从交易费用理论的视角分析,主要考虑到:第一,信息不对称。我们自己在网上搜索的信息与实际信息有时候是相符合的,例如,美团网有些餐饮店对外公布的用餐地理位置与实际位置不相符,造成人们在用餐中为了寻找餐饮店花费很多时间,要不然出现店面停车交通等不方便的问题。第二,餐饮店面的机会主义现象。一些餐馆为了达到扩大影响,招揽顾客的目的,进行虚假宣传,在海报上打出的菜品与实际消费中出现的菜品数量有很大出入,而且在顾客就餐中还出现少上菜品多算钱的情况。第三,存在经营的道德风险问题。这些做法就给顾客增加了交易费用。现在电子商务和网络交易平台的发展最根本的就是降低了人们直接去市场进行交易的便利性,人们不再需要就一种交易在市场这个有限的模式下进行,这样就大大降低了交易费用。

案例评析:

交易费用是制度经济学在研究组织运作问题和利用市场价格制度的便利性问题产生的一个成本概念,尽管交易费用多以人们市场交易额外费用和代价存在,但在正常的交易中经常被人们忽视。实际上,市场交易中这些额外费用对人们参与市场交易和降低交易费用的各种决策行为具有一定的影响。人们一直都在寻求便利交易和降低交易费用,在交易组织方式和市场模式差别中寻求节省交易费用。例如,利用固定搭配关系稳定交易方式,建构具有信任内涵的交易机制以便降低交易费用。

案例讨论:

试运用威廉姆森的交易与市场治理理论解释电子商务交易对交易费用理论的现实意义。

复习思考题

1.早期康芒斯的交易内涵与新制度经济学交易内涵的差异是什么?

2.试分析交易费用外延发展的基本特征,就网络环境下的交易发展阐述交易费用外延变化的发展趋势。

3.简述威廉姆森的交易费用决定因素理论。

4.讨论交易费用计量问题存在的困难,阐述目前可能进展的领域和方式。

5.评价和分析交易费用理论与交易契约模式的内在关系。

参考文献

[1] 康德.法的形而上学原理[M].北京:商务印书馆,1991.

[2] 迪屈奇.交易成本经济学:关于公司的新的经济意义[M].北京:经济科学出版社,1999.

[3] 克劳奈维根.交易成本经济学及其超越[M].上海:上海财经大学出版

社,2002.

[4] 科斯.企业、市场与法律[M].上海:上海三联书店,1990.

[5] 单伟健.交易费用经济学的理论、应用及偏颇[M]//汤敏,茅于轼.现代经济学前沿专题:第一集.北京:商务印书馆,1989.

[6] 威廉姆森.什么是交易费用经济学[J].经济社会体制比较,1987(6):49-56.

[7] ALCHIAN A,DEMSETZ H. Production,informationg costs and economic organization[J]. American Economic Review,1972(12):777-795.

[8] 张五常.佃农理论[M].北京:商务印书馆,2000.

[9] 埃格特森.新制度经济学[M].北京:商务印书馆,1996.

[10] 张五常.经济解释:张五常经济论文[M].北京:商务印书馆,2000.

[11] 科斯,贝纳姆,刘刚,等.制度、契约与组织:从新制度经济学角度的透视[M].北京:经济科学出版社,2003.

[12] 诺思.交易成本、制度和经济史[J].经济译文,1994(2):23-28.

[13] 弗鲁博顿,芮切特.新制度经济学:一个交易费用分析范式[M].上海:上海人民出版社,2012.

[14] 康芒斯.制度经济学[M].北京:商务印书馆,1962.

第三章　产权理论

　　产权是财产权利的简称,体现了人们之间在财产的基础上形成的相互认可的关系。产权是人对财产的一种行为权利,而这种行为权利又体现了人们之间在财产的基础上形成的相互认可的关系。产权不仅是人们对财产使用的一束权利,而且确定了人们的行为规范,是一种社会制度。产权包括了人们对财产的所有权、使用权、收益权等,拥有产权可以为人们带来收益。因此,对产权的界定和保护是非常重要的。

第一节　产权概述

一、产权的含义

　　产权即财产权利的简称。界定产权内涵的目的是揭示产权的本质特征。对于产权的内涵,新制度经济学家有不同的定义,但大体上可以将这些定义分为两类:一类是从人与财产关系的角度进行定义,另一类是以财产为基础从人与人关系的角度进行定义。

　　首先,从人与财产关系的角度对产权本质进行定义。从这一角度对产权的本质进行定义主要是把产权看作是人对财产的行为权利。科斯说:"产权是一种人们所享有的权利。"①德姆塞茨认为:"产权是一种社会工具……产权的所有者拥有他的同事同意他以特定的方式行事的权利。""要注意的很重要的一点是,产权包括一个人或其他人收益或受损的权利……产权是界定人们如何收益以及如何受损,因而谁必须向谁提供补偿以使他修正人们所采取的行动。"②巴泽尔认为:"个人对资产的产权由消费这些资产、从这些资产中取得收入和让渡这些资产的权利或权力构成。"③柯武刚和史漫飞称:"我们可以将产权定义为个人和组织的一组受保护的

---

① 经济学消息编报.追踪诺贝尔:诺贝尔经济学奖得主专访录[M].北京:中国计划出版社,1998:191.

② 德姆塞茨.财产权利与制度变迁[M].上海:上海三联书店,1994:97-98.

③ 巴泽尔.产权的经济分析[M].上海:上海三联书店,1997:2.

权利,它们使所有者能通过收购、使用、抵押和转让资产,并占有在这些资产运用中所产生的效益(当然,这也包括负收益,即亏损)。"①

其次,以财产为基础从人与人关系的角度进行界定。一些经济学家认为,产权不是物,不是人对物的关系,而是人们对物的使用所引起的相互关系,即是一种人与人之间的基本关系。平乔维奇认为:"产权不是物质财产或物质活动,而是抽象的社会关系。一种产权不是一种物品。"②弗鲁博顿和配杰威齐认为:"产权不是人与物之间的关系,而是指由物的存在及关于它们的使用所引起的人们之间相互认可的行为关系。它是一系列用来确定每个人相对于稀缺资源使用时的地位的经济和社会关系。"③

综上所述,产权的直接内容是人对财产的一种行为权利,而这种行为权利又体现了人们之间在财产的基础上形成的相互认可的关系。产权不仅是人们对财产使用的一束权利,而且确定了人们的行为规范,是一种社会制度。

二、产权的构成

产权的直接内容是人对财产的一种行为权利,产权不只是一种权利,而是包含人对物的多方面权能的权利束。《牛津法律大辞典》中阐述:产权亦称财产所有权,是指存在于任何客体之中或之上的完全权利,它包括占有权、使用权、出借权、转让权、用尽权、消费权和其他与财产有关的权利④。埃格特森认为:"产权:第一是使用一项资产的权利。第二是从资产中获得收入以及与其他人订立契约的权利。第三是永久转让有关资产所有权的权利,即让渡或出卖一种资产。"⑤阿尔钦对权利束也进行了阐述并指出:"所有权,即排除他人对所有物的控制权;使用权,即区别于管理和收益权的对所有物的享用和收益权;管理权,即决定怎样和由谁来使用所有物的权利;分享剩余收益或承担负债的权利,即来自对所有物的使用或管理所产生的收益和成本分享和分摊的权利;转让权,即所有物遗赠他人或下一代的权利;重新获得的权利,即重新获得业已失去的资产的可能和既定的保障;其他权利,包括不对其他权利和义务的履行加以约束的权利,禁止有害于使用权的权利。"⑥产权的构成因素主要有"三要素说"和"四要素说"。

①　柯武刚,史漫飞.制度经济学:社会秩序与公共政策[M].北京:商务印书馆,2000:212.
②　平乔维奇.产权经济学[M].北京:经济科学出版社,1999:28-29.
③　弗鲁博顿,配杰威齐.财产权利与制度变迁[M].上海:上海三联书店,1994:204.
④　沃克.牛津法律大辞典[M].北京:光明日报出版社,1988:729.
⑤　埃格特森.新制度经济学[M].北京:商务印书馆,1996:353-356.
⑥　刘伟,李风圣.产权通论[M].北京:北京出版社,1998:10-12.

（一）"三要素说"

"三要素说"的拥护者有张五常和埃格特森。张五常认为,私有产权是一种结构,主要由私人使用权、收入享受权和自由转让权三种权利组成。第一,私人使用权是指有权私人使用,但可以不私用。重点是有权决定由谁使用和怎样使用。同时需要注意的是,该使用权的范围是一定有约束、有限制的。没有用途的约束或上限,他人的权利则不能得到保障,私有产权就不能在社会中成立。第二,有私人使用权的资产必须有私有的收入或租值,否则在竞争下资产的使用会有非私产或公共产的效果,出现租值消散。第三,私人转让权也是产权的重要内容。凡有私人转让权的资产,在某种程度上必定有私人使用权及收入享有权。当然,有私人使用权和收入权,不一定有私人转让权。张五常还认为,在私有产权的构成因素中,所有权不重要①。埃格特森产权的构成三要素是:"第一是使用一项资产的权利——使用者权利,即规定某个人对资产的潜在使用是合法的,包括改变甚或销毁这项资产的权利。第二是从资产中获取收入以及与他人订立契约的权利。第三是永久转让有关资产所有权的权利,即让渡或出卖一种资产。"②

（二）"四要素说"

产权的"四要素说"的支持者主要是国内学者,"四要素说"认为产权构成要素除上述三种外,还包括所有权。黄少安认为,构成财产权利的四要素是所有权、占有权、支配权和使用权③。刘诗白则认为产权的四要素是所有权、占有权、收益权和支配权④。黄少安和刘诗白的观点分歧在于使用权和收益权,黄少安之所以不把收益权作为财产权利的一个要素,是因为他认为收益权不是一项独立的产权内容,而是任何一项产权中应有的内容。

（三）产权构成的主要要素

尽管不同学者对产权的构成要素持不同的观点,但都各自有自己的道理。下面我们将简要介绍主要的要素,即所有权、占有权、使用权、收益权和处置权。

1. 所有权

所有权是指在法律范围内,产权主体把财产(客体)当作自己的专有物,排斥他

① 张五常. 制度的选择[M]. 香港:香港花千树出版有限公司,2007:829－830.

② 埃格特森. 经济行为与制度[M]. 北京:商务印书馆,2004:36.

③ 黄少安. 权经济学导论[M]. 济南:山东人民出版社,1995:69－70.

④ 刘诗白. 主体产权论[M]. 北京:经济科学出版社,1998:23.

人加以侵夺的权利,是主体对客体的排他的最高支配权。产权问题首先是什么人拥有对稀缺性资源排他的、最高的、绝对的支配权。任何一个社会的产权构建,首先就是要形成与社会经济发展阶段相适应的所有权结构或基本财产制度。权利体现一种社会关系,所有权也是一种社会现实的存在。在日常经济生活中,如果人们总是自觉地遵守所有权的要求行事,人们则不会感受到所有权的存在。如果人们违反社会现实的财产制度和要求行事,则某一主体会站出来表明他的主体身份和占有权利,社会也将以纠正违法或非法占有的措施来维护主体的最高占有权。由于财产所有者的权利,决定使用财产的其他非所有者的权利和其他各种派生权利的性质,因此,所有权是产权最重要的构成因素,是产权的核心和基础。

2. 占有权

作为所有者,不仅要拥有对财产最高的排他的占有权、支配权,还要拥有在经济上利用和实现它的最高的排他的占有权、支配权。因此,在所有权与经营权相分离以前,就要对财产的客观对象实行支配、使用和占有,使对象在使用和享有中体现主体的意志。如资本家开设工厂和直接经营,这是对生产设备和资金实行占有。这种对生产条件的最高占有权,确立了所有者的生产主体地位,使后者得以控制生产过程,按照主体的目的生产。但占有和使用不是同一概念,例如,工人虽然使用设备,但并不占有设备,他不是独立自主的生产者,只是听从和执行所有者的意志。

3. 使用权

使用权是指主体使用财产的权利。对财产的使用包括三种情况:第一,使用而不改变其原有的形态和性质。例如,工人使用生产设备时不改变设备的形态和性质。第二,改变其形态而不改变其性质。例如,工人使用砖块建造成房子,砖块的性质没有改变。第三,改变其形态和性质。例如,糕点师傅将面粉做成面包,面粉的形态和性质都发生了变化。

4. 收益权

财产的收益权是指获得财产收益的权利。人们对财产的占有的原因包括政治目的、社会利益,但更重要的是获得财产的经济利益。收益权是产权的外在表现,因为所有者或者主体总会借助对某种资源的占有权,通过生产和交换来获取相应收益,满足自己的需要。因而,收益权是产权的主要内容①。

5. 处置权

处置权是指主体将物或对象,以某种形式交给他人支配、占有和使用,从而带

---

① 袁庆明. 新制度经济学教程[M]. 北京:中国发展出版社,2011:126.

来财产主体的变化。这种变化表现在两个方面。第一,支配使用权主体的变化。财产所有者不是都需要对财产实行直接占有,他往往要将财产交给其他的代理人管理和经营。所有者对代理人拥有授权和取消授权的权利,这种权利就体现在所有者对其财产的处置权,它导致了财产的支配、占有者和使用者的分离。所有者将财产租赁、承包给他人,也会带来支配主体的变化。第二,所有权主体的变化。财产主体将财产变卖、捐赠或者继承,这都属于财产主体的变化。

综上所述,产权并不是一个单一的概念,而是由一系列权利构成,这些权利束构成了完整的产权。

三、产权的分类

产权可以按照不同的标准进行分类。从排他性程度方面,产权可划分为私有产权、共有产权、集体产权和国家产权;从绝对性和相对性方面,产权可划分为绝对产权和相对产权。另外,还可以从产权的特征、主体和客体等方面来进行分类。

(一)从排他性程度分类

1.私有产权

私有产权是将资源的使用、转让和收入的享用权界定给一个特定的人的产权安排。在这种产权形式下,拥有产权的个人可以根据自己的需要选择如何行使这一权利。在私有产权下,产权的排他性特点表现得最明显,除了拥有产权的个人之外,任何组织和个体在没有得到产权所有者同意的情况下,不得占有、损害该项权利,或者阻碍所有者行使这一权利。私有产权者是拥有该项产权的唯一经济主体,同时也确定了其他所有经济主体,在未得到权利所有者同意的情况下,不得对该项财产行使任何权利。私有产权的排他性在限制了其他主体的同时,对产权主体自身也有限制。私有产权主体对产权拥有哪些权利,即产权范围,取决于具体的产权内容,而任何一项产权的内容都是有一定范围的,这就决定了产权对私有产权主体也有一定的限制。

2.共有产权

共有产权是指产权由多个经济主体构成的共同体共同拥有。共有产权的特点在于,某一个体对一种资源行使权力时,并不排斥他人对该资源行使同样的权利。例如,对于公路来说,所有人都有穿过它的权利。共有产权和私有产权的区别在于:共有产权在个体主体之间是不可分的,是完全重合的,每个主体可以使用某一资源为自己服务,但却不能将该资源占为己有;共有产权属于共同体中所有成员所有,但不属于某一成员单独享有。

3. 集体产权

集体产权介于私有产权和共有产权之间。集体产权是指产权的所有者是一个集体，行使各种权利的决定必须由一个集体做出。集体产权不同于共有产权。共有产权的个体对财产行使何种权利，不需要经过其他个体的同意，每个个体都享有共同的产权，都可以作为相对独立的权利主体而决策。而集体产权的主体则是一个唯一的集体，集体内任何个体都不能单独拥有这项权利，相应决策必须由整个集体做出。

4. 国有产权

国有产权也是一种介于私有产权和共有产权之间的一种产权形式。国有产权是指由国家拥有，国家按可接受的政治程序来决定谁可以使用或不能使用这些权利。

（二）从产权的绝对性和相对性分类

1. 绝对产权

绝对产权是指人们对有形物品的所有权、非物质权利和人自身的资产所有权及其他权利，是人们对所有物具有个人独占的权利，它保证所有者可以实施于其他所有人身上的权利。绝对产权界定了有关非所有者必须遵守或承担不遵守的成本的行为规范。

2. 相对产权

相对产权是指赋予所有者"能够施加于一个或多个特定人身上的权利"。相对产权产生于自由达成的合约或者法庭上的指令，包括合约性产权和法律上的强制义务。当交易双方不可能立即执行合同时，交易的承诺和执行之间就会存在时间间隔，继而会产生合约义务。作为法律责任后果的义务与违背承诺、伤害人身和侵犯财产及所有权的非法占用或对该类权利的妨碍有关。

产权可以以上述分类中的任何一种形式存在，也可以多种形式的结合，从而构成了复杂的产权体系。如今，很少有国家实行单一的产权结构，产权的多元化已成为一种趋势，但仍然存在以一种产权为主导的产权结构，如我国就是以公有制为主导多种所有制形式并存的社会主义国家。主导的产权决定着社会制度的性质。主导产权的选择并不限于效率，还要考虑到社会的公平、分配及意识形态。

第二节　产权的起源

产权起源的探讨是产权理论的出发点和核心问题,了解产权为什么产生以及如何产生,有助于进一步了解产权的性质和功能。产权起源理论分为公有产权理论和私有产权理论。公有产权理论主要是马克思经济学的产权起源说。私有产权理论起源于 20 世纪 60 年代。20 世纪初期,美国的制度主义学派和德国的历史主义学派指责现代经济学有关产权起源的理论,从而不能真正地理解长期的经济发展。20 世纪 60 年代后期,一些学者开始用新古典主义的研究方法研究财产的起源问题。该理论通过比较排他性权利的成本和收益以及对于众人分享产权的内部控制成本来解释排他性权利为什么被确立或没有被确立。这些早期的产权理论在研究排他性产权的发展时,并没有建立有关社会制度和政治制度的模型,因此这些早期产权理论被称为原始产权理论。之后一些学者扩展了产权理论,引入了寻租理论、利益集团和国家理论。

一、公有产权理论

马克思和恩格斯的公有产权自然起源说,以唯物史观作为基本研究方法,分析了产权和所有制的起源,认为原始公有产权的起源是自然形成的,而私有产权是在公有产权的基础上发展起来的,并侧重深度分析了私有产权的起源。

马克思在其《政治经济学批判》中考察了资本主义生产以前的各种所有制及其产权制度,包括原始公社的各种形式。马克思认为原始社会的产权基本上是公有产权,并以土地公有为典型,而且认为这种财产关系是自然形成的。因为人类产生就是自然的结果,而自然实际决定了人类年幼时期是以"天然共同体"形式存在,他们的一切财产都自然而然是公有的。

马克思说:"在这种土地所有制(亚细亚的所有制形式)的第一种形式中,第一个前提首先是自然形成的共同体,家庭或扩大成为部落的家庭,或通过家庭之间互相通婚,而组成部落或部落的联合。所以,部落共同体即是天然的共同体,并不是共同占有(暂时的)和利用土地的结果,而是其前提。"马克思清楚地指出,部落公有产权的存在是因为人类是以天然共同体形式存在的,公有产权是人类天然共同体存在的前提。

马克思强调土地公有制是自然之力形成的,但也表示在同一所有制基础上,实际占有财产的方式即具体产权制度可以有不同的方式,即可能有公共占有也有可能有私人占有,两者都以公有制为前提。这为后来学者分析产权关系提供了极具启发的思想①。

二、私有产权理论

（一）马克思的私有产权理论

即使是在原始公有制中，产权关系也是比较复杂的，产权也不是单一的公有产权。除了主要的生产和生活资料的狭义所有权是部落共同体共有之外，在一些地区、一些部落开始出现不同于公有形式的产权形态，即有些产权在原始公有制内部就已经是私人的了，但这种私有制不同于现在的私有制，这种私有制的观念和私有主体的形态具有原始社会的独特性。

原始公有制中私有产权的产生和发展与原始社会的家庭及其演变密切相关，在以血缘关系为纽带的血亲氏族由自然共同体逐渐演变为具有独立经济意义的家庭时，私有产权也就在原始公有制内部产生了。开始还不是作为独立的私有制存在，只是在生产资料的狭义所有权以外的权利上产生的。在土地等基本生产资料仍然是公有制的前提下，私有家庭对土地具有实际上的占有权和使用权。马克思和恩格斯的观点有以下几点：第一，私有产权的主体首先是私有家庭的主体。人类私有制的第一种形式就是家庭私有制，家庭私有制是家庭自身演变的结果，当家庭由自然共同体演变为独立的单个经济体时，则家庭私有制就随即产生了。第二，家庭的演变是与人类婚姻、性的关系演变相联系的。当群婚制逐渐向个体婚制转变之后，家庭单位也随之变小，家庭就由大的共同体变为小的经济单位，但仍然是原始公有制前提下相对孤立的小经济体。第三，家庭由公有经济转变为私有经济单位的客观条件或经济基础是生产力的发展，即人的劳动生产率可以提高到按小家庭为单位从事生产劳动和出现剩余产品②。

（二）产权模型

1. 德姆塞茨的原始产权模型

德姆塞茨1967年发表的《关于产权的理论》，被视为原始产权理论的经典之作，他的主要观点是：新的产权是相互作用的人们对新的收益-成本的可能渴望进行调整的回应③。当内部化的收益大于成本时，产权就会发生，从而将外部性内部化。外部性内在化的动力主要来源于经济价值的变化、技术革新、新市场的开辟和对旧的不妥

---

① 黄少安.产权起源探索[J].经济学家,1995(3):85-93.
② 黄少安.产权起源探索[J].经济学家,1995(3):85-93.
③ 德姆塞茨.关于产权的理论[M].上海:上海三联书店,1991:100.

协的产权的调整。在社会偏好既定的情况下（对私人所有还是社会所有的偏好），新的私有或国有产权的出现总是根源于技术变革和相对价格的变化①。

德姆塞茨运用这一理论解释了加拿大北部印第安部落土地私有权的产生。早期，印第安人获取海狸的肉和毛皮只是为了自己的消费，排他性权利并没有出现，土地也就没有使用成本。随着毛皮贸易的发展，需求的增加大大刺激了狩猎活动，这就需要增加保护资源的投资以实现海狸价值的最大化。但对海狸资源的最大化利用需要对狩猎者的行为加以一定的控制，因此，在 18 世纪早期，印第安部落之间通过划分狩猎区的方式，逐步确立了获取海狸皮毛的排他性权利。在没有排他性权利的条件下，海狸的私人价值为零，而因为排他性权利的确立可以增加社会的净财富量，所以印第安人才会确立这种权利的经济激励。

德姆塞茨还指出，在美国的西南部并没有出现相似的产权，是因为该地区是平原地区，没有具有商业价值的海狸，都是一些活动范围很广的食草类动物。因而建立私有的狩猎区对他们来说，收益小于成本，也就没有出现如加拿大北部地区的土地私有产权。

2. 安德森和黑尔的原始产权模型

安德森和黑尔在 1975 年进一步扩展了原始产权模型，将界定排他性的费用因素考虑了进来，并用该模型研究了 19 世纪后期美国西部大平原的土地、水和牛的排他性权利的演变。他们使用了一个包括界定产权投入的边际成本函数和边际收益函数的图示模型，并分析了影响这两个函数的关键参数的变动情况。

图 3-1 横轴表示界定和实施排他性权利的行为，纵轴表示成本和收益。界定排他性权利的投入品的价格降低或界定排他性的技术改进会使成本曲线向下移动，当成本降低时，则会导致建立排他性的行为增加。图示中的边际收益曲线表示排他性的需求，当一种资产价值上升或外界侵权的可能性增加时，边际收益曲线则向右移动。

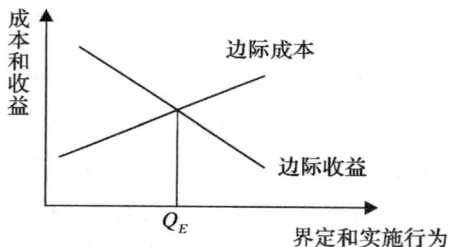

图 3-1　边际成本和边际收益函数模型

①　埃格特森. 新制度经济学[M]. 北京:商务印书馆,1996:224.

安德森和黑尔模型是原始模型较为典型的代表:关于产权的决策仅仅与私人的成本和收益有关。但这一理论并没有涉及"搭便车"等影响集体决策的问题,也未涉及政治的过程,因此该模型比较适用于政治过程不重要的情况。

3.诺思的原始产权模型

诺思在1981年利用原始产权理论,在排他性权利界定的成本-收益分析中,加入了外生变量——人口,从而为史前农业发展的研究提供了一个新的解释。诺思将人类从狩猎和采集向定居农业的这一演变称为第一次经济革命。

诺思通过对100多万年前人类生活的描述,说明了人口与资源基础之间的关系如何导致排他性产权的形成。最初,人类赖以为生的动植物的供应似乎是无限的,当动植物相对于人类人口的需求还算旺盛的时候,则没有激励机制去承担因建立对动植物的产权所产生的费用。而只有在稀缺性增大时,建立和行使产权所产生的费用才是值得的。当某个地区人口的扩张威胁到食物供应链时,群落就会分化并迁徙到新的地区,并逐渐分离出一些新的群落。从这个理论上来看,每个新增的劳动力的报酬都是固定不变的,从而当人口增长时,产出也会成比例的增长。只要新开发的土地上的生产率相同,那么报酬就不会改变。因此,只要报酬不变,就不会有试图取得对动植物排他性所有权的刺激。

一旦人口扩大到资源基数被充分利用的程度,那么人口的进一步增加就会导致狩猎采集劳动的边际产品下降。当人口压力持续增大,并且为了占有公有财产资源而展开竞争的时候,这些资源会日渐稀缺,并使得获取资源所需的劳动时间相对昂贵。与这些发展相适应,单个群落开始不允许外来者分享资源基础。正是在这样的过程中,一个群落开始定居下来。

解决史前人类面临的公有财产的两难困境(人口的增长和资源的枯竭)的办法就是建立排他性的公有产权。排他性公有产权的建立使群落努力提高资源基数生产力。因为一旦确立了排他性领地,除草、选种等都通过实践在不断摸索过程中逐渐开展起来了,因而提高了种植的生产率,农业劳动产品的边际价值也随之提高。

排他性产权能够限制资源开发的速度。从历史上看,产权演变过程包括:首先是禁止外来者享用资源,其次是制定规则限制内部人员开发资源的程度。可以说,建立排他性产权制度是人类经济发展史上的一次伟大革命。

4.扩展的原始模型

扩展的原始模型包含利益集团的产权起源理论。

政府的作用在原始产权模型中几乎没有提及,但产权作为一种排他性权利,其界定和实施都离不开政府这一主体,而政府在界定和实施产权的过程中,总是要受到利益集团的影响。因此,在阐述产权起源时必须讨论利益集团理论。

产权起源的原始模型假设政府会创造一个一般的产权框架,使个人能够通过劳动分工和市场交易使社会净财富最大化。在存在较高交易费用的情况下,政府或者将产权直接分配给个人或者重新用其他方式界定产权使财富最大化。该模型认为:"市场力量被认为会侵蚀那些没能很好地适应经济中新机会的产权制度。如果现存产权结构限制或者阻碍了人们对相对技术或价格变化的反应,潜在的利益没有被人获取,将会使得人们有动机去采取更合适的产权制度。"①与之不同的是,产权起源的利益集团理论假设社会制度和政治制度是给定的,在此基础上解释在政治市场上各个利益集团的相互作用所导致的许多产业中产权结构的形成。由于存在交易费用,"搭便车"和信息的非对称性,所建立的产权往往并不是对全体人民有利,而仅是对一些特殊利益集团有利,这会给整个社会产出造成重大的损失。从寻租理论中可知,个人既可以在既定的框架内专心于生产,也可以从规则制定者、立法者和政府机构中争取法律和规则的有利变动,以实现个人财富最大化。其具体的途径取决于改变权力机构的相对成本。当成本较低时,有影响的利益集团会制定一些只使社会的生产能力部分实现的经济制度。奥尔森在《集体行动的逻辑》中指出,不同大小的利益集团对产权形成的影响是不同的。一般来说,对于规模较小、组织较好的特殊利益集团,如果通过产权结构调整,集团的成员会有较大的收益,而且集团较容易地就可获得、控制和加工信息,那么该集团对于议员们的影响能力往往很强。在利益集团中失利的往往是那些从属于大集团的个人,例如,消费者作为一个整体,对他们来说一些产权结构的调整往往会对每个人影响很小——组织费用很高,"搭便车"也很容易,个人信息成本也过高。

特殊利益集团通过以下方法使产权制度变迁向有利于自身的方向发展:第一,特殊利益集团以国家利益的名义影响政府制定对自己有利的产权政策或保护政策,从而为自己谋利。第二,对新进入者设置障碍,即斯蒂格勒所说的一种管制需求,强调管制,以行政方式分配资源。第三,这些特殊利益集团所在的或影响的行业或部门往往形成一种以行政垄断为支撑的产权结构,从而使其他进入者很难进入。因此,这些产业缺乏竞争,效率比较低。

特殊利益集团通过上述方式建立的产权制度往往是非中性的,即非中性的产权制度。中性产权制度是指,该制度对社会的每一个人有益或至少不使任何一个人受损。而非中性产权制度则是会给社会的部门成员带来好处并以另一部分人受损为代价的制度。产权制度的非中性主要体现在以下几个方面:第一,该制度可能只为部分利益群体服务,而且还有可能损害其他群体的利益;第二,很多产权制度都是由独裁者、政治上的多数派和强势利益集团建立的,他们通过建立这些产权制

---

① 弗鲁博顿,芮切特.新制度经济学[M].上海:上海三联书店,2006:137.

度,损害了他人利益而使自己获益。第三,制度非中性变现为产权变化的再分配效应。一个利益群体为使产权制度向有利于自身的方向发展,可能会进行政治捐款、游说等,尽管这些产权安排会给国民收入带来负面影响。

非中性产权制度和利益集团理论的实质在于,在同一制度下,不同的个人或群体所获得的往往是不一样的,而那些已经或者将要从某种制度安排中获益的个人或群体,一定会努力争取有利于自己的产权安排。个人及其在自愿基础上结成的集团,为获得制度收益而相互争夺本无可非议,但问题在于,那些最终给某些人带来好处的制度安排,很可能使其他人的"经济"选择与预期目标和整个社会福利脱节。由于存在信息不对称、交易费用和"搭便车"等,一些仅对特殊利益集团有利的产权制度会给整个社会的产出造成重大损失。

(三)产权形成的因素

从以上产权模型中,我们归结了产权形成的以下因素。

1. 要素和产品相对价格的长期变动

历史上多次产权制度变迁的主要原因是要素和产品相对价格的长期变动。某种要素价格的上升,会使该种要素所有者相比其他要素而言获得相对更多的收益,某种产品价格的上升,也会导致用来生产该产品的生产要素的独占性①使用更具有吸引力。此外,相对价格的变动还会影响产权变迁的规模、速度和方向。

2. 资源的稀缺性

资源稀缺程度越大,其价值也就越大,从而使其对产权的界定是经济的。阿尔钦说,本质上经济学是对稀缺资源产权的研究。人类早期建立的排他性产权也是从最稀缺的资源开始的。因为只有在资源稀缺性增大的过渡时期内,确定产权的成本才会小于产权带来的收益。

3. 人口的增长

在影响产权和制度的成本与收益的所有参数中,"那种最重要的参数的变化就是人口的增长,它可以导致制度的创新,从而给西方世界的起源提供一种说明"。在人类社会的早期,很多资源就像空气和水一样大量存在,并不稀缺,也就没有必要建立排他性的产权。但随着人类的发展,人口不断增加,一些资源开始变得稀缺(如土地),人口与资源的矛盾促使人们建立排他性的产权。人口的变化还通过影响土地和劳动的相对价格,从而在改变经济组织和产权中起着同样的决定作用。在人类社会的早期,离开人口这个重要的因素,就很难解释产权的起源。

---

① 包括建立更明确的排他性产权。

4. 排他性费用

当潜在的所有者对于排他性权利的期望收益为正时,那么对于一项资产的排他性权利就会被界定。如果强制的边际成本上升或边际收益下降时,则排他性权利就很少是完全的,而且所有者一般也只在度量和强制成本较低的方面实施这一权利。在大部分社会里,重要的和稀缺的资源使用都会受到某种形式的排他性权利的限制。但有一些对于经济非常重要的资源部分或整个被置于公共领域。例如,海洋中渔业资源的使用就是一个比较典型的例子。

5. 技术的进步

在人类社会中,技术是制约产权制度演变的一个重要因素。只有当产权的收益大于建立排他性产权的成本时,排他性产权才会被确立。一些技术的发明和进步带来了成本的降低,从而使建立排他性产权的成本降低,排他性产权建立的可能性也随之增大。

人类社会发展过程中产权及其制度的产生、发展和演变大体经历了三个阶段。第一,建立排他性的产权制度。人类社会早期的历史可以说就是一个建立排他性产权制度的历史。第二,建立可转让性的产权制度。产权的交易和转让是与社会分工、市场经济制度的发展联系在一起的。第三,各种组织制度联系在一起形成一个新的产权制度。例如,股份公司制度的建立使产权的分割、转让和交易等更加容易,从而使产权制度效率不断提高。

第三节　产权的保护与交易

一、产权的保护

产权总是离不开产权保护,离开产权保护而讨论产权就是一句空话,产权保护机制为产权提供了一定的保护。

(一)产权保护的必要性

产权的形成与控制资源的自由使用是相互联系的,从某种程度上来看,产权的形成就是为了规避资源的过度自由使用。新制度经济学家也认为,产权的保护是至关重要的。因为,如果不建立对资源利用的排他性权利体系,就不会有任何经济秩序,社会将通行霍布斯"丛林法则",即社会将处于"一切人反对一切人的战争"状态。正如埃格特森所说:"如果不存在对人力资本、非人力资本和自然资源的自由使用进行约束的制度,那么就没有一个社会是能够生存的。自由使用减少了一个社会的财富,在一个资源稀缺的世界上,对于生存是有害的。"①

　　财富的积累是经济发展的物质基础,是一国从落后向发达转变的基础。但财产积累必须要有财产保护制度。如果产权不能保证人们安全地获取其所创造的净收益,人们就不会被激励去创造这些净收益。也就是说,如果人们利用一种资源的权利得不到保护或者不能延续,那么,人们将改变甚至放弃对该资源的使用方式,进而使用那些需要较少预先投入的资源。如果一个社会不能有效地保护财产,那么财产的积累则会非常缓慢,或者财产的价值会大大降低。

　　西方人把带刺的铁丝的发明称为世界上第七大发明。因为有了带刺的铁丝之后,小偷的盗窃成本大大上升,很多财产可以得到保护。巴泽尔说:"盗窃者对于赃物有产权这一事实意味着:如果所有者的财产有可能被盗,那么他对自己的财产就不会享有充分的权利,所有者就无法确保自己将来还能使用这些财产。他们实际的权利到底有多大,在一定程度上取决于国家对他们财产的保护效果如何,也取决于他们自己采取何种措施。但按理来说,防卫费用越高,权利也就越有保证。"②

　　例如,社区房价低的原因就在于社区的安全系数低,保护措施不到位,发生盗窃的可能性比较大,人们不能充分地享有财产的权利。如果在该社区加强防盗措施,或采取其他措施对盗窃者加强防范,增加盗窃者的盗窃成本,那么该社区财产就能得到较好的保护,人们对财产的预期收益也会随之提高,房价自然也就会上升。从以上论述可以得出,财产保护可以提升财产的价值,使人们有动力去积累财富。

　　有效的产权保护是一个国家发展和稳定的基础。如果可用资产的权利缺失,并且权利的执行不充分时,那么人们将为了得到该权利而竞争。而竞争的成本在总量上可能达到或超过资产自身的价值,这种竞争就浪费了社会的资源,并不是有益的竞争。诺思(2010)说,产权得不到有效保护的损失是无法计量的,甚至整个社会就表现出冲突、混乱、政治无序和经济萎缩。

(二)产权保护的社会机制

　　产权作为一种排他性的权利,需要一定的保护机制。埃格特森认为,人类社会建立排他性产权形成和控制资源自由使用的社会机制有以下几个相互联系的方面:用武力或武力威胁建立排他性;用价值体系和意识形态影响私人的动机从而降低排他性的成本;习俗和习惯法;由国家或其他代理机构强制实施的规则,包括宪

①　埃格特森.新制度经济学[M].北京:商务印书馆,1996:25,42-55.
②　巴泽尔.产权的经济学分析[M].上海:上海三联书店,1997:153.

法、成文法、普通法和行政法规①。

下面从无国家社会和国家社会两个方面,阐述排他性产权形成和控制资源自由使用的社会机制。

1. 无国家社会的产权保护

无国家社会是指没有正式的政府机关、行政官员、立法者、法官、检察官等,也就是没有一个机构拥有权威来解决争端并强制实施它的决定和制定法律,从而这个社会也就没有所谓的秩序可言。新制度经济学家认为,财产所有者的武力或者武力解决是确立自身财产排他性权利和社会制度的重要社会机制,这可以用博弈论中的"囚徒困境博弈"来解释。

贝茨和普理查德对非洲尼罗河地区的努埃尔人游牧部落中的秩序形成和维持进行了博弈分析。努埃尔人的经济以牛为基础,牛属于排他性的财产,归属于一个大家庭所有,包括这个大家庭中的父亲、妻子和他的儿子。努埃尔人只能依靠自己的个人力量捍卫自己的牛,而不能依靠任何其他权威机构保护他的权利。

假设现在有两个家庭甲和乙,每家都有同样的武力潜能和侵犯倾向,同样也拥有相当于 10 头牛的净资产。每家都有两种选择:侵犯对方和不侵犯对方。两个策略的收益与另一家选择的策略相关,所以就有四个可能的结果(见表 3-1)。

表 3-1 收益矩阵

家庭甲

家		侵犯	不侵犯
庭	侵犯	(4,4)	(18,2)
乙	不侵犯	(2,18)	(10,10)

从表 3-1 可以看出,如果两个家庭相互不侵犯,则总财富为 20 头牛,并且两个家庭平分,各得 10 头牛,结果为(10,10)。但是如果两个家庭相互侵犯,则会消耗资源,从而使总财富降到 8 头牛,两家平分,各得 4 头牛,结果为(4,4)。如果只有一家侵犯,而另一家选择不侵犯策略,那么财富总量不变,仍为 20 头牛,但选择侵犯策略的一家财富上升为 18,而另一家则降为 2,结果为(18,2)或者(2,18)。从以上结果可以看出,如果双方都不侵犯则可以获得最大的财富,但如果一家选择侵犯策略,则另一家的财富所得只为 2,小于双方都侵犯的收益 4。所以,在不知道对方策略的情况下,两家都会选择侵犯,因为 4 大于 2,18 大于 10,每家侵犯时都会使自身期望财富最大化,均衡结果为(侵犯,侵犯),这就会导致囚徒困境。在无国

① 埃格特森.新制度经济学[M].北京:商务印书馆,1996:255.

家社会的情况下,产权是得不到保障的,均衡结果最终会导致牛的养殖与放牧在经济上根本得不到补偿。

要解决这个囚徒困境,就必须给博弈双方加以外部的约束或内在化价值以改变收益双方的相互关系,使(不侵犯,侵犯)或者(侵犯,不侵犯)对每一个潜在的侵犯者没有吸引力或者不再可能。例如,可以引入一个第三者(如仲裁)使双方都预期到对方会对侵犯行为进行报复,这样(不侵犯,侵犯)或者(侵犯,不侵犯)就不太可能会出现,从而收益矩阵变为表3-2。

表3-2　引入第三方后的收益矩阵

家庭甲

家庭乙		侵犯	不侵犯
	侵犯	(4,4)	(0,0)
	不侵犯	(0,0)	(10,10)

如果武力报复的结果是确定的,那么双方则不会选择侵犯,因为侵犯产生的财富都小于不侵犯带来的财富,所以,最终的均衡结果是(不侵犯,不侵犯),双方的财富各为10。

在研究排他性产权的形成和秩序出现问题时,学者们发现在无国家社会中,还有一些其他限制个人行为的社会机制,如宗教信仰、补偿制度、横向忠诚和复仇群体等。贝茨(1983)对努埃尔人产权保护机制进行了分析,分析的因素中还包括习惯法和意识形态对产权保护机制的影响。例如宗教信仰的影响,在大多数的群落中,存在着这样一个普遍的信仰:对本部落的侵犯会带来一连串的瘟疫、天灾等其他灾难。补偿机制是指在无国家社会中可以建立秩序和降低产权保护的费用的机制。在补偿制度下,侵犯产权者必须赔偿受损者,从而改变了游戏规则,改变参与者所面临的收益矩阵。在无国家社会中,横向忠诚的社会机制成为侵犯者或者那些拒绝赔偿者的第二种成本。异族之间的通婚会导致人们忠诚的冲突,如果一个种族的习俗要求一个男子必须娶另一个种族的一个女子为妻,相互斗争的群体之间会发现对方是自己同族的亲人。那么冲突双方的相互关系则降低了侵犯他人产权的净收益,会使人们更愿意通过仲裁来解决争端。作为第二种成本的忠诚间的冲突主要是针对个人的,它和习俗、信仰一起增强了无国家社会内在秩序的稳定性。人们之间的亲戚关系越近,忠诚冲突则越大,甚至可能将囚徒困窘变为合作对策。

无国家社会为我们研究习俗和私人保护对经济的影响提供了样本。自我强制、习惯法和价值体系对于阻止自由使用和有害的掠夺财富的活动起着关键的作用。

2.有国家社会的产权保护

在现代国家中,自我强制、习惯法和价值体系对于阻止自由使用和有害的掠夺财富的活动仍然起着重要的作用。生产关系的相互关系随着高度发达的专业化生产、先进的技术以及密集型的生产形态变得越来越复杂,但这种早期的制度结构不足以适应目前复杂的生产关系。如果没有国家和国家的制度对产权的支撑,那么高交易成本将使复杂的生产系统瘫痪,也不会有涉及长期交换关系的投资。因此,研究国家与产权保护之间的关系至关重要。

国家具有使其内部结构有序化的相应规则,并具有实施其规则并与其他国家竞争的强制力。即相对于其他组织来说,国家具有"暴力潜能"的优势。

暴力本质上来说也是一种资源。在国家未产生之前,暴力分布在"庄园""部落"等组织之间,暴力资源的这种分配效率是很低的,在这种状况下,产权保护的费用也比较高。随着国家的产生,国家"暴力潜能"的优势逐渐体现出来。其优势主要体现在以下两个方面:①国家暴力被采用的条件,一方面是国家暴力能够实现某种社会合作,另一方面是国家暴力比其他制度更有效。②国家暴力是对付暴力的暴力,即对付非法暴力的合法暴力,这种合法性起源于每个人抵御别人的侵害,捍卫自己的合法权益。国家暴力资源能够有效实用的原因在于,它能够带来规模经济和防止"搭便车"问题。例如,在一个可能遭受到攻击的社区中怎样建立防御体系的问题。"安全"对于社区中每一个成员都是公共产品,如果用市场的方法购买"安全"的话,就可能导致购买失败。"安全"作为一种公共产品,一旦被提供,那么社区中每个人都有权利去使用,对每一个人也都有同质性。但是每个人对安全的需求是不同的,例如穷人对安全的需求就远远小于富人的需求,而且还会带来"搭便车"行为,一些人不为"安全"付费。因此,通过市场化方法不能使社区建立起有效的防御系统。那么解决这个问题的方法就是采取政府的形式,强制要求每个成员为"安全"付费。而政府在提供"安全"中所获得的收益,是政府所保护的社区如果没有"安全"这种产品所遭受的损失。历史的发展表明,没有建立政府的社区就会因为没有良好的防御系统而被别人征服。

国家对产权的保护能增进秩序。当人们处于无政府状态之下时,每个人都要行动起来抵御侵犯来保护自己的财产。但这样带来的成本将会很高,而如此高的排他性成本和强制执行成本会抑制大量有利的分工,从而进一步限制社会发展。所以,在现代国家中,要求政府在行使其保护性职能时予以强制性执行的很多规则都被正式地制定在民法和刑法中。政府的保护还能防止外部的威胁,为公民提供现在及未来的安全。

但是,政府的保护性职能也是有局限性的。政府的保护性职能中有很大一部分是通过政府管制来实现的,体现在保健、安全和环境等方面。而且这类管制的广泛性和高发生率,大大增加了交易成本,削弱了竞争市场的协调控制功能。因此,对这类管制措施中的每一项,都必须根据其可能给整个制度系统带来的成本和收益加以分析。

二、产权交易

产权交易是指财产所有者将财产所有权和经营权全部或者部分有偿转让的一种经济活动。产权交易以实物形态为基本特征,为产权转让提供了条件和综合服务。产权交易是随着市场经济向纵向和横向发展而发展的,它的产生是人类资源转移方式上的一次革命性的变化。

产权交易未产生之前,资源的转移主要是通过单向的、分散的生产要素的流动而实现的,如生产资料的转移(不同生产资料的转移也是分散的)、劳动力的流动转移、资金的转移、信息和技术的转移等。但是很多自然因素会制约这种单向的、分散的转移方式,如受到地理位置、运输条件等的制约。同时,企业通过单向要素的吞吐转移来达到一定的资源配置目标往往需要很长的时间。这种资源转移方式的特点是速度较慢、效率较低、费用较高,随着市场经济的发展,这种方式已不再适应。于是一种整体的和集合式的生产要素的转移和流动方式,即产权交易应运而生。

企业产权交易是一个企业对另一个企业或者若干个企业进行有偿吸收合并,是自身和被收购方的全部生产要素融合和重构的过程。产权交易对于企业来说的优势在于,它可以在更大规模上带动单向要素的转移,并且在一定程度上缩小转移空间,缩短转移过程,降低转移成本。企业产权交易的这种优势在股份制出现之后,表现的更是淋漓尽致。收购方收购股份公司时,完全不必买下它的全部股份,只需要购买达到控股比例的股权即可,这样可以大大节省购买的费用。所以,相较于单向的、分散的资源转移方式,产权交易是更高层次上的资源优化配置途径。

(一)产权交易的前提

市场主体是指产权明晰、权责明确、政企分开、管理科学的现代企业。市场主体具有独立性品格,即当事人具有独立的权利、独立的利益和独立的责任。这就要求产权界限必须清晰,明确划分产权在使用中收益、受损的边界及其补偿原则。因此,产权交易的前提和首要条件是产权明晰化。产权界定的优势在于它能够减少甚至避免争夺产权而付出的代价,以及减少因产权模糊带来的资源配置的“机会损失”。因此,产权界定可以为人们带来很多利益。产权的界定有两种方式:契约形式和法律形式。契约形式是平等的人之间通过谈判达成的,它是平等的和自愿的。契约形式主要是在国家出现之前所采用的形式。法律形式是指在权力上具有优势的主体对在权力上具有劣势的主体的命令,是具有强制性的。国家产生之后,国家开始介入产权界定,平等的自愿谈判被政府的强制性裁决所代替,这种裁决主要是法律裁决。除了契约形式和法律形式之外,有的学者认为道德约束也是很重要的。

那么产权界定的标准是什么呢? 国内学者常修泽认为有两个:效率标准和公平标准。

1.效率标准

从西方产权理论来看,它所强调的唯一标准就是效率标准,即只要产权的界定、分配和流动最终能提高资源配置效率,使社会达到"帕累托最优",则可以认为这一产权是合理的和科学的。人类社会所面临的最根本的经济问题,是如何使人类有限的资源得到最佳配置以满足人们无限的需求。正统的新古典理论在分析解决这一问题时,从两方面分析:一方面,新古典完全竞争均衡理论在假定"交易费用为零"的前提下,认为市场机制功能的充分发挥,可以在给定的资源和技术条件下,使资源得到最有效的配置。另一方面,新古典理论把企业当作一个生产过程,在该生产过程中,企业被视作一个"黑匣子"。它是由一个给定的生产技术确定的,企业的职责就是根据这个生产方程将原材料转换成产品,从而在微观领域达到资源最佳配置。

现代产权理论对新古典理论提出了质疑,既然市场机制被认为是资源有效配置的最佳工具,为什么还会有企业的存在呢? 对此,科斯在他的《企业的性质》一文中说道:"其主要理由可能在于使用价格机制是需要付成本的,产生这种成本的最明显的原因在于,在市场上发生的每一笔交易的协商和签订合同的费用也必须考虑进去。"①正是由于交易费用的存在,使得市场机制的运作是有成本的。现代产权经济学正是以此为出发点深刻揭示了产权与效率的关系。

2.公平标准

公平标准就是实事求是,公平地、客观地划分和确认产权的归属。在进行企业产权界定时既不能偏向国家一方,也不能偏向其他任何一方,以使产权界定公平和科学地进行。而且在具体界定工作中,要尽量照顾到各方面的利益,以使产权界定的"摩擦成本"降至最低②。

在西方国家,生产资料私有制使得产权边界比较清晰,股份公司的创立更使企业产权以多元化的形式落到实处,从而使产权交易可以通过股票买卖来实现。这

①　科斯.企业、市场和法律[M].上海:上海三联书店,1990:253-255.

②　常修泽.广义产权论[M].北京:中国经济出版社,2008:200-201.

也是西方企业产权交易长期以来推动资本主义经济不断发展的制度保证。在东欧的一些国家,由于原来实行的是公有制,在产权交易中产权界定的模糊就成为产权交易的一个很大障碍。例如,前东德的企业在出售中遇到的一个难题就是企业的产权不清而使很多交易难以达成。我国是公有制国家,在传统的国有制财产权利结构及体制下,国有企业虽然在法律上所有权关系是明确的,但是其实际占有权、经济所有权和经营权关系却是不清楚的,缺乏真正的产权主体,也就是实际上产权不明晰。产权交易的前提是产权明晰化,因此要顺利地进行产权交易就必须明确产权。产权界定主要包括两方面:一方面是要明确国有资产。在我国目前的一些产权交易中,存在着一些现象,即首先将国有资产变为集体资产,然后再转化为个人资产,从而使国有资产大量流失。另一方面是要明确国有资产的代表者,即由谁来承担国有资产保值增值的责任,从而成为产权交易的主体。这两方面是产权交易的微观基础。

(二)产权交易的基础

企业产权交易要全面合理的展开,首先必须简单明了的用价值概念来表示财产的价值,而且,产权交易是一项非常复杂的工作,它涉及资产评估、前景预测、价格磋商等问题,同时也涉及像如何筹集资金、交易方式的选择等技术性比较强的工作。在西方国家,有专门从事产权交易活动的人才,他们称为产权交易经纪人,帮助客户选择"目标公司",进行资产评估,预测经济前景。在"目标公司"确定之后帮助或者代理客户进行价格磋商,以及交易方式的确定。产权经纪人的出现为产权交易注入了润滑剂,使得一些具有专门知识的人帮助企业做出正确的决策,降低了交易费用,提高了效率,促进了产权交易的发展。

(三)产权交易市场

产权交易要顺利进行,除了要有产权明晰这个首要前提之外,还有一个必备的条件,即产权交易市场。没有产权交易市场,产权的让渡和转移职能是偶然的、个别的和不规范的。产权交易市场的主要功能在于为买卖双方提供充分的信息、降低交易费用、规范化交易和便于管理等。

我国从20世纪80年代以来,为适应企业改革的形势,一些地区性的产权交易市场开始兴起,经过几次起伏之后,目前我国产权交易市场已达到300多家,主要集中在北京、上海、深圳、天津等经济发达地区。但我国产权交易市场也存在一些问题:①规模小。现在的产权市场规模比较小,多数只限于本地区的产权交易。②隔绝性和封闭性。各个市场之间缺乏信息的交流和沟通,具有明显的隔绝性和封闭性。③政府干预过多。虽然在产权市场成立过程中政府的扶持有助于市场的形成,但目前一些政府直接干预日常产权交易活动,使产权市场失去了独立性。④交易行为不规范。在交易组织和交易方式等方面没有一套规范的模式①。

第四节　产权的应用

产权在社会中得到了广泛的应用,本节主要阐述知识产权的应用、产权在国有企业改革中的应用以及农村集体土地产权的应用。

一、知识产权的应用

(一)知识产权的定义及特点

1.知识产权的定义

知识产权,也称为知识所属权,指权利人对其所创作的智力劳动成果所享有的财产权利,一般只在有限时间期内有效。各种智力创造比如发明、文学和艺术作品,以及在商业中使用的标志、名称、图像以及外观设计,都可被认为是某一个人或组织所拥有的知识产权。

2.知识产权的特点

知识产权具有以下几个特点。

(1)知识产权是一种无形资产。知识产权从本质上说是一种无形财产权,它的客体是智力成果或是知识产品,是一种无形财产或者一种没有形体的精神财富,是创造性的智力劳动所创造的劳动成果。它与房屋、汽车等有形财产一样,都受到国家法律的保护,都具有价值和使用价值。

(2)知识产权具有专有性。知识产权的专有性是指知识产权的独占性或垄断性。除权利人同意或法律规定外,权利人以外的任何人不得享有或使用该项权利。这表明权利人独占或垄断的专有权利受严格保护,不受他人侵犯。只有通过"强制许可""征用"等法律程序,才能变更权利人的专有权。一方面,知识产权的客体是人的智力成果,既不是人身或人格,也不是外界的有体物或无体物,所以既不属于人格权也不属于财产权。另一方面,知识产权是一个完整的权利,只是作为权利内容的利益兼具经济性与非经济性,因此也不能把知识产权说成是两类权利的结合。例如,说著作权是著作人身权(或著作人格权、或精神权利)与著作财产权的结合,

---

① 　常修泽.广义产权论[M].北京:中国经济出版社,2008:303－304.

是不对的。知识产权是一种内容较为复杂(多种权能),具有经济的和非经济的两方面性质的权利。因而,知识产权应该与人格权、财产权并立而自成一类。

(3)知识产权具有地域性。知识产权只在所确认和保护的地域内有效;除签有国际公约或双边互惠协定外,经一国法律所保护的某项权利只在该国范围内发生法律效力。所以知识产权既具有地域性,在一定条件下又具有国际性。

(4)知识产权具有时间性。知识产权只在规定期限内受保护。法律对各项权利的保护,都规定有一定的有效期,各国法律对保护期限的长短可能一致,也可能不完全相同,只有参加国际协定或进行国际申请时,才对某项权利有统一的保护期限。

(二)知识产权优势理论

知识产权优势理论是继比较优势理论和竞争优势理论之后出现的第三种发展理论。其创立者程恩富教授将其定义为:"通过培育和发挥拥有自主知识产权的经济优势,是相对于比较优势、竞争优势而言的第三种优势。它避免了笼统的竞争优势的理论缺陷,而突出了以技术和品牌为核心的经济优势或竞争优势。"[1]郭民生教授认为:"在经济全球化的国内外市场中,强者如发达国家、跨国公司等通过其成熟的市场制度和制定新的游戏规则,把自己的人才、技术、管理和文化等方面的优势转化为市场垄断优势——知识产权优势,在创造、占有、转化和运营知识产权资源及其他生产要素的过程中,始终使自己处在全球产业链的高端和市场竞争的有利地位,以最大限度地提升核心竞争能力并获取长远的、直接的利益。"[2]

李嘉图的比较优势理论认为,不同国家生产不同产品存在着劳动生产率或成本的差异,各国应该生产具有比较优势的产品,生产并出口那些劳动生产率较高或成本较低的产品,进口那些劳动生产率较低或成本较高的产品[3]。竞争优势理论是由波特在其发布的三部曲[4]中提出并完善的理论,他认为一个国家之所以能够兴旺发达,其根本原因在于这个国家在国际市场上具有竞争优势,而主导产业的竞争优势又源于企业具有创新机制而提高了生产效率。国家的竞争优势有六个要素,即生产要素、国内需求、相关支撑产业、企业的战略结构和竞争、政府的作用和机会。

比较优势理论强调某一时点一国的要素禀赋状况或生产率状况决定的静态"比较优势"。随着全球经济的快速发展,生产要素在全球范围内迅速流动,技术进

① 程恩富,丁晓钦.构建知识产权优势理论与战略:兼论比较优势和竞争优势理论[J].当代经济研究,2003(9):18-23,71.
② 郭民生,郭铮."知识产权优势"理论探析[J].知识产权,2006,6(2):16-23.
③ 比较优势理论是李嘉图在1918年发表的《政治经济学及赋税原理》中提出的。
④ 波特的三部曲:《竞争战略》(1980年)、《竞争优势》(1985年)、《国家竞争优势》(1990年)。

步日新月异,固守比较优势理论已不适应今日的经济发展。波特的竞争优势理论也有一些缺陷,如罗列的因素过多,主导和关键方面不突出。因此,国内学者提出了知识产权优势理论。知识产权优势是在比较优势和竞争优势的基础上发展起来的,它不是对比较优势和竞争优势的简单替代,而是对前两者的补充,是更核心层次的国家优势。知识产权优势通过构建以核心技术和品牌为核心的经济优势,有效利用知识资源,运用国际规则,从而形成并长期保持企业和国家在国际市场中的竞争优势。

知识产权优势可以体现在微观和宏观两个层面。微观层面的知识产权优势主要体现在知识产权资源的创造、占有和营运等方面,即基于知识产权所有关系产生的效率改进及竞争优势的形成,通过对知识产权资源的创造、使用、许可、投资等方式,获取高额垄断利益,并获得有利的市场竞争地位。宏观层面的知识产权优势主要表现为那些能够保障知识产权权益的制度、机制、规则等内容,即通过法律法规、市场机制等优化资源的配置,激励和保护创新,保障知识产权拥有者的权益;也表现为通过教育和文化的发展所形成的人力资本的积累等方面。

知识产权的重要性日益突出,已成为世界贸易组织管辖范围中与货物贸易、服务贸易并重的三方面内容之一。世界贸易组织的《与贸易有关的知识产权协议》(Agreement on Trade-Related Aspects of Intellectual Property Rights,TRIPS)对世界贸易组织成员的知识产权保护水平提出了更高的要求,并且引入了以贸易报复为主要手段的统一的争端解决机制。对发明专利、实用新型专利、技术诀窍、外观设计专利、图形设计、计算机软件设计、名牌商标、商业秘密、著作权、声像版权等所有知识产权领域,都提供了高标准的保护。知识产权是国家法律赋予知识产权权利人的一种特殊权利。其中,专利权实际是以国家权力保障的一种合法的垄断,拥有一项专利等于拥有受国家法律保护的独占的市场,以获得专利权来占领和控制市场比任何其他竞争手段都更直接、更有效。同样,商标知名度的大小,也是企业市场占有率的象征,拥有一件名牌商标就会获得持久、稳定的市场。所以,知识产权是增强企业竞争力的利器。在当今全球经济竞争中,知识产权的争夺已成为控制市场的主要手段,并且这种争夺将随着知识经济的迅速发展愈演愈烈。发达国家凭借自身经济、科技的竞争优势,试图通过加强知识产权保护取得更大的市场份额。发展中国家在从世界贸易组织中得到一些利益的同时,也面临着发达国家知识产权竞争优势的严重压力。

二、产权在国有企业改革中的应用

我国的产权制度随着经济的发展而不断改进,产权制度改革被认为是我国经济体制改革中的基础性改革。在中华人民共和国成立初期,我国的建设资本主要是依靠国家权力形成的,主要有三个方面:①战争时期为保障军需民用,在各个根据地逐步建立起一些公营企业,成为最早的国家资产;②中华人民共和国成立前后,在战争中没收的官僚资本和国民政府资本构成国有资本中的基础部门。③新民主主义到社会主义过渡时期,通过对资本主义经济的社会主义改造,国家从民族资产阶级手中以赎买方式转化了一部分国有资产。

在实行改革开放之前,我国经济发展比较缓慢,使我国与西方国家之间的发展距离越来越大。1978—1988年,我国在坚持社会主义基本经济制度的条件下,对原有的经济体制进行了比较全面系统的改革。

第一,开放部门商品的物价以及对物价进行了全面的改革。第一阶段,取消了生活资料计划管理和票证供应,逐步实现商品化供应,促进了生活资料生产的发展。第二阶段,逐步放开部分生产资料价格,建立生产资料商品化市场。由于在第一阶段只是对部门生产资料价格的放开,导致了市场价格和计划价格之间存在差异,生产资料价格出现双轨现象,对社会经济秩序产生了一定的影响。随着改革的不断推进,社会经济实现了新的发展,国家迅速加强了对整个物价体制的改革,全面开放了社会生产资料的物价审批制度,实行了生产资料价格市场化的市场监督制度。第三阶段,国家对生产要素进行商品化改革。建立各种资源性商品交易的专卖市场。产权交易市场就是一个各种资本形态的生产要素通过各种产权形式形成的特殊商品交易的综合性市场,是把生产要素聚集在一起的产权流转和交换的市场。

第二,实施财政体制改革。财政体制原来实行的是中央财政统收统支的计划财政体制,为了充分调动地方政府的积极性,推动改革发展,财政体制按照中央和地方政府的行政关系进行了改革,实行中央和地方财政按比例分成。

第三,实施税收体制改革。建立新的管理征收机制,将原来国家统一的税务管理征收机关分成国家税务总局、地方税务局,同时将征税税种划分为国家税和地方税。

在国家进行经济体制改革的过程中,国有资产的改革遇到了困难。由于国有企业存在权、责、利关系不明晰的情况,政府对国有企业承担包括经营亏损在内的无限责任。在这种情况下,国有企业的改革使国有资产大量流失。面对这种情况,国家成立了国有资产管理局,对国有资产进行管理。1992年之后,国家提出要建立适应市场经济要求,产权清晰、权责明确、政企分开和管理科学的现代企业制度。之后,各级政府加大了对国有企业的改革力度,对一些效益不好的国有企业、集团企业的产权实行"改、转、租、卖"的政策。"改"即对企业体制进行改革;"转"即对企业产权实行转让;"租"即对企业的经营权实行承包或者租赁经营;"卖"即对企业部分或全部资产实行转入处置。这种国有企业产权改革方式只是一个过渡形式,无法彻底建立新的产权制度,而且这种方式在实行过程中也带来了很多问题。例如,国有企业产权改革中的承包和租赁改革。在资产所有者关系不变的前提下,由企业的主管部门提出对企业承包和租赁的相关指标,对外招聘经营者。这种方式对承包和租赁的经营者来说,没有建立成型的制度,因为多数的承包和租赁成为一种"软承包""软租赁",对经营者没有真正的约束力,对国有企业造成了一定的损失。

国家对国有小型企业产权转让或资产处置采取的措施是:首先,国有企业的行政主管部门对所属的国有企业做出实施产权体制改革的建议,指导企业对是否同意实施转让产权和处置资产做出上报方案。其次,对方案进行审批,不仅要获得行政主管部门的审批,并且还要获得体制改革部门和国有资产管理部门审批。最后,这些审批完成之后,由资产评估事务所、会计师事务所对企业资产评估和财务审计。这些完成之后,企业就可以制定一个产权转让方案和资产处置方案报上级主管部门批准实施。但是按照这个流程处置国有资产仍会造成国有资产的大量流失,因为在上述产权转让过程中缺少产权交易过程检验的环节。因此,有必要建立产权交易市场,进行产权的集中交易。

对于国有企业改革与产权问题,国内学者的意见不一致。一些学者认为公有产权制度是低效率的,主张对国有企业进行产权改革。张维迎认为,公有产权制度下委托代理链条长,内耗严重,导致效率下降[1]。刘世锦认为,公有产权伴随着大量未被内在化的外部性,降低了公有制成员努力工作的积极性,从而影响了经济绩效[2]。樊纲认为,企业亏损的实质背后是一个产权关系的问题,国有企业存在"工资侵蚀利润"现象,主要是缺乏那些有充分激励的对资产效益真正关心的最终委托人[3]。当然,还有一些学者反对产权制度与经济效率的必然联系,认为并不是产权因素影响了国有企业的效率,而是其他因素。林毅夫认为,产权制度与效率没有必然关系,充分竞争的市场环境才是影响效率的真正原因[4]。朱富强认为,产权结构与效率不存在所谓的对应关系,产权结构的效率与行业性质和市场竞争程度密切相关[5]。

三、农村集体土地产权的应用

(一)农村集体土地产权概念

土地产权制度包括两方面的内容:一方面,土地产权制度是一定社会条件下人们占有和利用土地过程中形成的人与人之间社会关系的总称;另一方面,土地产权

① 张维迎.所有制、治理结构及委托-代理关系:兼评崔之元和周其仁的一些观点[J].经济研究,1996(9):3-15.
② 刘世锦.公有制、治理结构及委托代理关系[J].经济研究,1991(1):37-43.
③ 樊纲.论体制转轨的动态过程:非国有部门的成长与国有部门的改革[J].经济研究,2000(1):11-21,61.
④ 林毅夫,李周.现代企业制度的内涵与国有企业改革方向[J].经济研究,1997(3):28-32.
⑤ 朱富强.论产权结构与效率:兼论公有产权的效率[J].学术月刊,2000(11):62-65.

制度是指以土地为媒介形成的人与人的关系,有些上升为国家意志,形成有关土地法律与政策。因此,土地产权制度既包括经济关系又包括法权关系。农村土地集体所有权是指以农村集体土地所有权为基础,以土地使用权为核心的一切关于土地财产的权利的综合,是由各种权利组成的土地权利束,包括土地所有权、使用权、用益权、处置权等。农村集体土地产权制度是指构建农村集体土地产权结构和产权关系的制度安排。在我国现行农村集体土地产权制度中,土地所有权和土地使用权构成农村土地产权制度的主要内容,农村集体土地产权问题和产权制度建设也自然就与土地所有权和土地使用权紧密联系在一起。

(二)我国农村集体土地产权制度存在的问题

1.集体土地所有权性质不明晰

我国的土地所有制分为国家所有和农村集体所有两种形式。尽管我国宪法、民法通则和土地管理法等重要法律都已明确规定"农村土地"为农民集体所有,但"集体"如何界定,法律并没有给出一个明确的界定范围。而且目前我国大部分地区农民集体经济组织已经解体或名存实亡,缺乏行使集体所有权的组织形式和程序,这就会导致上级政府代替农民集体行使权力。因此,在"农村集体土地"所有的性质模糊不清的情况下,集体产权主体虚设,农民不能真正成为土地财产的主体,农村集体经济组织的利益得不到应有的保障。特别是当各利益集团争夺集体用地带来的利益时,模糊的农村集体土地产权关系不仅决定了农民土地的快速非农化倾向不可避免,也使农民土地的基本权益无法得到保障。产权的激励约束功能在清晰的产权界定的情况下发挥作用,而农村集体产权主体的不清晰,则产权制度对产权主体的保障、激励和约束就不能发挥作用。

2.土地产权不对等,城乡土地市场割裂

因为农村土地和城市土地产权的不对等,城乡土地之间存在着明显的地权歧视现象。农村集体土地在土地市场交易中,不能享有与国有土地同样的待遇,而是必须要通过国有化(征用)才能进入城市土地市场,中间的土地利益绝大部分由政府拥有。政府的行政干预导致土地资源通过中间政府征收环节进行城乡资源的流动和配置,而没有按照价格信号进行配置。产权的不对等割裂了城乡之间的土地市场,而征收成为中间的"独木桥"。而且,即使部门集体建设用地可以进入市场交易,但一方面集体建设用地产权不清,另一方面集体建设用地流转无法可依,法律对流转的条件、用途、权益等缺少明确的规定,难以进行土地登记。因此,集体建设用地在流转中得不到有效的保障。由于土地财政的驱动,大量的农村土地转向城市。城乡统筹是要求城乡之间资源按照价格机制、市场机制进行配置,产权主体之间可以

谈判和交易,而这种平等的谈判和交易被产权的不对等和城乡土地市场割裂。

3.产权不规范,缺乏实现机制

家庭联产承包制给予农民耕种土地的权利,极大地激励了农民的生产积极性。但是随着经济的转型以及社会主义市场经济改革的深入,大量农村劳动力向城市转移,社会发展不仅仅只需要土地的使用权,还需要其他相关的权利。由于我国农村集体土地产权长期以来产权界定模糊、主体不明晰、产权体系划分不清、产权管理和登记等方面缺乏规范以及权能的缺少,导致农民享有的土地产权受到很大的限制,产权得不到保护。大量农村劳动力进入城镇就业或者是居住,但由于缺乏土地财产权益的实现机制,这些劳动力仍不愿放弃自己的土地产权,导致农村土地闲置,造成资源浪费。

4.产权流转困难

因为承包经营权内涵的不充分和不明确,导致农民对土地使用权缺乏安全感,农地耕种趋向于短期化行为,因而发生了掠夺式经营、改变耕地利用方向等行为,该类行为对土地承包、流转带来了很大的障碍,使承包农户土地经营规模难以扩大。同时,农村集体土地产权流转中也存在很多不规范的现象,如土地流转的中介组织不健全和土地流转市场的缺乏,对土地流转更是雪上加霜。

第五节　产权与社会经济绩效

一、产权与经济增长起源

经济学中一个永久的主题是对经济增长源泉的探索,自亚当·斯密以来,经济学家就一直重视对经济增长的研究。以哈罗德-多玛模型为代表的资本积累理论奠定了现代经济增长理论的基础,索洛、斯旺等强调技术进步决定经济增长,开创了新古典增长理论。罗默、卢卡斯等人把技术进步内生化,克服了新古典增长理论把技术进步当作外生变量的不足,提出了内生增长理论。但这些经济增长理论都忽视了制度对经济增长的作用,诺思等经济学家把产权引入到经济增长的研究之中,认为对经济增长的历史研究就是对制度创新的研究,不涉及制度创新就不能解释经济增长率上的持续差异,从而使产权理论成为解释经济长期表现的范式。诺思以前的经济学家认为,经济增长的源泉是资本积累、技术进步、教育、人力资本等,但诺思却认为:"这些解释显然存在漏洞,使我疑惑不解的是:为什么有些社会具备了这些条件,却没有发生如意的结果。资本积累、技术进步、教育、人力资本投资等并不是经济增长的原因,它们仍是增长。"奥尔森进一步研究表明,资本积累、技术进步、教育、人力资本等经济增长理论并未追溯到经济增长的最根本原因。它们追溯到江河源头的小溪与湖泊,但没有解释注入这些源头的雨水是怎样生成的,也没有说明经济发展的渠道是如何被堵塞的——某些国家的经济增长为何受到阻碍①。对产权和产权运用的制度保护才是持续经济增长的源泉。

有些学者运用产权制度是经济增长的源泉的理论,解释了为什么在非欧洲文化中,在技术知识上的巨大进步(特别是中国的技术),并没有导致工业革命,其原因是在中国和其他亚洲国家中,缺乏一定的产权制度。在那些封闭经济中,统治者们在其疆域内无须培育那些聚集资本和对企业有吸引力的产权制度,产权制度发展的不足使技术进步成果的积累和潜在的巨大市场不起作用。早在公元10世纪时,中国在人均收入上就已经是世界经济中的领先国家,而且这个地位一直延续至15世纪,在技术水平上,在对自然资源的开发利用上,以及在对辽阔疆域的管理能力上,中国都超过了欧洲。但是,在中国封建统治下,缺乏稳定保障产权的环境,统治者拥有不受监督的权力,可以专横地、任意地没收财产,企业活动没有安全性,任何有利可图的活动都会受到官僚的盘剥,较大规模的经济活动被限制在国家或得到国家特许权的垄断集团手中。缺乏信任以及官方可以任意没收财产的惯例抑制了对工业和企业的投资,由此,中国人卓越的技术和组织技能并没有转变为一场自我持续的工业革命。到19世纪和20世纪的上半叶,当世界经济明显加速增长之际,中国却衰落了②。

中国的改革使产权结构安排从中央到地方、从农村到城镇都发生了深刻的变化。一方面,宏观产权结构变迁激励了地方政府发展经济的积极性。许多国有企业是由地方政府而不是由中央政府控制,经济权的分散和利润分摊有利于激励地方政府发展当地经济。另一方面,微观层面的产权制度变革激励了经营主体从事生产性活动的积极性。国有企业的改制、私人企业及公民的产权保护、农地产权制度的变革,都极大地活跃了生产经营活动。

过去有些学者认为,工业革命带来了近代经济的增长,但是进一步的研究表明,工业革命正是一系列经济变革的结果。诺思认为:"工业革命不是经济增长的原因,它只不过是一种新现象,一种经济增长的表现形式,经济增长的起源可以追溯到前几个世纪产权制度的缓慢确立过程,该产权制度为更好地分配社会财富的社会活动创造了条件。"③同时,诺思通过比较研究西方经济史得出结论:为什么历

①　奥尔森.国家兴衰探源[M].北京:商务印书馆,2001.
②　麦迪森.中国经济的长期表现[M].上海:上海人民出版社,2008.
③　麦迪森.中国经济的长期表现[M].上海:上海人民出版社,2008.

史上经济增长没有在整个西方世界同时出现,而首先出现在荷兰和英格兰地区。他认为荷兰和英格兰首先进行了产权结果方面的变革,而法国和西班牙没有做到这一点,因此在竞争中失败。阿西莫格卢等在对产权与经济绩效的长期历史比较研究中证明,那些在1500年相对富裕的国家如今却相对贫困的事实与地理因素不相关,产权制度才是决定国家富裕或贫困的关键因素。霍尔和琼斯深入分析了国家之间在物质资本和教育水平方面的差异只能部分地解释人均产出的不同,更深层次的原因在于产权制度和政府政策的差异造成资本积累、生产率的不同,继而形成国家之间经济绩效的较大差异。

世界经济增长的事实说明,有保障的产权是经济增长的原因所在。冰岛经济学家埃格特森发展了一个宏观的科斯定理来说明产权与经济绩效的关系,即如果在政治和经济领域中交易成本为零,那么一国的经济发展并不受政府类型的影响,但是,如果存在正的交易成本,那么一个国家有保障的产权制度就成为决定经济发展的主要因素[①]。

二、我国产权制度与经济绩效

我国产权制度与经济绩效的关系可以从以下三个视角阐述:①产权制度的渐进及增量改革与经济绩效之间的关系,认为产权制度的渐进及增量改革影响了生产要素的配置效率,从而增进了经济绩效。②产权制度的"真实"保护与经济绩效之间的关系,认为存在一种替代性的制度,使中国要素主体的产权得到了"真实"的保护,从而客观上增进了经济绩效。③产权制度的"非均衡"保护与经济绩效之间的关系,认为中国政府对要素主体的产权进行"非均衡"保护才是增进经济绩效的根本原因。这三个视角在逻辑上有一个由微观向宏观扩展的过程。

(一)微观分析视角:产权制度的渐进及增量改革与经济绩效

中国产权制度有着明显的渐进与增量改革特征。产权制度改革从农村普遍实行家庭承包经营制开始,逐步转向国有企业改革实行承包制、租赁制和股份制等多种形式,在这个过程中,民营经济和外资经济得到了迅速的发展。通过产权制度的渐进及增量改革影响了生产要素的配置效率,进而影响了经济绩效。

1.农村土地制度变革

众多研究文献论证了从1978年到1984年年底,在农村推行的家庭联产承包

---

① 杨林生,杨德才.经济增长绩效的阻滞与超越:基于中国发展的制度经济学阐释[J].云南财经大学学报,2014(1):3-9.

责任制等改革措施极大地调动了农民的生产积极性,并取得了良好的经济增长效果。林毅夫认为 1980—1984 年这一时期,有超过 60% 的农业生产增长主要是由于农地产权制度变迁造成的。Jacoby、Li 和 Rozelle(2002)通过应用中国农村投资数据进行实证研究,也确认了保障产权对中国农户土地利用以及农业经济增长的正效应。李永友和沈坤荣的研究结果显示,家庭联产承包责任制的实施使第一产业对经济增长的贡献度在 1979—1984 年达到了 40.05%。

2. 国有企业产权改革

国有企业产权改革经历了从扩大企业自主经营权到下放所有权再到建立现代企业制度三个阶段。在经历产权改革之后,国有企业经济效率显著改善。葛扬研究得出的结论是,国有企业的战略性重组、非公有制经济的发展等产权制度的变迁是长三角经济快速增长不可或缺的基本因素,是该地区经济持续增长的基本动力。另外一些研究则试图回答民营化后国有企业绩效是否得到改进的问题。Dong 等研究发现,国有企业适当引进民营产权在大多数绩效指标方面都得到了显著提高。胡一帆、宋敏和张俊喜认为,国有企业民营化是富有成效的,尤其是提高了销售收入,降低了企业成本,并最终导致企业营利能力和生产率的大幅提高,而且在获得这些收益的同时并没有带来大规模的失业问题。

3. 民营经济的兴起

民营经济被普遍认为是比国有经济更有效率的经济形式。刘小玄研究工业企业的所有制结构对效率差异的影响时发现,由于明晰的产权结构和稳定的产权关系,民营企业的平均效率最高,大约为国有企业平均效率的 2~5 倍。姚洋也得出了基本相同的结论,与国有工业企业相比,民营企业的技术效率要高出 57%。正因为如此,民营企业的兴起成为拉动中国经济增长的重要力量。许小年和肖情认为,中国未来经济增长的潜力将来自民营经济,如果没有民营经济的发展,中国就难以取得持续的高增长。冯燮刚证实了在 1998—2003 年,规模以上非国有企业实现的工业增加值在全国国有及规模以上非国有企业工业增加值总额中的比重从 43% 提高到 53%,增加了 10 个百分点,民营经济增加值超过国有经济。

4. 外资经济的引入

改革开放以来,中国实施“以市场换技术”的外资战略,吸引了大量的外资,使其成为中国经济增长的重要推动力量。刘博认为外商直接投资是引起中国经济增长的原因,而中国经济增长反过来也刺激了外商直接投资。

（二）中观分析视角：产权制度的"真实"保护与经济绩效

既然产权制度的渐进及增量改革不足以解释中国缺乏正式产权制度条件下的经济增长，于是学者们开始通过探讨政府与企业间的关系，寻找是否存在一种替代性的制度，使中国要素主体的产权得到"真实"的保护。

Rodrik（2008）认为法律制度本身对经济增长并不是至关重要的因素，重要的是产权是否能够得到"真正"的保护。他通过研究中国和俄罗斯的经济情况发现，尽管俄罗斯有良好的法律意义上的产权制度，而中国的产权制度在法律上没有得到保障，但中国却维持了高速的经济贸易增长，因此他认为原因可能是中国的乡镇企业通常与地方政府分享了利润，确保业主不会因为没有拥有产权而失去对企业所占用土地的使用权。中国法律意义上和现实中的产权制度差异，促进了中国经济的快速增长[①]。

还有一些学者对上述观点进行了进一步的研究。研究发现，中国的地方政府在一定程度上属于超强政府，在很大程度上垄断着大量的经济资源：地方国有企业的产权和极为稀缺的土地资源供应。同时，中国的地方政府也是行政资源的垄断者：批准投资许可以及掌握投资的优惠政策，甚至帮助投资者获得融资。在政府竞争的压力下，地方政府总是试图采取与企业"合作"甚至以"经营"企业的方式来促进经济增长。因此，地方政府的这些优势和行为使投资者得到了"真实"的产权利益保护。

（三）宏观分析视角：产权制度的"非均衡"保护与经济绩效

我国的地方政府竞争只是中国经济增长的初始动力，并不是导致经济增长的根本原因。因此，有必要探讨地方政府竞争背后的产权制度关系。

我国产权制度的一个独特之处在于，对产权进行选择性保护。产权保护包括投资者和个人的权利两个方面，而这两种类型的财产权利获得的保护程度是不一样的，我国地方政府对投资者的保护更多一些。而对个人的权利，包括工人的权利和农民的土地财产权利只有较为松散的界定，对个人权利的保护较弱。

程保平用建筑市场中农民工私人产权为例，分析产权的"非均衡"保护与经济绩效的关系。研究发现，农民工的私人产权不只是遭受雇主（或企业）的侵害，同时还遭受着政府（地方政府）的侵害。在双层失衡性产权结构下，地方政府既是侵权者，又是雇主实施侵权的支持者。这种现行的产权制度向雇主提供了侵害农民工

---

① RODRIK. A practical approach to formulating growth strategies[M]. New York：Oxford University Press，2008：3563－3582.

私人产权有利可图的"共同知识",分散于全国各地的雇主便由此在侵害农民工私人产权问题上达成了合谋条款,实施这种合谋条款表现为每一雇主在其与农民工事实上签订的雇佣工资支付契约中含有谈判地位不对称、"裸体工资"和拖欠支付等三大侵权条款,因而要从根本上阻止拖欠行为,维护农民工的各种权益,最好的选择在于进行产权制度改革①。

[案例]　　　　　　　　**河南省农村集体土地制度改革**

为了贯彻落实十七届三中全会精神和《中共中央国务院关于加大统筹城乡发展力度,进一步夯实农业农村发展基础的若干意见》,河南省国土资源厅于 2011 年 6 月 10 日颁发了豫国土资发 66 号文件。文件规定,为加快推进河南省农村土地确权登记发证工作,要求 2012 年年底完成农村集体土地所有权证确权登记,并发放到每个具有所有权的农民集体经济组织的工作。河南省政府于 2011 年 10 月 9 号颁发豫政 77 号文件,批转省国土资源厅、财政厅、农业厅制定的《关于加快推进全省农村集体土地确权登记发证工作的意见》,有关所辖区域内农村集体土地确权登记发证工作于 2012 年上半年开始筹备,2012 年 9 月 30 号前开始,2015 年 12 月 31 日基本完成。河南全省各地市认真贯彻文件精神,于 2011 年 12 月份开展了集体土地所有权、农村集体建设用地所有权和农村土地使用权的登记发放工作。据笔者走访各个地区管理部门调研的情况,截至 2012 年 7 月份,各地市陆续开展了辖区内的农村土地情况(包括地形、地界、辖区面积,下辖多少个行政乡镇、行政村、村名小组、人口、农户)的重新调查和确认;成立了专项领导小组负责农村集体土地确权登记和发证;确定了农村土地产权改革的试点范围;提出了信息管理办法;制定本区域《农牧村集体土地确权登记发证工作实施方案》;审查并已经开始着手招标确认地籍测绘作业单位。截至 2012 年 12 月 31 日,洛阳、南阳、周口、信阳、新乡地区的 95% 的主管部门都已经完成了招标的前期准备工作,正在与有关部门汇合,确定地籍测绘作业单位。而其他地区的部门由于资金和前期准备活动的不足,还未进入到此项环节。各地市农村集体用地确权登记工作正积极稳妥的开展,但进度却不均衡,差异也比较大,就电话和实地调研成果来看,其中信阳市进展最快,做得最好。信阳市作为河南省农村改革发展综合实验区,经过三年多的农村实验改革实践,在集体土地确权登记发证工作方面取得了阶段性成果。截至 2012 年 7 月份,信阳市农村集体建设用地使用权确权面积 137.7 万亩②,确权颁证率 90%;农村土地承包经营权已累计确权面积 647.3 万亩,确权颁证率 95%;房权确权已

---

① 程保平.产权制度、合谋条款及国家成功:农民工工资纠纷案(以建筑市场为例)的契约理论再解释[J].经济评论,2008(3):25-35.

② 1 亩=666.67 平方米。

全面展开,确权面积为 66.64 万亩,确权率 91%;集体林改确权的面积为 906.8 万亩,确权率高达 99%;农村水域滩涂养殖的确权面积为 57.81 万亩,确权颁证率为 64%。

案例评析:

虽然河南省农村集体土地产权确权工作取得了很大的进展,但仍存在以下一些问题:第一,地界界限不清,历史遗留问题较多,边界权属争议相当普遍。第二,管理层面的地块面积争议问题。管理层面的地块面积争议问题通常指的是实际面积要大于出现在承包合同和权证上的面积,问题的实际表现则是实际面积和农户承包证书上的地块并不一致,也就是"证地不符"。第三,法律层面缺乏相应的支撑。自从国家开展农村产权制度改革之后,国家和省政府都为开展农村集体土地确权登记发证工作下发了红头文件,还包括了各个地方政府和相关管理部门下发的有关通知和指导意见,但在确权的效力、地籍调查工作的监管等问题上却没有相应的法律法规支持,无章可循。第四,农村产权制度改革宣传力度不够以及农村产权制度改革工作经费缺乏,经费不到位,后续工作难以展开①。

案例讨论:

为什么农村集体土地要进行确权登记?我国农村集体土地产权存在的问题有哪些?

复习思考题

1.简述产权的含义以及产权的分类。

2.产权起源的因素有哪些?

3.产权制度在我国有哪些具体的应用以及在这些应用中产生了哪些作用?

参考文献

[1] 袁庆明.制度经济学教程[M].北京:中国发展出版社,2011.

[2] 卢先祥,朱巧云.新制度经济学[M].北京:北京大学出版社,2014.

[3] 常修泽.广义产权论[M].北京:中国经济出版社,2008.

[4] 程恩富,丁晓钦.构建知识产权优势理论与战略:兼论比较优势和竞争优势理论[J].当代经济研究,2003(9):18-23,71.

[5] 郭民生,郭铮."知识产权优势"理论探讨[J].知识产权,2006,6(2):16-23.

[6] 韩喜平,周玲玲."知识产权优势理论"评析及其应用价值[J].中国经济规律研

---

① 卢燕.农村集体土地产权制度改革困境破解:以河南省为例[J].人民论坛,2014(7):235-237.

究报告,2013(3):193-201.

[7] 尤建新,单胜道.农村集体土地产权制度内涵与性质的探讨[J].管理科学,2002(3):58-59.

[8] 杨晓舫.中国经济产权概论[M].北京:中国财政经济出版社,2008.

[9] 杨林生,杨德才.经济增长绩效的阻滞与超越:基于中国发展的制度经济学阐释[J].云南财经大学学报,2014(1):3-9.

[10] 谢冬水.社会资本、产权与经济绩效[J].中共宁波市委党校学报,2010,32(2):63.

[11] 曾祥炎,林木西.中国产权制度与经济绩效关系研究评述[J].经济评论,2011(6):145-150.

[12] 郎东岗.农村集体土地产权制度存在的问题与完善途径[J].北京农业,2012(10):57-58.

[13] 商春荣,王冰.农村集体产权制度与土地流转[J].华南农业大学学报,2002(2):28-32.

[14] 雷兰,于晓燕.我国城镇化进程中农村集体土地产权模式改革探析[J].中国社会科学院研究生院学报,2013(5):20-25.

[15] 林毅夫.90年代中国农村改革的主要问题与展望[J].管理世界,1994(3):139-144.

[16] 沈坤荣.中国经济转型期的政府行为与经济增长[J].管理世界,1998(2):22-30.

[17] 葛杨.论产权制度变迁与经济持续增长:以长江三角洲为例[J].经济纵横,2007(11):7-10.

[18] 刘小玄.中国工业企业的所有制结构对效率差异的影响[J].经济研究,2000(2):17-25.

[19] 许小年,肖倩.中国经济的增长潜力奖来自民营经济[J].经济界,2003(3):24-27,53.

[20] 卢燕.农村集体土地产权制度改革困境破解:以河南省为例[J].人民论坛,2014(7):235-237.

[21] RODRIK. A practical approach to formulating growth strategies[M]. New York:Oxford University Press,2008:356-382.

第四章　契约理论

契约理论是现代经济学研究的主要方向之一,尤其是运用博弈论研究契约问题,对企业理论具有很强的阐释力,成了现代企业理论发展的一个新趋势。现代契约理论还回答了这样一个基本的问题:如何设计契约以解决由于所有权与控制权相分离引起的可能利益冲突。现代契约经济学的研究是近 20 年来经济学和现代企业理论的前沿命题之一,随着现代企业理论的不断发展,作为主流古典经济学,对现代企业理论中出现的诸多问题无法做出合理的解释,而在现代契约经济学中大都可以找到合理的答案对这些问题进行阐释。因此,现代契约理论对现代企业理论产生了深远的影响。

第一节　制度与契约经济学

一、制度的概念

"制度"一词,其英文为"institution",在牛津大辞典里被定义为:一种已经在一个民族的政治生活和社会生活中建立起来或长期形成的法律、风俗习惯、使用习惯、组织或其他因素;一种遵从于一个有组织的社团或作为一种文明结果的有规则的原则或习俗。从理论上讲,"制度"是个十分宽泛的概念,从不同的角度可以得出不同的定义。

凡勃伦认为制度是绝大多数人所共有的"固定的思维习惯、行为准则、权利与财富的原则……实际上就是个人或社会对有关的某些关系或某些作用的一般思想习惯,而生活方式所由以构成的是,在某一时期或社会发布的某一个通行的制度的综合。因此,从心理学方面来看,可以概括地把它说成是一种流行的精神状态或流行的生活理论。说到底,可以归纳为性格上的一种流行类型"。可见,凡勃伦把制度归结为由人们的心理动机和生理本能所决定的思想和习惯,认为制度本身就是由"为大多数人普遍接受的固定的思维习惯所组成的"。它注重的是制度的思想意识基础层面,是对既有生活方式的认可,不具有强制力。

康芒斯从制度的法律层面来解释制度,认为制度是"集体行动抑制、解放和扩张个体行动"。而在集体行动中,最重要的是法律制度,所以他主张以法律的观点来解释社会经济关系。"是从伦理学、法学、经济学三者统一的意义上定义制度的",它重在说明制度的约束作用。

从《生产的制度结构》中可以看出,科斯所追求的目标是探索经济系统中制度因素的重要性,尽管他从没有给制度下过一个确切的定义。他主要是从产权交易规则或产权结构和经济组织形式的角度论述制度,因而其制度就是指一系列关于产权安排、调整的规则。交易费用的存在必然导致制度的产生,制度的运作又有利于降低交易费用①。

德姆塞茨也认为一切制度就其本质而言都是一种产权安排。这实际上是指经济制度,对于政治制度、文化制度等并不是产权方面的安排。这种观点从制度的表现形式上指出了经济制度的规范对象——产权。诺斯认为"制度是一系列被制定出来的规则、守法程序和行为的道德伦理规范,它旨在约束追求主体福利或效用最大化利益的个人行为","是为了人类设计的,构造着政治、经济和社会相互关系的一系列约束","是社会博弈规则,是人们所创造的用以限制人们相互交往的行为的框架"。它"包含着一套以章程和规则为形式的行为约束,一套从章程和规则出发来检验偏差的程序,最后还有一套道德、伦理的行为规范,这类规范限定了章程和规则的约束方式的轮廓"。舒尔茨对制度的定义更直接、具体,将制度定义为一种行为规则,这些规则涉及社会、政治及经济行为②。

诺斯和舒尔茨对于制度定义的外延是很广泛的,凡是制约人们行为的政治、经济、法律、社会规则都属于制度。李建德认为:"制度是人类社会中得以规范行为、形成相互合作关系所必要的共同信息","是人类社会中的共同信息。只有经过社会化的过程,个人才能获得这些信息,并把社会的共同信息内化为各个人的行为规则"。

以上经济学家对制度的描述,也许角度或表述有些差异,但其基本的含义都是一致的,即制度是人们在交易中不断形成的约束参与者行为的规则。这些规则是通过建立契约获得的(有些契约是明示的,有些契约是默认的)。其基本功能是调节人与人之间的关系,是对个人行为的某种约束。

二、契约的概述

(一)契约的定义

契约是建立在自主和自愿基础上的一种约定,它有着双方普遍接受、认同的规约,并把个体间的平衡点和结合点作为联结个体间的纽带,以最大限度地反映双方

①　科斯,哈特,斯蒂格利茨,等.契约经济学[M].北京:经济科学出版社,1999.
②　德姆塞茨,哈罗德.企业经济学[M].北京:中国社会科学出版社,1999.

的基本利益。社会契约的内涵、原则和精神源于西方传统文化,它的形成和完成经历了时代的磨合,而且不同时代社会契约的具体内容和表现形式也有所不同,但其本质没有改变。

契约可以从法律和经济学两个维度理解。法律层面上,契约是指两人或多人之间为在相互间设定合法义务而达成的具有法律强制力的协议。而现代经济学中的契约概念,比法律上使用的契约概念的内涵更为宽泛,它不仅包括具有法律效力的契约,也包括一些默认契约。实际上,现代经济学把所有交易(包括市场交易和企业内部交易)都视为契约关系。本文正是以经济契约为逻辑起点,从代理理论的视角梳理和评析现代企业理论。从经济契约的发展脉络看,契约主要包括古典契约、新古典契约和现代契约。

(二)契约的形态

契约从完备程度上可以分为完全契约和不完全契约。所谓完全契约就是指契约当事人能够完全预见将来发生的所有或然事件,愿意遵守双方签订的契约条款,并且当契约当事人对缔约条款产生争议时,第三方(比如法院)能够强制执行。现代契约理论正是从完全契约这个假设条件出发,分析其与经济事实不一致的地方,逐步放松假设条件,建构更为完善的契约理论体系,从而推动现代经济学的发展。

不完全契约理论之先河由科斯开辟,并由威廉姆森、克莱因、格罗斯曼、哈特和穆尔等学者加以拓展。关于不完全契约产生的原因,经济学家仍然存在争议。哈特认为,外部环境的不确定性、个人的有限理性以及契约当事人或契约的仲裁者无法证实或观察一切等因素造成契约条款是不完全的。施瓦茨进一步指出,契约的不完全性是源于语言的局限性、契约当事人的疏忽、解决契约纠纷的高成本、由信息不对称引起的弱或强非契约性契约以及垄断经营的偏好。因此,需要设计不同的机制以应对契约条款的不完全性,并处理由不确定性事件引发的契约条款带来的问题。

(三)契约的功能

基于完全契约假设的标准——委托-代理理论认为,契约具有激励和配置风险的双重功能,并且,两者呈现出相互替代的关系。标准的委托-代理理论建立在信息对称的基础上,通过设计最优契约以使委托人的期望效用最大化。当然,考虑委托人和代理人双方利益,最优契约的设计必须满足两个约束:一是激励相容约束,即代理人在既定契约中使其预期效用极大化;二是参与约束或个人理性约束,即代理人接受契约获得的期望效益不能低于不接受契约时得到的保留效用。在此约束条件下,风险中性的委托人将通过付给独立于经营结果的固定工资,为风险规避的代理人提供全额保险,但此时对代理人实行弱化激励;如果代理人是风险中性的,代理人将享有剩余收入的所有权即获得了强激励,但却承担了全部风险。霍姆斯特罗姆和米尔格罗姆认为,契约除了具有配置风险和激励工作功能外,还有指导代理人的努力在各项活动上的配置功能,这些功能存在一种此消彼长的关系,最优风险分担可能与激励工作不相一致,而激励代理人努力工作可能会扭曲代理人的努力在各项任务间的配置。

三、制度与契约的关系

(一)契约是微观的制度

对契约的重视是新、旧制度经济学的一个重要区别。康芒斯最早以交易为研究单位,目的是探寻交易背后的制度。他认为制度是交易的业务规则或机构,虽然康芒斯也谈到契约,但没有重视交易之中的契约,也没有把契约与制度进行区分。威廉姆森关于契约的核心概念是:契约是交易的微观规制结构。他从交易的不确定性、交易的频率与交易资产的专用性出发,指出其交易成本经济学的核心是研究不同的契约关系如何与相应的交易制度相匹配才能降低交易费用。

制度是诺斯分析的起点,他研究的是制度在法律层面的表现。诺斯明确指出,契约是制度的一部分,是一种微观性的制度。他说改变一部成文法的交易费用要比改变一个契约的交易费用大得多。菲吕博顿和瑞切特在《经济利益与经济制度》一书中也把制度看作是契约,认为制度是"影响人们经济生活的权利和义务的集合"。这些权利和义务有些是无条件的,不依靠任何契约(不是虚构的社会契约);既可能是、也可能不是不可剥夺的。另一些是通过契约自动获得的,对双方都承认的行为准则,有些契约是明示的,有些契约是默认的。契约可能关系到不同数量的物品、服务、货币或权力的交换。这样一个制度系统可以或多或少用我一直在使用的法律用语等有效地描述成在起作用的权利和义务的集合;或者用社会学和社会人类学用语描述成一个角色系统或地位系统;或者用经济学用语描述成:存在什么样的市场(广义的市场,包括所有自愿的交换),在不存在市场的地方如何调整经济关系。契约的本质是超越单纯的君子协定,因为对机会主义行为警觉的交易者会明确地对空口许诺行为持怀疑态度。

通过订立契约,交易者有望限制可以接受的行为范围,并减少费用很高的重复谈判的可能性。法律制度为了达到这些目标,会限制一方为逼迫另一方让步而采取单方拒绝交易或威胁不履行协议等行为的能力,会对损失进行合理估计并对违约采取各种纠正措施。郭金林在其著作《企业产权契约与公司治理结构》中对契约的本质表述是:"契约的本质是交易的微观制度。"陈国富也曾在《契约的演进与制度变迁》中指出:交易是契约的内容,协议是契约的形式,合意是契约的本质,制度是契约的产物。制度经济学家所说的契约都可以理解为私人交易契约,它和作为正式制度的公共契约是并列关系。正如柯武钢、史漫飞指出的:制度是 n 人规则,仅当 n 为某一临界值以上。言外之意就是当 n 在某一临界值之下时称为契约(微观制度), n 在某一临界值之上才称为制度。相对于某一群体而言,契约等价于制度,契约的生成机制事实上等价于制度的生成机制,所以说契约论能给出制度在发生学意义上的解释。

(二)制度是契约的外在表现

对于契约和制度关系的认识之所以产生分歧,根本问题在于对制度和契约含义的理解不一致。经济学中的契约概念是对人们经常发生的交换事实的转换表达,它为交易提供了一个背景框架。从哲学意义上讲,是当主体之间发生任何交往的时候就发生了。而主体与主体之间的关系是扩展性的,必须具备相应的程序才能实现,这就是制度。

契约总是与人的意志结合在一起的,要把意志外化为行动,就必须取得与他人意志的配合,即合意。合意可以创设任何契约,而不受当事人未表示接受或未约定的任何条件的制约。制度界定独立的经济行为者在现状中的选择领域;界定个体之间的关系;指明谁对谁能干什么。所以,它们处于选择和行为的核心地位。在任何一种契约中都有一套占主导地位的标准、准则、规则、惯例界定个体和集团的选择集,这些制度安排界定契约内个人和集团可以自由做出决策的空间。制度是界定契约框架内交易当事人的权利和义务,是用意识和权力禁止背叛契约。乍一看,这一契约概念似乎被无限制泛化,没有疆域。但是契约无论怎样变化,都有一条基本界限:相互间的自由意志的合意。人倾向于在与他人的合作中实现自己的效用最大化目标。单靠一个人的力量,甚至不能生产出一支铅笔那样简单的物品。所以,要获得我们需要的物品,必须依赖于与他人的交往和合作。然而个人在合作中将不可避免地存在与预期不协调从而与他人构成利益冲突,因此契约交往都是在一些有冲突的目的之间展开的。契约得以订立的根本前提,是人可以作为独立的经济主体和权利主体,订立契约的双方必须是平等、自由的,契约活动是一种自主自愿的活动。首先,契约主体有选择与谁订立契约、何时订立契约、签订何种类型契约的能力与权利,这实际是一个进行价值比较的过程。追求价值最大化的目的,决定着必须选择实现价值最大化的方式,而这种方式一旦被具体化为某种契约活动,其权利义务关系也就具体化了,这是契约主体自由选择的结果。其次,人与人之间的契约交往是在社会所提供的背景下进行的,而社会背景可能会对缔约当事人的缔约行为产生一种强制。强制并不意味着人们不能作出任何选择,即人们有摆脱强制的可能性。这种可能性取决于被强制者摆脱强制成本的大小。最后,当事人除了有权在法律限度内自由创设契约,而且作为一种价值目标和实际行动,当事人还有权在合理限度(习俗、管理)内自由创设契约。有了对"法内空间"的自由和"法外空间"自由的认识,我们可以这样认识:契约与制度不能截然分开,契约关系不再是暂时的权利义务关系的凝固状态,而是主体之间的动态依赖性平衡关系。对交易所设定的框架,是一个抽象的范畴,对它的理解应从本质和外在表现两方面进行,合作是契约的本质,而制度是契约的核心内容和外在表现。

(三)契约与制度的联系和区别

通过对契约与制度内涵的一般分析,可以看出契约和制度是两个既相互区别又相互联系的概念。

1. 契约与制度的联系

契约与制度的联系表现在:①从内容上来讲,制度界定人们的权利、义务,而权利、义务安排的时间依据无不来源于契约。没有契约,制度一文不值,而没有制度的时候,契约就已经存在多少万年了。②契约是一种重要的制度生成机制,有效的制度大都是契约实践的产物。③制度产生的实践依据是为了节约契约形成的成本。制度通过提供对交易各方权利义务的安排为当事人提供稳定的预期,从而降低契约形成的交易成本。

2. 契约与制度的区别

契约与制度的区别表现在:①从当事人的角度看,当事人可以从契约中退出,却不能从法律(正式制度)中退出。②契约作为中介性范畴,是人类交往和实践不可或缺的组织性工具,通过签订契约,人与人之间可以形成一种契约关系。而制度作为规范人们行为的一种工具,只能使各种社会关系制度化、规则化或规格化,而不是对各种社会关系的创造。③契约的基本属性是个人决策性,而制度是集体决策的结果。法学家认为契约和制度都是对权利和义务关系的界定,交易越来越发达和复杂化,因而越有必要通过标准化尽可能地排除其不确定性。契约和制度是规范人际关系的两种工具,当契约不能满足交易日益复杂化的要求时,作为替代物的制度出现了。当制度不能满足需要时,还会出现其他的什么东西。从发生学意义上考察,契约与制度在大多数时期是同时存在的,它们之间并不存在替代关系。制度经济学家将制度和契约同样看成是行为规则或规则体系,这点二者是一致的。

第二节　古典与新古典契约理论的发展

一、古典契约理论

（一）古典契约理论的起源

契约论作为构建西方政治思想的基础理论，经历了从古典契约论到现代契约论的历史转变。以霍布斯、洛克和卢梭为代表的古典契约论者，用契约论重新阐释了政治权威的合法性源泉，他们开创了一种不同于古希腊和中世纪的政治哲学。

在近代以前，为政治权威提供合法性依据的理论主要是君权神授理论和父权主义理论。君权神授理论认为君主的权力来自上帝，君主是代替上帝来统治国家的，这种理论为君主的统治带来合法性的同时，也导致了中世纪教权和王权之争。父权主义认为，理解政治权威的原型是家庭，就像孩子自然地服从于生养的父亲一样，臣民也自然地应该服从于他们国家的父亲——国王。到了近代，君权神授理论和父权主义理论在欧洲已经变得过时了，契约论在17、18世纪成了论证政治权威合法性的最重要理论。

（二）古典契约理论的发展

1.古典契约理论的第一阶段

在该阶段，古典契约理论以自然法理论为基础，格劳秀斯提出了社会契约论。他认为人类早期处于一种自然状态，人们过着和平、分散与孤独的生活，私有财产的出现不可避免地使人们相互间出现暴力相侵，为此人们受理性驱使订立契约、建立国家，国家享有最高的主权，但他认为主权的体现者只能是君主或极少数人。虽然他是君主主权论者，但他同时也认为在特殊情况下，人们可以反叛君主，另立契约，重建国家[1]。

稍晚的斯宾诺莎为了探讨如何才能保障人的自由和保护个人的自由权利，还进一步考察了国家的组织形式问题，认为君主制政体下内战不断，并不可取，而民主政体则是一种理想状态，但是并没有现实可行性，所以他从荷兰的现实出发主张

---

[1]　黑格尔.哲学史讲演录[M].北京:商务印书馆,1978:155.

实行共和制①。总的来说,斯宾诺莎以个人的自由为根本来评价国家的合法性,这是他对社会契约论最富有启蒙意味的阐述。普鲁士著名学者普芬道夫在《论自然法与万民法》一书中提出,建立一个国家需要两种契约:首先,人们同意进入一个由"伙伴公民"组成的"永恒的共同体",也就是说他们相互接受政治权威;其次,统治者和政治共同体中的其他人共同遵守前者"有义务确保公共安全和防卫,其他人则对他们表示服从"。

霍布斯认为在自然状态之下,没有共同的权力使大家慑服,竞争、猜疑和荣誉导致了人们之间处在战争状态之下。"人们不断处于暴力死亡的恐惧和危险中,人们生活孤独、卑污、残忍而短寿,为了摆脱这种可怕的战争状态,人们之间相互订立契约",其方式就好像是都向每一个其他的人说:我承认这个人或这个集体,并放弃我管理自己的权利,把它授予承认他的一切行为,这样国家或者利维坦就建立了洛克的自然状态。没有霍布斯的自然状态于这人或这个集体,但条件是你也把自己的权利拿出来授予他,并以同样的方式。洛克的自然状态是"一种完备无缺的自由状态,他们在自然法的范围内,按照他们认为合理的办法,决定他们的行动和处理他们的财产和人身,而无须得到任何人的许可或听命于任何人的意志","这也是一种平等的状态,在这种状态中,一切权力和管辖权都是相互的,没有一个人享有多于别人的权力,但自然状态也存在着许多缺陷","缺少一种确定了的、众所周知的法律","缺少一个有权依照既定的法律来裁判一切争执的知名的和公众的裁判者","缺少权力来支持正确的判决,使它得到应有的执行"。这些缺陷必然导致人们之间的分歧和争执,为了解决这些问题,人们订立契约,建立公共权力,保卫自己的生命、财产和自由②。

霍布斯的契约论明确指出了国家并不是神造的,也不是自然的,它只是一个人造物,除了组成他的一个个人的利益,它本身并无利益,国家必须保护人们的生命,否则人们便有不服从的权利。洛克的契约论说明了政府合法性的唯一基础是组成社会的各个人的同意,同意也许是以默许的方式表示的,但它必须是每个成员自己表达的同意。卢梭的契约论则更明确地指出要解决合法性的问题。

2. 古典契约理论的第二阶段

古典契约论思想的第二阶段主要强调个人的契约自由。代表人物洛克认为,虽然在自然状态下人们是和平、善意和互相帮助的,但人有利己的天性,不能永久保证一个人不会损害他人的利益而引起争端,而争端又没有公认的是非标准和仲

---

① 斯宾诺莎. 神学政治论[M]. 北京:商务印书馆,1963:155.
② 黄颂杰. 西方哲学名著提要[M]. 南昌:江西人民出版社,2002:17.

裁者,因此,在自然状态下还是有战争的可能,人们便订立契约,组成国家,避免战争①。为了终止伴随自然状态而存在的混乱与无序,根据契约,人们彼此同意组成一个共同体并建立一个政治国家。人们为了克服自然状态的缺陷,更好地保护自己的自然权利,便相互订立契约,自然地放弃自己惩罚他人的权利并交给他们指定的人,按照社会成员全体或他们大多数人的代表所一致同意的规定而行使,他认为当人们这样做了之后,国家就成立了②。

与霍布斯把社会契约看成是公民完全服从专制君主的条约不同,洛克认为,人们在签订契约后仍然保留着他们在自然状态中所拥有的自然权利,让渡给政治国家的仅仅是实施自然法的权利,而把它交给公众一致认定的人来专门加以行使。但这个专门认定的人不是一个君主,而是一个政府部门,这个部门不像君主那样拥有绝对权力而是只有相对的权力,它本身也是在一个制衡体系之中,由此,洛克提出了他著名的"三权分立学说"。洛克认为在君主专政的体系中,权力处于非均衡状态,这种绝对的权势会造成普遍的不公。他在《政府论》中有一段名言:同一批人同时拥有制定和执行法律的权力,这就会给人们的弱点以绝大诱惑,使他们动辄要攫取权力,借以使他们自己免于服从他们所制定的法律,并且在制定和执行法律时,使法律适合于他们自己的私人利益,从而他们与社会的其余成员也就有了不相同的利益,违反了社会和政府的本旨。这为近代公民社会营造了思想基础。

孟德斯鸠是法国18世纪杰出的政治哲学家、启蒙思想家,也是资产阶级理论的创始人和奠基者,他的作品涉猎的内容非常广泛,有政体分类的学说、分权和君主立宪的学说、"地理"学说,有法律理论、经济理论。影响最大的是他的分权理论,他的分权理论在洛克分权理论的基础上有重大的发展。首先,从分权的目的看,三权分立就是为制约权力,防止权力滥用,防止某一国家机关或者个人的独裁和专制,从而保证国家政治上的稳定。孟德斯鸠认为一切有权力的人都容易滥用权力,这是一个万古不易的经验,如果同一个人或者是由重要人物、贵族或公民组成的同一个机关行使这三种权力,即制定法律权、执行公共决议权和制裁私人犯罪或争论权,则一切便都完了,而制约权力的终极目的是保障人民的权利。其次,从三权分立的内容看,在巩固资产阶级与封建贵族分享政权的事实已成为历史以后,按分权理论建立的资本主义国家机关都根据国家权力的表现形式将其分为立法、行政、司法机关,这三种国家机关分别行使不同的国家权力,并使之存在相互制约的关系。孟德斯鸠的三权划分比洛克更明确且比较合理,更重要的是他不仅说明分权而且进一步说明了权力行使过程中发生矛盾冲突时如何解决,不仅在政治上起到了鼓

---

① 王树人,李凤鸣.西方著名哲学家评传[M].济南:山东人民出版社,1984:311.
② 洛克.政府论[M].北京:商务印书馆,1984:88.

舞资产阶级革命的作用,而且对未来国家如何防止权力滥用和对权力进行有效的制约提供了参考模式。

3.古典契约理论的第三阶段

古典契约理论的第三阶段是论证契约的道德意义和价值意义的阶段。卢梭认为,随着人类的繁衍产生了获取食物的困难,由此发展起多种劳动技能和谋生方式,生存斗争的必要使先前离群索居的个人之间增加了接触,由此产生了一些简单的观念、粗糙而不完备的语言和家庭,以及由日益频繁的交往产生的虚荣和轻蔑、羞惭和羡慕、对公众舆论关切等新的情感。"谁第一个把一块土地圈起来并想到说:'这是我的',而且找到一些头脑十分简单的人居然相信了他的话,谁就是社会文明的真正奠基者。"①很显然,卢梭的契约论思想是建立在他的私有制作为自由的基本原则基础上发展起来的。在卢梭看来,人类处于蒙昧的自然状态下可以享受为所欲为的自由,但文明的出现却使人们带上了永远的枷锁。国家、社会、财产、知识以及技术等使人们变成了人和物的奴隶。卢梭有一句名言:人是生而自由的,但却无时不在枷锁之中。自以为是其他一切主人的人,反而比其他一切更奴隶。卢梭确立的使命就是使人们恢复自由状态。不过,卢梭并不要求人类社会回归自然状态。他认为,在现有文明发展的水平上,人们将能找到某种方式在保持文明成果的同时又享受自由。他说,政治的根本问题就是要寻找出一种结合形式,使它能以全部共同的力量来维护和保障每个结合者的人身和财富,并且由于这一结合而使每一个人与全体相联合的个人又只不过是在服从自己本人,并且仍然像以前一样自由。为了实现这个目标,每个人必须通过缔结社会契约毫无保留地把他的全部自然权利让渡给社会。卢梭认为,真正的社会契约是政治共同体(国家)与它的各个成员之间的约定,每个缔约者既是个人,又是共同体的一员,因此,他与共同体缔约就是与自己缔约。社会契约的实质就是公意,即参与订约的全体成员的共同意志。共同体的主体应为缔约者全体,而不是某个人或大多数人。订立契约是个人自由和自我意志的体现。

卢梭认为社会契约应当源于人民的自由意志,它的目的也是为了完全保障订约者的自由和平等。"人民之所以要首领,乃是为了保卫自己的自由,而不是使自己遭受到奴役,这是无可争辩的事实,同时也是全部政治法的基础。社会契约的要旨是人人把自己的一切权利转让给整个共同体,而不是一个人或一些人,这种转让的条件对于每个人都是同样的,每个人都没有把自己奉献给任何个人,反而从所有订约者那里获得了自己转让给他们同样的权力,因而每个订约者在订约之后仍然

---

① 　王树人,李凤鸣.西方著名哲学家评传[M].济南:山东人民出版社,1984.

是自由、平等的。"

作为重要转折点的康德的社会契约论思想之所以被单独作为西方社会契约论历史上重要的一个环节,是因为他对社会契约论思想的发展做了重要的贡献。康德的主要贡献在于通过阐述社会契约论中的道德含义和价值意义把近代的社会契约论推向了顶峰。康德的先验社会契约论中假设了一个美好的自然状态。他认为,人类起初是生活在桃源牧歌式的自然状态里,他们团结友爱,和谐美满。但人类有两种源自本性的特征,一为"己性",二为"合群性"。"己性"产生混乱与战争,"合群性"引领人们订立社会契约组成国家。这项契约叫"原始契约",它能提出一种观念,通过此项观念可以使组织这个国家的程度合法化[①]。在此基础上,他提出人民主权与国家"三权分立"的整合与统一。康德以思辨哲学的方式深刻地阐明了近代资本主义文明健康发展和合理运行的发展机制。康德从形而上学的视角揭示了契约的道德意义,据此,他把契约的内涵归结为以下几个方面:契约的基本单位是个人而非家庭,平等的个人总是与财产相连的,契约以独立人格的存在为前提,契约具有法律性质,契约中包含理性的因子。这是从古希腊、中世纪直至启蒙时代以来对契约所作的高度概括,它内含着深刻的道德意志和法的精神,突出了道德主体的独立人格作用,从道德的视角深刻领会契约的伦理学意义。

近现代思想家们把国家看作是人们订契约的产物,其积极意义在于以社会契约论来说明国家起源,在理论上说明建立资产阶级共和国的合理性以对抗封建神学的"君权神授论"。但他们论述的人则是抽象的人,离开了人具体生活的社会历史环境去论述人,说明国家起源有不足之处,因而也不能科学地说明国家的起源问题。他们都认为国家权力来源于各自公民让出的权力,但让出权力多少又各不相同,都认为人有自利的本能,同时有理性。正是因为有了自利心和理性,人们才从最初的对立战争状态或互不相干、自由自在状态走到了契约状态,形成契约的目的就是保护自己的人身自由、安全、财产,而形成契约的前提就是每个人必须放弃自己的部分或全部权力。资产主义理论的奠基者们都认为权力必须分置、互相监督,否则肯定要对公民的自由、生命、财产安全构成威胁。在对人性的判断上,除霍布斯之外,其他人都认为人性是本善的,人的思维和行为起源于欲望、冲动、需求,受制于良知和理性。在自然状态下人们都受制于内心中的自然法,自然法是永恒的,人定法应服从于自然法。人生本应该享有自由平等的权利,应该享有、拥有通过劳动得来财产的权利。契约思想源自人性,是人性发展的必然结果,契约论和自然法一样,是道德规则和法律规则产生的基础,同时一致伴随着这些规则的发展。

---

① 康德.法的形而上学[M].北京:商务印书馆,1991:14.

二、新古典契约理论

（一）新古典契约理论的产生

新古典交易契约的起源可以追溯到瓦尔拉斯、帕累托等的一般均衡交易理论。在他们研究基础上，希克斯和萨缪尔森等人做了修正和补充，其中阿罗和德布鲁在一般均衡交易理论基础上修正和发展起来的阿罗-德布鲁模型，成为后来分析经济体系最基本的模型。本章以阿罗-德布鲁模型为基础，论述新古典交易契约理论。

（二）阿罗-德布鲁模型

在阿罗和德布鲁的一系列重要文献中，新古典经济理论的两个最古老和最重要的问题，即市场体系的活力和效率，被证明是可以阐述的。这种阐述是在一个完全忠实于新古典主义方法论的前提下（个人理性、市场出清等），对一般均衡交易理论进行的严密论证。阿罗-德布鲁模型就是在一般均衡交易模型基础上建立的一套交易理论体系。阿罗-德布鲁模型是一个十分庞大的体系，我们仅对其中有关契约的部分进行论述[①]。

在阿罗-德布鲁模型中，商品概念很重要，因为市场交易就是各种不同商品交易。一般而言，商品的区别不仅在于商品物质特征以及获得和使用商品的地点与日期，而且在于获得和使用商品的环境。例如，西北沙漠中可获得的饮用水与东南地区可获得的饮用水就是两种不同商品。商品的种类定得越精细，可供行为者交易的范围就越大，也就是市场契约集越大，当商品描述精细到如此程度，以至于进一步的加工难以产生可以想象得出来的种类，能够提高行为者满足程度的配置时，这种商品就是阿罗-德布鲁商品。在阿罗-德布鲁模型中，基本契约就是若干具体数量单位的指定商品在指定的日期和地点进行交易，按照商品地点-日期-事件组合的具体报价，实现这种现货交易。许多商品交易可以通过适当组合基本契约来实现。

就整个经济体系而言，存在生产者和消费者两种经济行为，生产者选择一个生产计划，消费者选择消费计划，生产者和消费者在各自计划中按照给定的价格确定他们每一笔交易中商品投入产出净价值之和或净财富现值，整个经济体系的均衡就是由这种价格集、生产计划集和消费计划集构成的，使得每个生产者在生产可能

① GROSSMAN S, HART O. The costs and benefits of ownership: a theory of vertical and lateral integration[J]. Journal of Political Economy, 1986, 94(4): 691 – 719.

集中有最大现值,每个消费者在预算约束下达到效用极大化,对于每一次交易中每种商品达到总需求与总供给相等,即达到一般均衡①。

一般均衡交易理论的最大特点是目标和资源的多样性相互协调,并且每个消费者的每一要求都可以由某个生产者给予满足,这一点对于所有的市场和消费者同时成立。由此可见,市场中单个消费者与生产者之间的交易契约就是帕累托意义上的最优契约,而整个市场交易契约的集合则是完全市场中单个交易均衡的扩展。

阿罗-德布鲁模型在分析经济体系时具有基础性意义,但是纯粹的阿罗-德布鲁商品市场,即完全市场在现实中很难找到。因为,商品描述越是细致,商品市场中买卖成交的可能性就越小。较为普遍的是,许多商品都是以不可分离形式组合,并按"次优"契约进行交易;阿罗-德布鲁模型忽视了很多外生因素的影响。对外生条件或环境最为显著的漠视就是,在纯粹的阿罗-德布鲁模型中不存在不确定性和信息的影响,换言之,模型是完全的和对称的。这种假设显然脱离了经济现实的本质,因而模型对现实经济现象的解释力有限。

后来,在阿罗的精心构思及后来经济学家的发挥下,广义的阿罗-德布鲁模型包含了不确定性和信息非对称等内容,吸取了不确定性和信息非对称等内容的阿罗-德布鲁模型,更加紧密地与契约理论结合在一起,并促使了新古典契约理论过渡到现代契约理论——非对称信息下的委托代理契约理论。

第三节　现代契约理论及其进展

一、现代契约理论

现代契约理论由西方经济学家于 20 世纪 70 年代后期创立,它是在新古典契约理论基础上发展起来的最新的契约理论。现代契约理论创立之后,经济学家们一直热切关注着它的进展,并致力于更加深入的研究。随着研究文献不断涌现,一个严谨的现代契约理论体系已经形成。正如方法论是经济学形成的基础、发展的源动力一样,现代契约理论的形成和发展也同样与自身的方法论息息相关。本书将透过现代契约理论演化和发展轨迹,探索推动其发展的基本方法论——逻辑经验主义方法论。

---

① 　HART O,HOMSTROM B. The theory of contracts[M]. Cambridge:Cambridge University Press,1987.

（一）现代契约理论的产生与发展

现代契约理论演化和发展经过了两个重要阶段：非对称信息下的委托-代理契约理论阶段和不完全契约理论阶段。

1. 非对称信息下的委托-代理契约理论阶段

非对称信息下的委托-代理契约理论产生于 20 世纪 70 年代后期，它放松了新古典契约经济学完全信息的假设，用不完全信息或不对称信息假设替代。非对称信息下的委托-代理契约理论的提出，标志着现代契约理论进入了它的初期阶段。需要指出的是，这个阶段仍然坚持新古典契约经济学的完全契约范式。20 世纪 70 年代初到 80 年代初，威廉姆森在不完全信息基础上，系统提出契约的不完全思想。20 世纪 80 年代中后期，格罗斯曼和哈特把不完全契约的思想加工为严谨的不完全契约数理模型，不完全契约思想的数理化标志着现代契约理论的研究范式由完全契约范式向不完全契约范式的转变。如果说非对称信息的委托-代理契约理论的提出是理论革命的话，那么研究范式的转变则是方法论的革命，而后者则是现代契约理论体系最终建立的至关重要的一跃。

1970 年伯克利加州大学的阿克洛夫发表的关于"旧车市场"的论文，开创性地把非对称信息引入对市场的研究，带来了 20 世纪 70 年代信息经济学突飞猛进的发展。经济学家们对信息的日益重视，促使他们对新古典契约经济学不断进行反思，并撰文批判其严重脱离契约经济现实的完全信息假设。他们把新古典契约理论的完全信息假设修正为不完全信息，最终导致传统的委托-代理契约理论演变为非对称信息下的委托-代理契约理论。非对称信息下的委托-代理契约理论的建立标志着现代契约理论的初步形成。尽管现代契约理论是在修正新古典契约理论的"硬核"基础上形成的，但它认为，在信息不对称的情况下，通过精心的设计，契约双方仍能够签订完全契约[①]。

2. 不完全契约理论阶段

20 世纪 70 年代初期到 80 年代初期，威廉姆森在信息不完全基础上，从不确定性、交换频率和资产专用性三个维度对契约进行了创新性研究，系统地提出契约的不完全性思想。而 20 世纪 80 年代中后期，格罗斯曼、哈特和摩尔一改传统的定性描述方法，将数理模型分析方法应用到契约关系的研究中，设计出第一个不完全契约理论模型，并且宣称他们的目的是对威廉姆森的不完全契约思想进行模型化。

---

① 索西耶. 不完全契约理论与交易成本经济学：一个检验[M]//梅纳尔. 制度、契约与组织：从新制度经济学角度的透视. 北京：经济科学出版社，2003：239 - 264.

从威廉姆森的不完全契约思想到严谨的数理模型,基本上完成了完全契约范式向不完全契约范式的转变。此后,契约经济学家们不断进行后续研究,特别是阿洪模型,从理论到实践都强化了不完全契约范式。阿洪模型表明,设计一个能产生最优结果的不完全契约是可能的,这在一定程度上证伪了只有完全契约才能实现最优结果的结论。事实上,从 20 世纪 80 年代后期开始,不完全契约范式一直占据着统治地位。

(二)现代契约理论的主要类型

现代契约经济学的研究是从一整套概念、范畴和分析方法开始的。在契约研究的过程中,创造了一系列的模型、公式和类型。

现代契约理论首先将契约概念作了完全契约和不完全契约的区分。所谓完全契约指的是缔约双方都能完全预见契约期内可能发生的重要事件,愿意遵守双方所签订的契约条款。当契约双方对契约条款产生争议时,第三方(比如说法院)能够强制其执行。所谓不完全契约指的是由于个人的有限理性,外在环境的复杂性、不确定性,信息的不对称和不完全性,契约当事人或契约仲裁者无法证实或观察所导致的契约条款的不完全性。导致不完全契约存在的原因,一是由于契约者的理性是有限的,二是由于交易成本的存在。

在现代契约理论中,还有一种契约叫默认契约(或隐含性契约),它是与显性契约相对而言的。所谓默认契约是用于阐述雇主和雇员之间的各种复杂的心照不宣的协议的。默认契约的基本内容是,在交易中雇主不比工人更厌恶风险,因此,雇主向工人提出一种包括风险在内的就业契约,就是有利可图的。这个契约之所以是隐性的,是因为工人想从雇主那里获得保险,因而工人与雇主必须在事前预先达成某种默契,以使工人对企业产生某种依附关系。

激励契约是现代契约理论研究的另一个重要领域。所谓激励契约是指委托人采用一种激励机制以诱使代理人按照委托人的意愿行事的一种条款。

关于是否存在最优契约问题,现代契约理论认为,在放松了阿罗-德布鲁模型假设条件的情况下,仍然存在一种现实的约束条件下的最优契约,但这种契约不是一种帕累托最优的契约,而是一种次优的契约。

关于契约实施机制问题,也是现代契约理论研究的重要领域。所谓契约的自动实施机制是指契约当事人依靠日常习惯、合作诚意和信誉来执行契约,以及法院在履行契约中的强制作用的状态。实施机制健全,则履行契约的成本就低,从而由契约获得的效率就高,否则相反。

现代契约理论的精华在于其所构建的各种理论模型。现代契约理论的各种模型主要是围绕着信息不对称问题展开的。信息不对称问题是现代契约理论研究中的核心问题之一,也是交易契约的最根本原因。

所谓信息不对称指的是缔约当事人一方知道而另一方甚至第三方无法验证,或者即使能够验证,也需要花费很大物力、财力和精力,在经济上不划算的情况。现代契约理论之所以研究非对称信息,就是要研究在信息不对称情况下的契约不完全根源,当事人如何设立一种契约,以及如何规范当事人的行为问题。通常,非对称信息可分为两类:一类是外生的非对称信息,它是指自然状态所具有的一种特征、性质和分布状况,这不是由交易人所造成的,而是客观事物本身所具有的;另一类是内生的非对称信息,它是指在契约签订以后,其他人无法观察到的,事后也无法推测的行为。阿罗还把这类非对称信息进一步区分为隐藏行动和隐藏信息。信息不对称也可以从时间和内容上来划分。因信息不对称所发生的时间不同,可以将非对称信息做事前非对称和事后非对称的区分。研究事前当事人之间信息不对称的模型叫作"逆向选择模型"(adverse selection),不对称主要涉及如何降低信息成本问题。研究事后信息不对称的模型叫作"道德风险模型"(moral hazard),不对称主要涉及如何降低激励成本问题。从非对称信息的内容来看,非对称信息的发生是由于当事人的行动只被他自己知道,或只被一个契约中所有的契约人知道,而局外人不能观察到,这叫隐藏行动(hidden actions)。非对称信息也可能发生在信息分布的不平衡上,签约一方对它本人的知识(个人特征)知道得很清楚,而其他人则不知道或者知之甚少,或者是某个人知道可能影响契约的有关自然状态的知识而其他的人则不知道,这叫作隐藏信息或隐藏知识(hidden information or hidden knowledge)。

将信息不对称因素纳入经济模型,是现代经济学研究的基本要求。通常信息非对称模型的构建方法是,首先假定一个经济行为者可能并不确切地知道另一个经济当事人所拥有的信息,但他知道他的信息的概率分布,而且假定你知道我所知道的,我知道你所知道的,如此循环下去。显然这种信息的共有性是一种极强的假设,因此就减弱了这类模型的解释能力。但这样分析问题就可以用博弈论的模型来考察信息对称问题了。所谓逆向选择模型指的是,自然选择代理人的类型,代理人自己知道自己的类型。委托人和代理人签订了一种契约,在这种情况下,市场配置是缺乏效率的。因此,在存在逆向选择情况下,市场力量不可能引出一个单一的价格。信号传递模型是解决逆向选择问题的一种方法。自然状态选择代理人的类型由于存在信息不对称,代理人知道自己的类型,而委托人却不知道自己的类型。代理人为了显示自己的类型,选择某种信号,使自己的类型能被委托人识别。委托人在观察到代理人的信号以后,与代理人签订契约。比如,具有较高质量的产品卖主能够找到一种办法使其成本比低质量产品的成本低,这样就可以发出一种高质量的信号,只要高质量产品的边际成本低,就会出现某种均衡,避免了交易中出现的某些低效率问题。

关于事后的道德风险模型是现代契约理论研究的重点。道德风险模型可以分为两类：一类是隐藏行动的道德风险模型（moral hazard with hidden action）。委托人和代理人在签订契约时，有关契约知识和现实条件都被签约双方观测到，对双方是共同知识，此时双方的信息是对称的。签订契约后，代理人选择行动。决定代理人行动结果的还有自然状态。代理人的行动与自然状态一起决定可观测到的结果。而委托人只能观测到结果，无法知道这个结果是代理人本身的行动所致还是自然状态造成的。在这种情况下，委托人必须设计一个激励契约以诱使代理人从自己的利益出发，选择对委托人最有利的行动。另一类是隐藏信息或隐藏知识的道德风险模型（moral hazard with hidden action）。模型的含义是自然选择代理人的类型，由于信息不对称，代理人知道自己的类型，而委托人不知道代理人的类型，委托人与代理人签订契约。买者和卖者的关系就是这种模型的体现。

二、现代契约理论与现代企业理论

（一）完全契约理论

在一般均衡状态中，信息是完全的、对称的，缔约双方被假定能够无成本地缔结所有状态下的完全契约，因此，所有的决策都可以在事前形成，收益也可以在事前分配，矛盾和冲突都可以在事前被解决，公司治理结构在新古典经济学分析范式中没有存在的必要，只有均衡范式中的假定条件被改变，经济学的分析更加接近现实描述，公司治理结构作为一项解决事件不确定性和条件不完全性的制度，才能进入到我们的分析视野中。

委托-代理理论是在保持了阿罗-德布鲁均衡条件中对于契约的完全性假定，即行为人的完全理性条件，对于新古典经济学的完全信息假定进行了修改，认为在不对称信息和分离风险偏好的条件下，行为人在交易过程中需要通过事前激励性安排写出一个精密的契约。完全契约假定行为人的理性是完全的，强调事前治理和激励。由于不对称信息条件，导致了契约设计过程中存在风险和激励的最优分配。完全契约理论更加注重契约的监督成本和激励机制成本。

信息不对称是完全契约理论中的核心概念，也是交易契约设计的最基本原因。委托-代理理论就是研究在信息不对称情况下当事人如何设计契约，以及如何规范当事人的行为问题。非对称信息可分成两类：一类是外生的非对称信息，它是指自然状态所具有的一种特征、性质和分布状况，这不是由交易人所造成的，而是客观事物本来所具有的；另一类是内生的非对称信息，它是指契约签订以后，其他人无法观察到的，事后也无法推测的行为。阿罗把这类信息不对称划分为两类：隐藏信息和隐藏行动。而信息的非对称性则可以从两个角度划分:一是非对称发生的时间,二是非对称发生的内容。根据非对称发生的时间来看,有事前非对称和事后非对称两种情况,研究事前非对称信息的理论模型称为逆向选择模型,研究事后非对称信息的模型称为道德风险模型。从非对称信息发生的内容来看,又有隐藏行动模型、隐藏知识模型和隐藏信息模型。在完全契约理论中,将模型中拥有私人信息的参与人称为"代理人",不拥有私人信息的参与人称为"委托人",完全契约理论的所有模型都可以在委托人-代理人框架下分析。根据不对称信息不同维度的分类,委托代理理论的研究模型主要分为五类:隐藏行动的道德风险模型、隐藏信息的道德风险模型、逆向选择模型、信号传递模型、信息筛选模型。

委托-代理关系无论从本质还是从形式上看,都是一种契约关系。詹森和麦克林将"代理关系定义为一种契约关系,在这种契约关系之下,一个人或更多的人(委托人)代表他们来履行某些服务,包括把若干决策权托付给代理人"。委托-代理关系肯定是有成本的,不确定性、信息不对称、交易费用是产生代理成本的基本原因。从委托-代理关系的角度研究契约关系,大致可以从两个角度入手:①规范的研究。主要是研究在不确定性和不完全监督的条件下,如何构造委托人和代理人之间的契约关系,包括补偿性激励,从而为代理人提供适当的激励,促使其选择使委托人福利最大化的行动。②实证的研究。从实证的角度看,委托-代理关系导致的契约关系意味着企业的本质是一组契约关系,企业完全是一种法律假设,是一组个人契约关系的一个联结。由此可以进一步研究在一个既有债权又有外部股权的混合融资结构企业中,企业家为什么让企业的总价值低于他是唯一所有者的价值;可以进一步研究为什么企业家使企业价值最大化的失败与企业效率的损失完全一致等问题[①]。

(二)不完全契约理论

关于契约不完全的认识是走进不完全契约理论研究的起点。"不完全契约"思想最早来源于科斯,科斯在《企业的性质》中论证:由于企业成为长期契约,而本来的不确定性决定了长期契约只是原则性的或一般条款,细则等待以后再说,从而契约便是不完全的。这种解释简单明了,但与后人关于契约不完全性成因的解释大相径庭。西蒙和威廉姆森是最早研究契约不完全问题的经济学家,他们从交易环境的复杂性和交易者的有限理性来解释契约的不完备。

不完全契约理论在完全契约理论的基础上进一步深化了我们对现实的理解和把握,增强了契约理论的整体解释力。对不完全契约理论作出重要贡献的学者有

---

① 科斯,哈特,斯蒂格利茨,等. 契约经济学[M].北京:经济科学出版社,1999.

哈特、格罗斯曼、威廉姆森、克雷普斯等著名经济学家。他们分别从不同的角度论证了契约的不完全及其详细治理经过,这些理论家们的仔细建模与严密论证到今天不完全契约理论已成体系,不完全契约成为经济学家解释经济现象的有力分析工具。

一般而论,对不完全契约理论的分析我们可以从三方面着手:财产权、交易成本和自我实施的隐性契约。无论从哪方面分析契约,它们总是与道德危害之类的机会主义行为相联系,因为某些交易者的机会主义行为严重影响了其他交易者的收益和成本。由于他们的行动难以为第三方监督和证实或监督和证实成本太高,从而交易当事方之间达成的契约只能是一种不完全契约。我们以格罗斯曼和哈特模型为例论述不完全契约理论。

在格罗斯曼-哈特模型中,他们发展了一种所有权理论。在他们文献中,资产控制权分配至关重要,因为它确保了资源有效利用,当然在这种论点背后隐含着这样的前提,即资产所有者可以控制剩余收入流,倘不如此,控制权的争夺也就没有多大意义,正是由于有了剩余收入,资产所有者才能被激励去有效利用资源并使其资产净价值最大化。格罗斯曼和哈特用企业垂直一体化模型来论证他们的理论,他们假设,市场上只有两个交易者,即买者和卖者,双方签订的某种供货协约模型有两个阶段:第一阶段双方都作一定专用投资,并在第二期交易。尽管投入的特征(如"满意程度")双方都看得见,但由于它们太过复杂(如偶发事件太多等),协议无法将这些复杂事件一一详细列入条例,因此未来双方选择(如长期契约还是短期契约等)就很重要。在这个模型中,卖方的投资不仅影响卖方的成本,而且还影响买方的利益;买方的投资不仅影响买方的利益,而且也影响卖方的成本。可见,即使契约双方享有共同信息(如"满意程度"特征),交易双方所签之约仍然不会完全,并由此产生各种低效率,因此,为了治理这种契约不完全性,资产控制权就很重要,而垂直一体化则被认为是确保资产所有剩余收入及其控制权的一种有效方法。

从财产控制权角度分析不完全契约,可以得出企业一体化的重要性。这是因为谁拥有企业控制权谁就控制了企业剩余收益,从而也就有管理激励。除此之外,我们还可以从交易成本等角度分析不完全契约。

1. 现代契约理论与交易费用经济学

交易费用理论是由科斯提出,由威廉姆森和张五常等人发展起来的学说。科斯首先提出了"什么是企业""什么是企业的边界"这两个最基本的问题,提出了如果新古典经济学的市场交易是最有效的,那为什么还要存在企业的问题?科斯认为,交易显然是需要花费成本的,企业之所以能替代市场就是可以降低成本。格罗斯曼、哈特和穆尔等人则进一步研究了产权交易成本的根源,弄清了是什么东西决定了交易成本,即在经济生活中存在交易费用是因为契约具有不确定性①。

威廉姆森也对交易成本与不完全契约的关系做了系统的研究。威廉姆森把"契约人"作为他的交易成本经济理论的假定条件,强调现实中的人都是契约人,无不处于交易之中,无不受各种或明或暗契约的规制。威廉姆森还采纳了两个重要的行为假定,即有限理性假定和机会主义假定。因此,他认为:①由于人们的有限理性,缔约者要想签订一个包括对未来随机事件的详尽的契约条款是不可能的;②由于机会主义的存在,仅仅相信缔约者的口头承诺是天真的,现实中的契约人时时刻刻会损人利己。所以,复杂的契约都是不完全的②。

克莱因则研究了后契约机会主义行为(post-contract opportunistic behavior)。他认为,可以占用的专用性(appropriable specialized)准租,是使用市场机制的一种特殊成本;要想解决这个问题,办法有两种:一是由政府或其他外部机构通过法律实施明确的履约保证,二是由市场机制来履约。

2. 现代契约理论与产权理论

"关于契约的研究是产权研究的核心",这是巴泽尔在《产权的经济分析》中提出的鲜明观点。在科斯提出产权分配的重要性以后,阿尔钦和德姆塞茨提出了团队理论,但他们提出的模型是依据古典企业而不是现代企业作出的,是从激励角度提出问题的;巴泽尔则放弃了研究产权问题的基本基准——交易费用概念,而使用了公共领域的概念来研究产权问题。哈特和格罗斯曼则提出了这样一个问题:当契约不完全时,没有在契约中详细规定的那部分权利应该归资产所有者所有。这从契约的角度说明了资产的控制权到底应该归谁所有才是最有效率的,进一步说明了在现实世界中,产权的分配是绝对重要的。

除此之外,所有权并非像法律规定的那样清晰,在每一次的保护、交换资产的过程中,产权都被重新界定。产权与交易成本密切相关,交易成本就是"与转让、获取和保护产权有关的成本"。由于存在着高昂的交易成本,产权不能被完全界定。

巴泽尔认为,适用于商品产权的分析方法也适用于组织的所有权,"任何组织的功能可以同样地归结为各种不同的权利由与它相关的一个人向另一个人的让渡",即认为不存在抽象的组织之间的行为,只存在追求最大化的个体人的行为,组织的权利最终要分散到每个人身上。

现代企业理论中的产权研究作为契约研究的核心之一,在科斯提出产权分配的重要性以后,德姆塞茨和阿尔钦又接着从激励角度提出问题,提出了关于团队的

---

① 屈迪奇.交易成本经济学[M].北京:经济科学出版社,1999.
② 巴泽尔.产权的经济分析[M].上海:上海三联书店,1997.

理论。然而又有诸多的学者提出:因为现代契约存在着不完全和不确定性,所以在契约签订时没有详细界定的诸多的权利应该归谁所有,如何证明从现代契约的角度来阐释资产的控制权最终应该归谁才可以最大化的满足契约各方的要求? 种种研究都进一步说明了在现实交易市场中,资产产权的分配是核心。而现代契约经济学就显而易见地回答了两个问题:企业之间为什么并购? 如何并购才是最有效率的?

这就关乎现代企业理论中产权研究的另一个核心命题:企业内部资产归属结构。现代契约不完全恰恰创造出了一个关于企业内部资产归属结构的理论:企业内部资产归属结构往往是企业投资之间的契约关系,通常被视作是一种纵向一体化。由于持有企业产权的投资者所关心的不是名誉,而是利益和利润,契约的各方是有冲突的,换言之,必然会存在一个不完全的契约可以使当事人的目标趋于一致,以及涉及初始契约不能满足各方要求时,产权应该如何归属才能达到最优的问题。在实际交易市场中,常常因为不同的产权会带来不同的资金收益,使双方都会隐藏诸多的并且容易发生突变的因素条款,而现代契约经济学中不完全契约理论概念的提出就解释了产权同竞争的关系,解答了为什么在市场竞争的环境中还会存在这类产权纷争问题。

在现代复杂的经济关系下,契约理论还必须解释各类公司的资产结构问题。为什么有的企业偏爱债券,而有的却偏爱发行股票? 企业的内部债务和外部债权是什么关系? 因此,产权研究的另一个重要问题就是企业的资产结构问题。阿洪和博尔顿利用契约的不完全性发展了一个企业资本结构的理论。他们指出,随机状态控制是一种举债筹资条件下的控制配置。一个缺少资本的具有能力的企业家与一个富有的投资之间的不完全长期契约被看作是"纵向一体化",由于企业家所关心的是名誉和收益,而投资者只关心利润,双方的目标是有冲突的,也就是说,存在一个初始的契约结构能否以及如何使当事人的目标趋于一致的问题,以及当初始契约不能达到一致时,控制权应该如何配置的问题。实际上,当一些重要的变量不能在契约中写明时,控制权的分配就变得非常重要。不同的控制权会带来不同的资金收益。阿洪和泰勒尔运用不完全契约概念,讨论了在一个组织内权威的分配的问题。博尔顿和许成钢则从不完全契约的概念出发来解释产权同竞争的关系——在不同的条件下为什么私有制最能引导有效率的竞争。可以说,不完全契约条件下的产权与竞争的匹配问题是契约理论研究的一个重要问题。

综上,现代契约经济学解决了现代企业理论中许多令人困惑的问题,不仅仅是运用博弈论研究现代契约的问题,阐释现代企业理论,还回答了如何签订各种各样的不同契约才能有效地解决由于所有权与控制权相分离引起的可能利益冲突。总之,作为现代微观经济学核心内容之一的现代企业理论得助于现代契约经济学的发展而得到进一步丰富和发展,这不仅对现代企业理论而言,同样在现代经济学中,均具有深刻的理论研究意义和较强的现实应用意义。

第四节 契约理论的应用

一、现代契约理论与代理人激励约束机制

现代契约理论还回答了这样一个问题:如何设计契约以解决由于所有权与控制权相分离引起的可能的利益冲突。在这方面,企业所有者与企业经理签订契约与避免道德风险和逆向选择,是现代契约理论研究的首要问题。因为在所有权与控制权相分离的市场上,仅仅依据古典企业所概括的传统产权理论,已经远远不能解释和适应现代十分复杂的经济关系。在复杂的经济关系中,一个引人注目的现象是出现了控制市场。它不同于传统的经理市场,也不同于资本市场,而是一种新型的市场。它要解决的问题是:既要给企业经理适当激励,包括利用股票、股票认股权、影子股票、股票增值分红权、奖金、长期绩效计划、黄金降落伞、声誉激励等,又要使企业不被内部人控制,以避免控制权的失控。同时,还要防止被其他企业收购,尤其是恶意收购。

当然,要研究对经理的控制问题,就要考虑应该给企业的经理什么样的约束,也就是说经理的目标函数是什么。罗森的实证研究表明,有能力的人得到的控制权越多,这种控制权就越有效率。在有能力经理的边际生产率大大超过了无能力经理的情况下,最有能力的经理占据着最大公司的最高职位。另外,在控制权分配一定的条件下,对经理的支付结构会在激励和保险之间达成妥协。霍姆斯特则分析了依靠限制而不是奖励来控制经理人员行为的重要性。实证研究表明正激励有变弱的倾向,因此,必须设计一个多任务目标的代理链,使激励方案的重点转移到对代理人所有活动进行平衡的激励方案上来。因为,对代理人任务的组合可以降低激励成本。

(一)对代理人的激励机制

1.报酬或补偿激励

现代公司股东和经理之间的利益冲突是代理理论研究的主要问题。如果股东拥有经理管理活动的完全信息,则能设计相关契约,确定和执行在各种可能情况下经理应采取的活动。但是,股东并不能完全观察到经理的管理活动,当然也不清楚哪些活动能增加股东的财富。在此情形下,詹森和莫非认为,如何制定补偿政策以

激励经理人员去选择和实施可以增加股东财富的活动就显得尤为重要。罗森也指出,对经理激励的报酬必须与经理可控制的生产结果挂钩,并使其指数化。为此,现有的代理理论集中探讨了报酬(薪水、奖金、股票期权、内部股权等)与企业业绩或股东财富的经验关系。罗森最早从 1947—1966 年的 39 个企业样本中统计估计了股票收益对 CEO 报酬率的显著效应。莫非则运用 1969—1981 年中 73 个企业的样本估计了补偿对股东报酬率的部分弹性。伦纳德在一个专用的样本中,回归分析了有关企业股票收益率对各种类型的报酬以及共 10 个层级的高级经理的激励。阿布鲁则运用这些专用数据,旨在探求报酬对绩效敏感度的变化是否影响了随之而来的绩效。与上述实证研究结论不同的是,詹森和莫非对于 1934—1986 年中的 3 个样本中超过 2000 名总经理的绩效报酬与对高层管理的激励的分析表明,总经理财富和股东财富之间的经验关系虽然显著但很小,并在过去 50 年间其大小呈下降趋势。为解释此经验结果,詹森和莫非提出了一个重要假设,即在契约过程中存在某种政治力量,此外可以通过限制管理层与股东之间所签契约的类型来暗中调节管理人员的报酬。

罗森却认为,已有文献只是在缺乏时间背景或静态下研究激励问题,当把问题放在经理的一生中去考察时,选择和激励问题之间的交互行动就导致了重要的新话题,即职业生涯激励。富有朝气的年轻经理在其生命周期中,从一个低级职位开始他们的生涯,并凭借他们的工作能力逐步晋升到一个高级职位或更高的报酬职位上,这种晋升是受企业内部的竞争机制所引导的。因为在某些绩效标准衡量下,得分最高的竞争者将得到一个晋升更好工作的机会。罗森又指出,通过调整职位级别中的工资结构,企业内部的竞争有时可能形成接近社会最优的激励结构。但是,由这类企业内部相对绩效评价所引发的竞争会导致道德风险问题。戴伊认识到竞争者可能共谋,将付出比应该付出的努力更少的努力,从整体上损害组织的利益。为此,罗森评述了控制道德风险的三种机制[①]:一是减少股份和降低层级之间的工资级差,但是这以降低整个组织的努力为代价;二是通过从组织外部招聘这些职位的员工进行控制;三是布雷顿和温特劳布提出的在一种任命制的制度框架内的博弈规则,即 CEO 在他们直属下级之间鼓励竞争,反过来对那些更低层次的下级作为顾客对待。罗森进一步指出,职业生涯激励对经理在生命周期的早期存在较强的激励,而当接近退休年龄时,则应采取现行绩效报酬代替对经理的职业生涯激励。

2.多任务视角的激励

标准的委托-代理模型只考虑了代理人从事一项任务的情况,但霍姆斯特罗姆

---

① 普特曼,克罗茨纳.企业的经济性质[M].上海:上海财经大学出版社,2003.

和米尔格罗姆认为,仅仅研究代理人一项活动的特征,无法正确推断出对该项活动的恰当激励,所以对激励问题必须全面分析。霍姆斯特罗姆和米尔格罗姆指出,现实中的代理人往往从事多项任务,或者即使一项任务也涉及多个维度。因此,在多任务委托代理中,解决代理问题的激励机制也存在多个层面或多个维度:①改变资产的所有权。在生产性资产的价值无法或很难测度的情况下,当委托人拥有资产的收益时,最优的激励合同应为代理人生产活动提供低能或弱激励,这是为了防止对资产的滥用或把精力从资产维护上转移开;而当独立代理人拥有资产收益时,最优激励合同将对生产活动提供更强的激励,以缓和代理人可能过于谨慎地使用资产或投入过多精力于它的保养中等问题。②限制私人活动的范围。当有利于企业的任务(内部活动)上的绩效很难测度和奖励时,对外部活动应该严加限制,从而通过允许代理人只进行某一任务子集的活动来控制代理人的私人业务。③工作调整或设计。其基本原则就是一项任务应该由一个代理人负责,因为多个代理人共同负责一项任务会不必要地发生多重风险成本。此外,把任务根据可测度性进行分类或组合,使一些雇员专业于难以监督的活动,而另一些雇员专业于易于监督的活动①。

(二)对代理人的约束机制

1.经理市场约束

法马把管理和风险分担视为两个独立的要素,并重点探析了经理市场(买卖管理要素服务的市场)所诱生的机制和提供的信号控制经理行为的机理和条件,以解决股权和控制权的分离所产生的潜在激励问题。法马认为,阿尔奇安和德姆塞茨以及詹森和麦克林把约束管理阶层的任务交给风险承担者的观点无法解释股权分散引致的激励问题。因为当管理和风险承担作为独立要素时,投资组合理论告诉风险承担者在企业之间分散财富,使其缺乏直接控制某一企业管理阶层的激励。基于此,法马认为,对管理阶层或经理的主要约束来自企业内部和外部的经理劳动力市场。因为在竞争性的经理市场上,经理的人力资本价值或市场价值取决于其历史的经营业绩,并且经理市场能充分反映出经理的业绩,同时通过工资调整对经理偏离初始契约的行为提供完全的事后清算,从而使经理必须对自己的行为负完全责任。但是,法马进一步指出,由经理劳动力市场施加的工资调整成为解决股权分散引致激励问题的一种完全事后清算形式需要满足以下三个条件:①由经理市场通过提供当前和以前业绩的信息来理解经理的才能和消费偏好;②经理市场正

---

① 陈郁.所有权、控制权与激励[M].上海:上海人民出版社,2005.

确地使用当期和历史信息来修正未来的工资,并且经理市场知道工资调整过程所内含的一切实施力;③工资调整过程的权数足以解决与经理激励有关的任何问题。于是,当满足这些条件时,经理劳动力市场所施加的约束可以解决与企业的股权和控制权分离相联系的潜在激励问题。因为在经理市场的直接约束下,为了改进自己在经理市场上的声誉,进而提高自己的预期收入,经理会选择积极的努力工作,使其与企业的目标函数趋于收敛。

2. 资本市场约束

法马认为,资本市场所诱生的机制对经理的行为施加了间接约束。按照最优投资组合理论,单个股东可能没有很强的利益或激励去直接监督某一企业的管理阶层,但是,一个能对企业股票进行有效定价的资本市场却对他有很大的利害关系。所以,一个有效率的资本市场反映的关于企业股票价值的信息对经理市场再评价管理阶层提供了间接支持。此外,罗森也指出,资本市场上由成功和不成功的敌意收购而引发的对现行管理阶层所隐含的惩罚,会促使形成现有股东和管理人员利益一致的某些行为规则。成功的收购引发了目标收购企业管理的全方位变化。

二、现代契约理论与企业的资本营运

现代契约理论合理解释了作为现代企业经营的基本问题之一的资本营运问题。企业在给定投资机会成本的情况下,如何根据自己的目标函数和收益成本约束来融资,是发行债券还是发行股票,这一切都是不确定的。因为股权和债权的风险成本都不同。现代契约理论认为,在不完全契约条件下,如果是采用发行带有投票权的股票方式来融资,那么企业的剩余控制权应该配置给投资者。如果是采用发行不带投票权的股票方式来融资,那么企业的控制权就应该配置给债权人。

在利率对资本市场产生影响的情况下,利率是否会自动调节资本的供求,这又涉及了契约与信贷配给的关系。现代契约理论认为,在金融市场上,贷款人基于风险与利润的考虑,不是完全依靠利率,而是依靠信贷配给来实现货币供求均衡的。用契约理论研究信贷配给涉及契约理论和不对称信息方面的问题。假设存款利率波动会诱使贷款利率波动,风险中性的借款人同意签订固定贷款利率契约,而不管实际利率的变动,其目的是对未来的利率变动给予保险。在不完全对称契约的条件下,借贷双方存在着利益冲突,委托人与代理人利益是不一致的。由于不完全信息和不对称信息的存在,贷款人无法识别借款人的优劣。在贷款人遇到资金超额需求时,如果贸然提高利率,就会迫使低风险贷款者退出市场,只剩下高风险贷款者,形成逆向选择问题。在这种情况下,贷款人通常会放弃利用利率手段来满足超额需求,而是用其他方式进行信贷配给,以便把贷款中发生的逆向选择和道德风险降低到最低限度。因此,信贷配给是资本市场上的一种特殊的契约关系。

三、现代契约理论与企业组织边界选择

最早把不完全契约理论引入国际贸易领域的文献是 Antras 的研究，Antras 基于 GHM 视角，结合 Helpman、Krugman 垄断竞争条件下的贸易模型，考察契约不完全情况下跨国公司的生产组织模式选择问题。在 Antras 的模型中，有两个产品异质性且具有不同资本密集度的行业。假设要素价格相同，最终品不可贸易，只有中间投入品参与国际贸易。由于契约是不完全的，因此关系专用型中间品生产商的收益无法事先写入契约，其只能通过事后与购买方的讨价还价实现收益。但由于中间投入具有关系专用性，因此其生产商在事后的讨价还价中面临"敲竹杠"的风险。中间品生产商如果事先预期到"敲竹杠"的风险，会导致其投资低于有效率的水平。为鼓励其进行投资，最终品生产商会在事前支付一定数量的"保证金"。当保证金的数额大到一定程度时，则相当于最终品生产商进行一体化投资。反之，如果所需投入较少，则相当于最终品生产商把中间品外包给其他厂商。

Vernon 提出了产品生命周期理论，将一种新产品从诞生到淘汰的"生命周期"分为四个阶段：研发阶段、成长阶段、成熟阶段和衰退阶段，指出具有不同技术水平的国家将在不同时期承接这四个阶段的产品生产。Antras 将其与 GHM 模型相结合，构建了不完全契约影响产品生命周期和组织形式演变周期的南北贸易模型。他指出，国际贸易中的契约不完全是阻碍生产过程在世界范围展开的主要原因，并导致产品周期的出现。契约的不完全性使得契约中很难明确规定和补偿研发活动。假设南方的契约环境比北方差，但劳动成本更低，则北方公司需要在南方更低的劳动成本与更差的契约环境所产生的更大的扭曲之间进行权衡。在产品生命周期的四个阶段，总部服务的重要程度逐渐下降，使得整个产品对契约的敏感程度逐渐降低。结果是：产品的研发阶段，北方国家承接产品生产价值链上的所有环节；成长阶段，跨国公司以 FDI 的方式在南方国家生产所需零部件；成熟阶段和衰退阶段，跨国公司以国际外包的方式从南方国家供应商那里购买中间产品。

考虑到企业的异质性，Antras 和 Helpman 又将 GHM 模型与 Melitz 相结合，考察了异质性企业在不完全契约条件下的边界决策和区位决策问题，即本地一体化、FDI、本地外包和国际外包的选择。模型假设有南、北两个国家生产最终产品。最终品由总部服务和中间品组成，其中总部服务需要劳动和资本两种要素，而中间品仅需劳动一种生产要素。南方国家仅有劳动一种要素，北方国家有资本和劳动两种要素，因此中间品可以在南方也可在北方生产，而最终品只能在北方生产。假设中间投入具有关系专用性。由于不同的生产组织模式对应的固定成本和可变成本不同，因此均衡状态下生产率最高的企业选择在南方国家 FDI，生产率较高的企

业选择与南方国家的企业开展国际外包活动,生产率较低的企业选择在本国进行一体化,生产率最低的企业在本国进行外包①。

四、现代契约理论与宏观经济

Arellano、Yan Bai 和 Jing Zhang 研究了金融合约的强制性与产量波动之间的联系,尤其是在契约不能有效实施时,国家的经济周期和重要的衰退期是如何被放大的。作者认为,在契约实施存在问题的国家中,企业不能够实现最优的生产规模,因为投资者不能获得最优效率水平所要求的贷款数量。而且,在一系列大的经济震荡之后,企业的价值会降低,因为在经济震荡时,企业产出不足以弥补债务支付,因而企业需要偿还的巨额债务会不断增加。所以,随着经济衰退的延续,越来越多的企业会遭受价值的降低,这也扩大了契约实施的阻力和规模的不经济(非效率),进一步加剧了经济衰退。

公共政策可能取决于什么不能被政治家和组织利益所赞成与什么能被政治家和组织利益所赞成。将目光专注于有组织的团体无法令人信服地承诺他们的成员将充分的向税务机关报告收入方面的情况,Scott Gehlbach 发展了不完全契约理论游说模型,这个模型表明了经济部门的预期税收遵从组织的利益可能对公共产品提供造成的影响。

[案例]

契约理论和我们的日常生活息息相关:股东与高级经理人;雇主与员工;保险公司和车主;公共机关和供应商;等等,这些关系都牵扯到契约,简单说就是合同。有合同,就有利益的纷争。签订一个完美的契约,是保证合同双方达成互利目的的基本条件。接下来用三个小例子说明为什么契约关系如此重要。

1. CEO 该怎么拿薪水?

在 20 世纪 70 年代末,Bengt Holmström 就研究过公司的资方(如公司的股东)如何为公司的代理人(如公司的 CEO)设计一个最佳契约。这样一个契约应该仔细考量"风险"和"激励"之间的平衡,将代理人的薪水和公司表现挂钩。这牵扯到很多现实问题,和你我相关:雇员不仅应该靠薪资被激励,还应该受到潜在升职机会的激励;在一个团队中,一些混日子的员工可能因为其他人的努力而受益,如何给员工们更合理的报酬? 如果一个职业经理人过度强调短期的现金流表现,他在公司治理中可能就会忽略公司长期的健康表现。如何激励 CEO 更多为企业长期健康考虑?

---

① 威廉姆森.治理机制[M].北京:中国社会科学出版社,2001.

2.车险该全赔吗?

在保险领域,如果你投了车险,一般来说你都不可能被全额赔款。假设车祸发生纯属偶然,当然这时如果车主有一个全险,可以免除所有损失,那必是极好的。但是请注意,全险涉及一个"道德风险":如果每一位司机都有全险作为保障,大家开车时可能就没那么小心谨慎了。

3.学校和医院应该私有还是公有?

一个公共服务机构,例如学校、医院和监狱的CEO可以做两种性质的投资:一种投资可以直接提升服务质量;一种投资是用来减少提升质量需要的花销。这两种投资看起来都很有利,但在现实生活中,这种投资很难在合同中得到体现。所以,如果一家政府公共机构聘请一个经理人来做日常运营,那么这位经理人可能根本没有任何动力做任何一种投资,因为政府很难对这样的努力做出奖励。

案例评析:

一家公司的股价反映出社会经济多方面的因素,有些因素是再有能力的CEO们也控制不了的,所以,如果仅仅将高级经理人的待遇和公司表现挂钩,结果可能是让他们仅仅因为好运气受到褒奖,因为坏运气受到惩罚。

车险中涉及的契约关系主要受到两个因素影响:第一,利益冲突。如果我们都很小心,全险是没有任何问题的,可现实是不是每个人都是天使。第二,考量因素。不是车主所有的举动都会被注意到。假设保险商看得到车主所有粗心的行为,那他们就可以选择对一些纯粹的意外做出全部理赔,而不是那些因为车主的粗心行为酿成的车祸。

如果由一个私人承包人来提供服务,他们就会对上述两项投资都很有动力。所以,是公有化还是私有化,判断标准不仅是运营成本的减少,还有服务质量获得了多少程度的提升。之前,美国曾经取消私有监狱的运营资格,其中一个重要原因不是"成本",而是私有监狱的条件要比公立监狱恶劣得多,也就是在"质量提升"这个环节上远达不到标准。

案例讨论:

类似学校、医院,甚至监狱这种公共服务的提供机构,应该是公共所有,还是私人拥有?

复习思考题

1.请思考契约经济学的框架。

2.概述契约产生的背景、作用与功能。

3.概述完全契约与不完全契约的区别。

4.简述现代社会经济活动中合同的重要性。

参考文献

[1] 张五常. 新制度经济学的现状及其发展趋势[J]. 当代财经, 2008(7): 5-7.

[2] 科斯, 哈特, 斯蒂格利茨, 等. 契约经济学[M]. 北京: 经济科学出版社, 1999.

[3] 德姆塞茨, 哈罗德. 企业经济学[M]. 北京: 中国社会科学出版社, 1999.

[4] 黑格尔. 哲学史讲演录[M]. 北京: 商务印书馆, 1978: 155.

[5] 斯宾诺莎. 神学政治论[M]. 北京: 商务印书馆, 1963: 155.

[6] 黄颂杰. 西方哲学名著提要[M]. 南昌: 江西人民出版社, 2002: 17.

[7] 威康姆森. 治理机制[M]. 北京: 中国社会科学出版社, 2001.

[8] 陈郁. 所有权、控制权与激励[M]. 上海: 上海人民出版社, 2005.

[9] 屈迪奇. 交易成本经济学[M]. 北京: 经济科学出版社, 1999.

[10] 巴泽尔. 产权的经济分析[M]. 上海: 上海三联书店, 1997.

[11] GROSSMAN S, HART O. The costs and benefits of ownership: a theory of vertical and lateral integration[J]. Journal of Political Economy, 1986, 94 (4): 691-719.

[12] HART O, HOMSTROM B. The theory of contracts[M]. Cambridge: Cambridge University Press, 1987.

[13] 洛克. 政府论[M]. 北京: 商务印书馆, 1984: 88.

[14] 王树人, 李凤鸣. 西方著名哲学家评传[M]. 济南: 山东人民出版社, 1984.

[15] 普特曼, 克罗茨纳. 企业的经济性质[M]. 上海: 上海财经大学出版社, 2003.

[16] 哈特. 企业、合同与财务结构[M]. 上海: 上海人民出版社, 1998.

[17] 科斯. 生产的制度结构[M]. 上海: 上海三联书店, 1994.

[18] 威康姆森. 治理机制[M]. 北京: 中国社会科学出版社, 2001.

[19] 平乔维奇. 产权经济学[M]. 北京: 经济科学出版社, 1999.

[20] 埃格特森. 新制度经济学[M]. 北京: 商务印书馆, 1996.

第五章　企业理论

　　企业作为一种组织,在经济社会中扮演着极为重要的角色。企业组织的效率取决于其内部的契约安排和产权结构特征。传统新古典经济学把企业视为一个投入与产出之间的"黑箱",忽略了企业内部的组织和制度问题,从而导致众多现实问题没有得到有效的解释:为什么会有企业? 为什么企业会有大有小? 企业是如何运行的? 怎样治理才会让企业运行得更好? 新制度经济学回答了这些问题。从科斯最早构建新制度经济学的企业理论开始,到阿尔钦、德姆塞茨对科斯的批判,再到张五常和威廉姆森的研究和发展,使得企业理论日臻完善,本章将依次介绍这些理论。

第一节　企业的性质

　　企业性质的研究就是要讨论企业这样一种特定的人与人之间的经济交往方式意味着什么? 它为什么会存在? 或者说它存在的理由是什么? 企业性质即企业作为一种经济组织区别于其他经济组织的特殊性。企业性质研究的重点在于分析这些特殊性的经济学要旨,特别是从效率角度分析企业产生的原因和存在的依据。

一、企业性质的提出

　　在西方经济学中,企业性质的研究始于现代企业理论。在现代企业理论产生之前,新古典经济学一直对企业性质存而不论,仅仅把企业看作一种谋求利润最大化的经济单元。这种视角中的企业就成了将若干种投入转化为产出的生产性单位。因此,在新古典经济学家看来,企业可高度抽象地简化为一个生产函数,是将投入变为产出的技术"黑箱"。对于这个"黑箱",科斯首先表达了他的不满,1937年,他对企业性质作了全新的阐释,提出了把市场和企业看成是不同形式契约的思路。

(一)科斯提出的企业性质

　　制度经济学关于企业性质第一个层面的研究是由科斯开创的。科斯在《企业的性质》一文中首先指出,存在着两种资源配置手段,一种是市场价格机制,另一种是企业内部的计划协调机制,理论上不能把二者放在同一分析框架内说明二者相互转化的机制,用科斯的术语,即不能说明"在二者之间进行选择的基础"。科斯试图在新古典主义成本-收益分析的框架内解决问题,为此他提出交易成本的概念。科斯的结论是:"当追加的交易(它可以是通过价格机制协调的交易)由企业家来组织时,企业就变大,当企业家放弃对这些交易的组织时,企业就变小。企业将倾向于扩展直到在企业内部组织一笔交易的成本等于通过在公开市场上完成同一笔交易的成本或在另一个企业组织同样交易的成本为止。"用现代经济学更标准的术语,科斯的结论就是,市场与企业的制度均衡在市场的边际交易成本等于企业的边际交易成本这个均衡点上①。

(二)威廉姆森提出的企业性质

奥列佛·威廉姆森等人循着科斯的思路拓展了这方面的研究。威廉姆森以《市场与等级》为题撰写了一部经济学专著,对这两种经济组织形式进行成本-收益比较。在《交易成本经济学:合约关系的调节形式》中,他运用不确定性、交易频度和资产特定性等范畴对交易种类进行区分之后,详细讨论了市场、科层以及介于二者之间的其他调节方式对于不同交易种类的适应性,从而在交易成本分析的基础上,给出了经济组织分析的全面框架②。

(三)阿尔钦和德姆塞茨提出的企业性质

企业性质产权结构这一层面的研究是由阿尔钦、德姆塞茨、格罗斯曼和哈特等人展开的。阿尔钦和德姆塞茨指出,企业的生产效率主要来自被称为"团队生产"的协作劳动生产率,但由于个人劳动贡献在计量上的困难,团队成员很容易受到逃避责任的诱惑,为了减少由此造成的效率损失,"团队生产"必须要有监控者。但是监控者又靠谁来监控呢?出路在于构造一种产权结构,以刺激监控者负起监控责任,这种产权就是企业所有权,它使协作劳动的生产力归监控者所有(Alchaian、Kmsetz)③。

(四)格罗斯曼和哈特提出的企业性质

格罗斯曼和哈特是从另一个角度提出论题的,他们把注意力放在决定两个企业是否合并的效率标准上,指出为了避免企业间契约的不完全性造成的效率损失,

① 科斯.企业的性质[M].北京:北京大学出版社,2003.
② 威廉姆森.反托拉斯经济学:兼并、协约和策略[M].北京:经济科学出版社,1999.
③ 阿尔钦,德姆塞茨.生产、信息成本和经济组织[M].上海:上海三联书店,1993.

企业合并是一种可能的选择。企业合并其实是把契约中未界定清晰也不可能界定清晰的权利授予交易的一方当事人。他们把这种"剩余控制权"称作企业所有权。格罗斯曼和哈特进一步指出,企业合并并不是没有效率损失的,合并使一方交易者丧失了所有权而成为另一方的部门经理,他的工作积极性降低了。因此,企业合并与否的经济标准在于比较两种情况下成本收益的大小。这是一个建立在所有权的成本收益比较基础上的企业理论。

(五)亨利·汉斯曼提出的企业性质

亨利·汉斯曼的"企业所有制"理论也值得一提,汉斯曼认为企业的所有权可能归属于与企业发生市场交易的任何人,包括企业的投资者、供货者、客户和职工,在他们之间进行选择的机制主要涉及市场交易成本和所有制成本的替代关系,选择依赖于一个使二者之和最小的公式。这里所有制成本的概念包括:监控成本、所有者集团的决策协调成本以及承担风险的成本。根据这一分析框架,汉斯曼认为:企业职工所有制之所以不能在多数行业普遍推开,主要原因是职业与技能的异质性造成劳动者集体决策的协调成本过高;投资者所有制在市场经济中之所以占有支配地位,则是由于:一方面,投资特定性现象的存在使资本市场的交易成本过高,另一方面,资本的同质性决定了投资者集体决策的协调成本较低,因此使投资者与企业的市场交易转变为所有者的内部管理是一种总成本较低的选择(Hansmann)[①]。

二、科斯对企业性质的研究

在科斯之前,新古典经济学认为市场是唯一的资源配置机制,追求自身利益的个人依据既定的技术和偏好,受观察到的价格和成本的引导,协调他们的消费活动和生产活动。市场通过价格机制这只"看不见的手"终究能够将社会经济生活组织成为一个完美的有机整体,自发实现生产与消费、供给与需求等方面的多元化与均衡化发展。即使经济生活中出现一些不和谐的状态或因素,价格机制也能够迅速、准确且无成本地加以克服,并使之回归应有的秩序。企业不是被看作一种组织,而是一个把资本、土地和劳动等生产要素投入其中就能转换为一定产出的生产性单位,或者说是由技术变量决定的关于投入与产出关系的生产函数。

---

① 荣兆梓.企业性质研究的两个层面:科斯的企业理论与马克思的企业理论[J].经济研究,1995(5):21-28.

(一)科斯的思考

科斯对新古典经济学的以上观点表示怀疑:既然价格机制如此完美无缺,那么现实经济生活中为什么还存在企业这种区别于市场的经济组织方式呢?科斯在其1937年发表的经典论文《企业的性质》一文中解释道:价格机制的运作并非没有成本,恰恰相反,有时这种成本是如此之大,以至于使市场机制失去作用,无法使资源的配置达到最佳状态。

科斯进一步指出:"在企业之外,价格变动决定生产,这是通过一系列市场交易来协调的。在企业之内,市场交易被取消,伴随着交易的复杂的市场结构被企业家所替代,企业家指挥生产。"这说明在资源的配置方面,市场和企业是两种可以相互替代的配置资源手段。它们之间的不同之处表现为:在市场上资源由价格机制配置调节,而在企业内这一工作则由权威关系来完成。而企业之所以出现,一定是企业的交易费用低于市场,科斯指出,"成立一个企业为什么会有利可图的一个主要原因似乎是使用价格机制是有成本的",并认为"通过价格机制'组织'生产的最明显的成本是发现有关价格的成本""企业主必须以较低的成本行使自己的职能,因为他可以比他取代的市场交易更低的价格获得生产要素,如果做不到这一点,他总可以回到公开市场上去"①。

(二)科斯的交易费用理论

根据科斯的解释,交易费用是运用市场价格机制的成本。它包括两个主要内容:①发现贴现价格,获得精确的市场信息的成本;②在市场交易中,交易人之间谈判、讨价还价和履行合同的成本。在科斯看来,市场交易过程是要花费代价的。也就是说,进行市场交易并不是如正统的完全竞争理论所假定的那样,价格信息为既定的并为所有当事人所掌握;相反,价格是不确定的、未知的,要将其转化为已知,是要付出代价的。同时,市场交易过程并不总是顺利的,因为交易人之间常会发生纠纷、冲突,因此就需要谈判履约,甚至诉诸法律,所有这一切都要花费一定的交易成本。因此,通过形成一个组织,并允许某个权威(一个企业家)来支配资源,就能节约某些市场运行成本。在这个意义上,可以说企业最显著的特征是:"它是价格机制的替代物。"这样就有两种制度来协调和配置资源,"在企业外部,价格运动指挥生产,它通过一系列在市场上的交易来协调。在企业内部,这些交易被取消,而且市场交易的复杂结构由厂商内部的协调人来替代,由他来指导生产,显然这些是

---

① 科斯.企业、市场与法律[M].上海:上海三联书店,1990:3.

协调生产的不同方式"①。在相继生产阶段或相继产业之间采取何种方式,取决于两种形式的交易费用孰高孰低,这实际上牵涉到了企业的界限问题。科斯进一步的研究表明,当企业扩大时,对企业家的功能来说,收益可能会减少,也就是说,在企业内部组织追加的交易成本可能会上升。自然,企业的扩大必须达到这一点,即在企业内部组织一笔额外的交易的成本等于在公开市场上完成这笔交易所需的成本,或者等于由另一个企业家来组织这笔交易的成本。在这一边际点上,企业才停止扩张②。

　　科斯之所以提出交易费用范畴,直接目的是论证:企业作为一种参与交易的组织单位,其经济作用在于把若干要素所有者组织成一个单位参加市场交换,从而减少市场当事者数目,减轻交易摩擦,降低交易费用。1960 年,科斯发表了著名的《社会成本问题》一文,将交易费用概念进一步扩展为社会成本范畴,而社会成本范畴研究的核心又在于外部效应问题。20 世纪初英国著名经济学家庇古首次将外部问题引入新古典理论。他发现,当私人净收益和社会净收益发生偏离的时候,市场将失灵。据此庇古呼吁通过国家干预来纠正外部效应所造成的市场失灵,具体办法是对造成损害(如污染)的一方征税,使外部效应"内在化",重新恢复社会成本和收益的等边际条件。科斯的观点则完全不同。在这篇文章中,他论证说,假定交易费用为零、初始的产权界限清晰,那么不论责任制度如何分配,最终资源配置的效率状态将不受影响。这个重要结论后来被概括为"科斯定理"。它可以被严格地表述为:在完全竞争、不存在交易费用和收入效应的条件下,被清晰界定的产权不论如何安排,资源配置的均衡结果均不受影响。

　　科斯定理仅仅是科斯分析问题的一个逻辑起点,科斯真正试图说明的是它的推论:由于现实中交易费用不可能忽略不计,在许多场合往往还十分高昂,因而产权安排对资源配置来说极为重要,在此条件下,产权重新安排的合理性将依净产值最大化的标准来判定。科斯实际上在极力倡导一种方法论的转变,以区别于庇古的分析传统。后者仅仅将现实的状态与某种理想的标准进行比较,并依此判定现实状态的效率性质和解决方案,而通常忽视了相应的解决方案(如国家干预)本身的运行成本。科斯定理及其推论将产权界定与交易费用的分析紧密联系起来,在说明交易费用高低是一种制度选择的关键因素的基础上,指出产权明晰化是降低交易费用、减少制度运行摩擦的基础。可以说,"交易费用"是衔接"权利初始安排"和"资源配置"效率之间的一个至关重要的中间变量。在存在交易费用的现实世界中,只有当权利的初始安排处于"最优"或"较优"状态时,交易费用才会真正趋向于

---

① 　科斯.论生产的制度结构[M].上海:上海三联书店,1994.
② 　斯密.国民财富的性质和原因的研究[M].北京:商务印书馆,1979.

"零",从而使资源配置效率最优或较优①。

三、威廉姆森对企业性质的研究

(一)威廉姆森对科斯研究的发展

威廉姆森将交易费用分为事前的交易费用和事后的交易费用。所谓事前的交易费用是指由于未来存在不确定性,因而需要事先规定交易双方的权利、义务和责任,而在明确这些权利、义务和责任的过程中是要花费代价的,这种代价的大小与某种产权结构的初始清晰度有关。所谓事后的交易费用是指交易已经发生之后的成本,它可以有许多形式:第一,当事人想退出某种契约关系所必须付出的费用;第二,如果市场关系是一种双头垄断关系。交易者发现了事先确定的价格有误而需要改变原价格所必须支付的费用;第三,交易当事人为政府解决他们之间的冲突所付出的费用;第四,为确保交易关系的长期化和持续性所必须付出的费用。至此,交易费用概念真正成为经济组织分析的一个重要工具。

威廉姆森的分析是从人这个经济运行中最重要的角色入手的。对于人的因素,威廉姆森秉承了"西蒙的有限理性"学说,认为人的认识是意欲合理,但只能"有限地做到"。同时,对于人的行为动机,威廉姆森修正了传统的经济人假设,认为人不仅是自私的,而且只要能够利己,就不惜去损人。威廉姆森把"人的这种本性"称之为机会主义。威廉姆森认为机会主义的存在使交易费用增加。

对于环境因素的分析,威廉姆森主要分析了环境的不确定性和小数目条件。不确定性或复杂性是现实经济中的一种常见现象。小数目条件指的是,市场上的角色数目越小,市场机制就越不灵。环境的不确定性、人的机会主义以及人的有限理性导致了信息不对称的出现。信息不对称反过来又加重了小数目结果,它使得那些难以或者不愿破费去获得交易的真实信息者逐渐退出交易,从而使交易的参与者减少。

另外,威廉姆森还认识到交易并不是孤立发生的,它是在一定的氛围中进行的。传统经济理论假定"人是理性的经济人",因而认为,人在交易时仅仅基于净利润的思考,按照一种严格的中性,或者说是机械的方式来作决策。威廉姆森认为人们在进行交易时是有着一定价值取向的。因此他特别强调:"交易是技术可分的,并不意味着它在态度上也是可分的。"相反,交易者的态度是互动的,彼此之间的价值取向是密切相关的。这一切构成了"组织失败框架"的主要内容,根据这一框架,

---

① 黄家明,方卫东.交易费用理论:从科斯到威廉姆森[J].合肥工业大学学报(社会科学版),
2000(1):33-36.

威廉姆森分析认为,企业(内部科层)之所以取代市场,主要从以下几个方面节省了交易费用:

(1)与市场制度相比,内部交易者通过机会主义倾向以牺牲企业的整体利益来避免自己的能力被削弱,机会主义的动机也因此削弱;

(2)与内部组织相关的各种活动能够得到有效的监督和审核;

(3)内部组织拥有处理争端或纠纷的优势;

(4)内部组织还可以从各个方面减轻信息不对称的影响。

在此基础上,威廉姆森构筑了比较完整的交易费用理论体系。它将经济组织问题作为一个契约问题而提出,认为企业组织是一种规则结构,而不是一种生产函数[①]。

(二)科斯和威廉姆森的研究对比

无论是科斯还是威廉姆森,他们都是以交易费用作为分析问题的工具,将经济学的方法应用于研究制度的运行与演变。并且,他们从一个新的角度分析经济活动,从而在现代经济学中创立了一种新的范式,主要表现为:第一,以交易作为经济研究的起点,更新了正统经济学的概念基础;第二,交易费用理论拓宽了经济学的传统边界和研究领域;第三,交易费用理论将经济学引向了现实世界,使经济学从零交易费用的理想世界走向正交易费用的现实世界,获得了对现实世界经济问题的新的解释力。

另外,在许多新制度经济学家看来,交易费用理论适用于所有能够作为交易或契约问题提出的经济—组织现象,适用于所有的交换关系问题。然而无论是作为首创者的科斯,还是作为集大成者的威廉姆森,他们各自的交易费用理论本身还存在不少偏颇和缺陷。

1.科斯交易费用理论的局限性

科斯交易费用理论的局限性主要表现在以下几个方面。

(1)混淆了交易费用与信息费用在内涵上的差异。如果将交易费用等同于信息费用,那么,必然会陷入"计算信息费用,尚需信息"的无限倒推的逻辑困境。

(2)科斯在对企业起源的论述上,过分强调交易费用的作用。经济学的已有成就表明,分工和在此基础上进行的在同一空间内的协作也是形成企业的重要原因。

(3)关于企业界限问题。当市场结构不是纯粹竞争型时,即使我们假设交易费用为零,市场仍然存在使企业产生、扩大、缩小、倒闭的经济动力。也即市场结构的

---

① 伍山林.企业性质解释[M].上海:上海财经大学出版社,2001.

不完善本身可以单独导致企业界限的变化,交易费用并非是绝对必要的因素。

(4)由于科斯的交易费用理论缺乏行为理论基础,没有将交易费用扩展到所有的市场经济组织之中,因此科斯定理受到各方面的攻击。如有人指出:在非竞争性相互关系中,人们之间存在着的谋略上的相互斗争会造成资源的浪费,因而,由交易费用(利用市场定价机制的成本)为零,无法得出资源达到最优配置的结论。

2.威廉姆森交易费用范式存在的问题

事实上,如果把交易费用理论拓宽到所有经济组织中,并规定其形成的行为理论基础,那么,这些批驳将是难以成立的,因为欺骗等范畴正是交易费用的威廉姆森范式产生的核心行为基础之一。不过,尽管威廉姆森在这方面做了许多开拓性的工作,交易费用的威廉姆森范式仍然存在不少问题。

(1)威廉姆森把分析的基本单位定为交易,认为整个经济组织乃至于整个社会都是由个体间相互契约组成的,经济组织是契约关系的主观组合,从而认定组织中的各个部分是可以任意分割的,并且这些分割和重组只涉及交易费用的问题。显然,这种分析忽略了各种生产组织之间的契约关系与技术关系密切相关这一现实。

(2)在使用有限理性这一假定时存在问题。在威廉姆森的分析框架中,一个重要的假定是有限理性,其存在的主要原因有两个:其一是信息复杂性引起的,其二是信息不确定性引起的。如果不考虑复杂性,就意味着交易主体都可以运用所获得的信息,对于真实情况的理解即使是有限制的但也不存在什么问题。此时,交易双方争议的出现就只能通过他们所使用的信息不同来解释,对相同信息的不同理解而产生的争议实际上被排除掉了。

(3)在威廉姆森的分析框架中,他似乎是说机会主义引起了信息不对称,但引起不对称信息的主要原因是有限理性。由于混淆了机会主义和有限理性,威廉姆森范式一方面无法将行为的机会主义和行为的不确定性区分开来,另一方面也不能把有限理性与缔约环境的不确定性区分开来。如果没有这种区分,机会主义就不能作为一个标准,连同有限理性与资产的专用性来说明缔约问题的存在,并进而确定相应的规制结构。

(4)威廉姆森只考虑了规制结构的成本,没有考虑规制结构的收益,其范式是一种比较静态的分析。按照威廉姆森的观点,规制结构的变迁就是朝着组织和管理资源成本达到最低的方向变化。但引起规制结构变化的不只是成本一个因素,组织在变迁的过程中也会引起自身的变化,这主要表现在组织的技术、生产和营销等特征方面的变化,这些方面的变化可以说是资源配置的收益。

根据威廉姆森范式,如果只比较规制结构的成本,不仅受规制的交易要独立于规制结构之外,而且其性质也要保持不变。这样,一个规制结构被另一个规制结构替代时所涉及的交易费用才有意义。否则,当我们说"交易 X 受结构 Y 规制"时,并未道出隐藏在经验现象背后的真相。在比较不同的规制结构时,如果要维持交易的性质不变,也就等同于假定从规制该项交易中得到的利益是不变的,或规制结构的性质不变。事实上,组织活动和生产活动是不能分割的。如当企业的管理活动提高了投入要素质量时,此时不仅影响到交易费用(由于监督引起的),而且直接影响到产出的价格(由于生产效率的变化)。后一种效应就是规制结构的收益。

交易费用理论上的缺陷,在一般均衡的背景下看得更清楚:当规制结构处于一般均衡时,意味着不存在规制结构重构激励。此时,有关契约事先和事后的条件完全相等,这意味着缔约双方事先对契约的有关条款都能完全理解,且同时认识到事后是不能改变的。显然,威廉姆森对此是持反对态度的。

第二节　企业的边界与类型

一、企业边界

作为市场经济条件下的重要经济实体,企业的存在当然有其边界的存在。然而企业的合理边界到底在什么地方,这是经济理论一直没有很好解决的一个问题。

(一)企业边界的提出

任何一个企业理论都必须回答两个基本问题:企业存在的理由是什么;限制企业规模和范围的因素是什么。因而对企业边界的认识当然离不开对企业本质特性的认识。随着社会生产力不断地深入发展,市场经济不断完善,企业的边界对于促进企业自身的存在与发展发挥着越来越重要的作用,而且这种作用又能使企业在自身运行时达到难以达到的目的或目标。因此,通过对企业本质特性的认识来完成对企业边界的界定,通过企业与市场经济的相互作用来探讨企业边界的作用与功能,对于现代企业的建设和发展有着极其重要的意义[①]。

从研究分工问题的古典经济学开始,企业的性质和边界决定问题实际上已经被提出来。古典经济学从分工与市场关系的角度分析了企业边界如何被决定。而在新古典经济学家看来,企业是一个简单的生产单位,他们从生产成本和收益在边际上相对的角度分析了企业边界的决定。企业能力理论认为企业边界决定问题是一个适应其生存环境和形成核心能力的过程。而自科斯以来,契约成为现代企业

---

① 科斯.企业的性质[M].上海:上海财经大学出版社,2000.

理论探讨的重要内容之一,关于企业边界决定的交易成本范式应运而生。但是,由于契约的不完全性,交易遇到了困难。这时,创造和分配租金的权力,进而由谁拥有资产的控制权以及由此所决定的企业效率边界便成为企业边界的基本问题。不完全契约框架下的自我履约机制、资产配置理论和进入权理论较好地解决了这一问题。不完全契约框架下的权力配置理论在企业边界决定方面的分析是对威廉姆森范式的继承和发展,其代表人物有 Klein、Crossman、Hart、Moore 以及 Rajan 和 Zingales 等[①]。

(二)企业边界的性质

企业的性质决定着企业边界的性质,新古典经济学把企业作为一种生产函数,于是企业边界指的就是企业的规模边界,即投入资本、劳动力、土地等资源产出的最佳规模。交易成本经济学认为企业是由一系列契约组成的,则企业边界问题就是契约的不同组合问题。这些契约分为商品契约和要素契约,企业的边界就是那些契约保留在企业内部,应采用市场交易;适用于要素契约的环节保留在企业内部,将适合于商品契约的环节,采用市场交易作为实体组织的企业是一组要素契约的结合,从不同于市场契约的要素契约的意义上说,是"人力资本与非人力资本的特别合约",之所以发生要素契约对市场契约或商品契约的替代,是因为有些交易活动效率低下。企业是将交易效率低的活动卷入分工,却不要对这些活动的投入和产出直接定价。国内学者刘东认为企业是一组要素契约的集合,是通过要素契约集合形成的知识经验集合和承载知识信息的信息系统。这组具有技术经营知识的要素集合本身可以进行创造性的交易,影响交易效率,并且通过对要素契约效率与商品契约效率的比较和选择,确定不同的契约组合[②]。

在知识经济时代,企业被认为是一种能力型组织,因此,企业边界主要指企业的能力边界,即企业对各种资源的控制能力和支配范围。企业的能力特别是核心能力决定着企业的边界,企业的核心能力被普拉哈拉德和哈默认为是"组织中的积累性学识,特别是关于如何协调不同的生产技能和有机结合多种技术流派的学识",持有这种观点的国内学者有李海舰、原磊、曾楚宏、林丹明。李海舰等认为,企业边界是由企业自身的核心能力决定的,企业边界主要体现为一种能力边界,是指企业对整个市场支配和控制的能力。曾楚宏等认为,企业边界具有两重属性,即规模边界和能力边界,其中能力边界是其核心形式,是由无形资源如知识特别是隐性知识所确定的。企业能力边界是企业边界的本质属性,它的变化决定了规模边界

① 威廉姆森.资本主义经济制度论市场签约和企业签约[M].北京:商务印书馆,2002.
② 曾楚宏,林丹明.论企业边界的两重性[J].中国工业经济,2005(10):75-82.

的相应变化。钱德勒提出效率边界论,他从企业史的角度研究发现,无论是垄断力量还是追求垄断形式,企业规模均由效率因素决定。如果企业规模扩大不能提高效率,应停止扩张活动,从而规模边界被确定。

(三)企业的规模边界和能力边界

1.企业规模边界

要探讨企业规模的边界,首先要明白企业究竟是什么。目前流行的是新制度主义的交易费用观点,它从交换关系出发,认为企业存在的主要原因是节约市场的交易成本。显然,这种解释是非常片面的,它不仅无法合理而可信地解释企业规模的不稳定波动,无法预测企业规模缩小的基本趋势;而且也无法正确地解释企业是如何出现的,因为它根本上还是一个静态的分析,将劳动分工局限于比较优势而不是规模经济或协调经济之上(杨小凯)。对企业性质进行考察的另一个重要思路是古典主义倡导的分工理论,它从企业核心的生产功能出发,认为企业存在的关键是有助于劳动分工的深化而提高效率[①]。

自从亚当·斯密提出专业化和劳动分工决定企业规模边界的观点以来,有关企业规模边界的研究从未间断,取得了丰硕的研究成果,归纳起来主要有以下观点。

(1)企业规模边界的经典理论。亚当·斯密在《国富论》中分析了专业化和劳动分工所带来的报酬递增现象,认为企业规模边界是由技术进步引起的分工协作水平决定的,企业在延伸了的分工链条中可以扩展其边界和规模。卡尔·马克思十分重视协作对企业规模边界的影响。他指出,企业的规模和边界应由协作劳动创造剩余的大小决定,或者说共同劳动的规模由团队协作生产产生的集体力所决定。此外,由于协作生产是技术上不可分的,所以协作的规模就是企业的最小规模,技术的变革能导致生产所需的最低资本额发生变化,使协作规模变大,从而导致企业边界扩展[②]。

科斯通过考察企业内部和企业之间的关系提出了交易成本论。他深入分析了企业产生的原因及其有关规模边界确定的问题后认为,企业规模的大小取决于市场交易费用与企业管理成本的比较,如果前者大于后者,企业就会取代市场价格机制来协调劳动分工,企业的规模边界就会扩大,反之则会缩小。威廉姆森主要从资产专用性的角度对企业规模边界进行了研究,认为不确定性、交易频率与资产

①　巴纳德.经理人员的职能[M].北京:中国社会科学出版社,1997.

②　德姆塞茨.企业经济学[M].北京:中国社会科学出版社,1999.

专用性决定企业规模边界的变化。当某个关键的不确定性的因素存在于原材料的供给过程中时,组织可以向后整合资源去减少其对单一交换对手的依赖性,并且用较有力的条款,保证其对关键资源的可获得性。当这些不确定性因素主要来源于获取消费者的过程或是周期性价格的易变性时,组织可以向前整合。此外,交易频率越高,越需要内在化;资产专用性越强,越需要内在化。还有学者从企业所拥有的资源激活和配置力量的角度来考察企业规模边界,认为企业的规模边界应该被设定在对关键性的资源和外部力量行使最大化的战略控制的临界点上。

(2)企业规模边界的动态理论。钱德勒(Chandler)提出企业规模边界的扩张分为横向(并购同类企业)、纵向(开办或并购本企业的上下游企业)、地域(异地开办企业)、技术或市场(生产与企业现有技术或市场相关的新产品)等四种扩张形式。契斯认为企业的规模边界是企业组织机构在与市场相互作用过程中能力传递的最终体现者,规模边界应该被设定在公司资源组合的最大价值点上。企业规模边界的决定过程就是企业借助制度安排集中许多人使用各自拥有的专业知识组合资源的选择过程。

(3)企业规模无边界理论。张五常倡导规模无边界理论,认为企业的规模边界是模糊的,企业与市场只是一个合约。合约链条,是一种合约代替一种合约,本质上没有区别,其合约的选择是由交易成本决定的。随着企业规模边界的扩张,可能出现边际成本曲线和边际收益曲线无法随着企业规模扩大而相交于一点的情形。此时,企业边界不再是指物质边界,而是指能力边界,企业规模边界的大小,取决于自身核心能力的强弱。

2.企业的能力边界

能力理论认为,企业是一个特殊的能力集合体。企业所有的经济活动都要有核心能力支持,而当这些能力有效地应用于生产活动时,企业才能在激烈的竞争中生存下来。企业边界是由能力决定的,是企业能够开展活动的最大界限。换句话说,当企业的核心能力不能支持某些业务活动、流程、产品或服务,这些业务活动由企业自己生产不能够为自身提供竞争优势,或者可能由企业外部生产、提供时,那么这些业务活动、流程、产品或服务超出了企业开展活动的界限,我们可以说这个界限便是企业的边界。

(1)知识及其创新企业的核心能力是"组织中的积累性知识,特别是关于如何协调不同的生产技能和有机结合多种技能的知识"(Prahalad 和 Hamel),是由企业和个人中的知识特别是隐性知识所构成的。核心能力的实质就是一系列特殊的知识的集合体。企业间能力的差异来源于企业生产经营过程中不同的知识积累和知识水平。企业积累的知识不同,导致企业利用资源的形式不同。企业所拥有知识存量的多寡、知识更新速度的快慢、共享程度的高低最终决定着企业的经营范围和规模。企业正常的生产经营活动需要在专有知识支撑下进行,因此企业必须拥有一定存量的知识;要加快知识存量的积累,就不能通过市场,只能通过企业内部知识的共享和创新。因此,对于构成核心能力的这一部分知识来说,必须将其限制在企业内部,或者说,置于企业边界之内。应力和钱省三认为,根据各种知识在企业中的作用可以将知识划分为一般知识、基本知识和核心知识三个层次。核心知识是指提供或可以提供竞争优势的知识;基本知识是整合为一个业务的知识,它可以提供短期的优势,如最佳实践;一般知识是指对企业生产过程没有主要影响的知识。对这三部分知识的生产、利用、组合情况决定了企业的边界与规模。这三种知识在企业中所支持的业务,可以相应地划分为三种活动:企业核心业务(与企业生存密切相关的所有活动)、支持性业务、可抛弃性业务(具有普遍性的业务)。只有那些核心能力支持的活动,才有生产的意义,否则,就需要将那些不属于核心能力支持的活动通过外包的形式交给市场解决。企业能力边界与外包策略的实施有着非常密切的联系,而企业外包策略的制定和实施,则是在企业整体战略框架下进行的。

(2)企业的长期竞争优势,取决于其所拥有的能够比竞争对手更加卓有成效地从事生产经营活动和解决各种难题的战略性能力。但是,对企业有价值的核心能力或知识往往是稀缺、难以模仿且缺少直接的替代品。所以企业战略的关键环节就是对于战略发展所需要的核心能力与知识的建立、培育、利用以及保护等方式做出一个有效的决策。但是企业的能力也是有边界的,企业不会无限制地运用和发展所有能力,而是将其自身所具备的能力与外部市场中的同类能力进行比较,只保留和培养那些具有比较优势的能力作为核心能力(曾楚宏和林丹明)。也就是说,企业的核心能力所运用的范围与领域是有限的,由其带来的竞争优势也是有范围限制的。实际上,对于企业外包等关系到企业竞争优势的各种战略性决策都是在其能力范围内进行的,因此,制定正确的战略必须在企业边界内进行。

(3)企业战略首先要识别企业的核心能力,只有核心能力才能形成企业的竞争优势,企业才会做出生产的决策。而非核心能力不能为企业带来竞争优势,因此,可以做出外包的决策,由企业外部的生产商或供应商生产。企业的战略首先要考虑企业自身的核心能力,以及核心能力能够发挥作用的范围,而核心能力能够发挥作用的范围就是企业的能力边界[①]。

---

① 曾楚宏,林丹明.论企业边界的两重性[J].中国工业经济,2005(10):75-82.

二、企业边界的古典思想

(一)亚当·斯密的企业边界思想

亚当·斯密分析了劳动分工如何受市场容量的限制,阿林·杨格分析了专业化和分工如何带来报酬的递增和如何影响市场容量的扩张①。斯密认为,劳动生产力上的最大增进,以及运用劳动时所表现出的更大的熟练技巧和判断力,似乎都是分工的结果。他们关于分工和企业出现及扩张的关系的基本思想是:分工导致企业的出现,同时分工所形成的各种工序、工种之间需要协调。随着企业规模的扩大,企业内部就可能采用更加不可分的技术,而这种技术使劳动分工进一步深化,引起规模报酬递增,从而导致企业规模的更进一步扩大,但他认为,劳动分工受市场规模限制。当市场规模一定时,分工中的企业协作规模和边界实际上已大致确定下来,而随着市场规模的扩大,企业在延伸了的分工链条中可以扩展其边界和规模。企业应被定义为要素所有者为取得"协作力",分享"合作剩余"而形成的一种契约关系②。

(二)西尼尔的企业边界思想

西尼尔在《政治经济学大纲》中,尽管没有直接说明企业的边界是如何形成的,却间接地说明了企业的规模有大有小。西尼尔把农业和制造业进行了比较后认为,增益劳动使制造业会按比例的提高效率,使农业会按比例的降低效率。以各种生产手段使用于耕种土地的效率和使用于为适应人类需要对农产物进行加工时的效率之间的重大差别,也就是农业的效率和制造业的效率之间的重大差别。这里要研究的农业效率和制造业效率之间的差别是,农业所具有而制造业所不具有的那种从同一材料取得更多产物的力量。我们已经看到,借助于器械和分工,可以大大促进人类的努力,其促进程度,目前已经无法估量,前途显然还可以无限发展。最后他总结道:土地所具有的优点是,以增益劳动使用于同一材料可以获得越来越多的产物。它的缺点是:产量增加对劳动增加的比率一般会逐渐降低;制造业的缺点是产量的每一单位增加需要材料作同等的增加。它的优点是:使用的材料数量越大,工作就越是可以获得不断地推进。

西尼尔继承了亚当·斯密的分工理论,也就承认了斯密关于企业为什么存在的理论,但斯密关于企业存在的论述缺乏一般性。斯密的分工理论来源于制造业

① 王亚南.资产阶级古典政治经济学选辑[M].北京:商务印书馆,1979.
② 斯密.国民财富的性质和原因的研究[M].郭大力,王亚南,译.北京:商务印书馆,1972.

的兴起,企业存在的理论也来源于制造业,并没有涉及农业。其实,农业类企业的存在也可以依靠分工来解释。西尼尔不经意地用农业和制造业的对比来说明收益递增,说明他的分工理论将斯密的贡献又向前推进了一步。进一步地,企业规模的大小,却不能用分工理论来解释,也就是说,西尼尔进一步暗示了企业边界扩大的另一个原因是规模报酬递增。西尼尔认为,农业企业不能扩大的原因是规模报酬递减。他认为:农业企业的缺点是产量增加对劳动增加的比率一般会逐渐降低。制造业企业扩大的原因是规模报酬递增,即使用的材料数量越大,工作就越是可以获得不断地推进,企业的边界就可以扩大,只是他没有进一步说明,企业大到多大为止,这是科斯后来考虑的问题。但是规模报酬递增的思想却启发了后来的许多人来思考这个问题,只是研究的方向不同而已[①]。

(三)约翰·穆勒的企业边界思想

约翰·穆勒在《政治经济学原理》中对斯密的分工理论做了进一步的阐发。他指出分工法则之外还有更基本的法则:合作,或者称为许多人的联合行动。穆勒把分工建立在合作之上,加深了对分工的理解,也就加深了对企业边界的理解。他将合作分为两种:第一种合作是十几个人从事有利于人们之间互相帮助的统一工作;第二种合作是几个人从事不同的工作时的互相帮助。前者可称为简单合作,后者可称为复杂合作。

在简单合作和复杂合作之间有一个重要的区别。前者表明合作者在合作时总能意识到,对最物质、最粗俗的人也是明显的。后者则只有非常少的人在某种程度上觉察得出来。因为当若干人或若干人群在不同的时间、不同地点干不同的事时,他们之间的合作,虽然也是确定无疑的,却不像前一种情况能那么容易地觉察出来,要觉察出这种合作,得动脑筋好好地思考一番。穆勒的合作思想深化了斯密的分工理论,暗示了企业内部的复杂结构。穆勒还认为,从现代制造业的精细分工中获得的(仅次于工人灵巧程度的提高)最大好处,就是按能力给工人分类,可以更为经济地分配劳动。这是强调管理的作用,强调了企业的出现还有一部分组织成本,并且组织成本比较昂贵,通过管理,能够降低成本、扩大规模。

穆勒还认为,要是一家大企业生意兴隆,需要做许许多多事情,这些事情都无法事先确定,不可能将其转化为明确无误的责任,这就是后来的不完全合约思想。穆勒进一步地认为,股份公司的另一个缺点是不会精打细算,所有大企业在某种程度上都有缺陷。在管理大笔资本和大笔生意时,特别是当经理预期没有多少自身利益时,往往对小笔金额的收益或浪费是毫不在乎的。但是效力能聚沙成塔,小花

---

① 西尼尔.政治经济学大纲[M].北京:商务印书馆,1977.

费也能造成大亏损,对此资本家是很清楚的,也知道建立相应的制度,但即使建立了真正节约的制度,股份公司的经理也很少竭尽全力在企业的每一件小事上坚持不懈地贯彻执行这种制度。穆勒的思想和后来的代理理论中代理成本限制企业的规模,有异曲同工之妙。他认为,在自由竞争的条件下,无论是独资企业还是股份公司生存都是由效率的高低决定的,因为效率最高、最经济的一方最终能靠降价挤垮另一方。可见,在穆勒看来,企业边界最终是由效率来决定的,市场是企业边界的标尺。这和科斯的思想颇为一致①。

(四)马歇尔的企业边界思想

以马歇尔为代表的新古典经济学把企业视为投入产出的转换器、纯粹技术上的生产函数:$Q=Af(K,L,O)$,A 为生产技术,K、L 和 O 分别代表投资的资本、劳动和其他生产要素,企业唯一目标是追求利润最大化。如果不考虑企业为寻求垄断势力而扩大规模的因素,则企业规模取决于效率或单位产出的平均成本。一个企业的效率或平均成本是随着规模的变化而变化,在其他条件一定的情况下,总会存在一个能使企业的效率最高或平均成本最低的规模,即最佳规模。选择企业还是市场,要根据其技术特性而定。新古典理论没有给出企业的明确定义,它假设交易成本为零,视企业为"黑箱",企业最大特点就在于它只是一个技术上的选择,市场只负责提供信号;对企业内部结构、组织秩序不予考虑,相信法庭能无成本解决出现的问题。威廉姆森指出,只有满足以下两个条件时,经济组织才完全由技术决定:①拥有一种唯一的、绝对优于其他技术的技术;②这种技术要求建立独一无二的组织形式。但他认为,这样的技术不仅极为罕见,而且能满足这样技术要求的组织形式更是绝无仅有,技术决定论的前提是不存在的②。

三、科斯的企业边界理论

(一)科斯企业边界理论的形成

科斯企业边界理论之所以会形成一种分析范式,就是因为科斯以前的企业理论在企业边界问题上没有在以下三个问题上形成统一的理论。第一,企业为什么出现(第一个边界)?第二,企业规模为什么扩大?第三,企业规模为什么不能无限扩大(第二个边界)?亚当·斯密提到了企业存在的原因是市场分工,企业无限扩大的原因是市场总的容量太小。但是他没有说明市场分工和企业内分工的区别,

---

① 穆勒. 政治经济学原理及其在社会哲学上的若干应用[M].北京:商务印书馆,2005.

② 马歇尔. 经济学原理[M].北京:华夏出版社,2005.

也没有说明企业出现和企业规模的停止扩大是由统一的理论来解释的;西尼尔回答了第二个问题,没有回答第一个和第三个问题;约翰·穆勒实际认为合作会导致企业的存在,也就是暗示管理导致复杂化的企业的出现和企业规模的扩大,当然企业的过度复杂,管理也难以控制,必定导致企业规模的扩大停止。穆勒也认为市场是企业的标尺,是效率的决定标准,这和科斯的观点很相似。但穆勒的观点比较零散,市场和企业的效率比较也没有一套具体的理论来分析。除了认同上述关于企业边界理论的有关观点外,马歇尔认为技术可以导致企业边界的扩大,而股份制企业面临的风险问题导致企业的规模不能无限扩大①。

科斯的企业边界理论却很好地用统一的理论回答了这三个问题。在理论上,西方新古典经济学家认为市场是最有效率配置资源的方式,而科斯提出了企业出现的原因是企业和市场是两种配置资源的不同方式。科斯提出如下问题:既然市场是资源最优的配置方式,为什么会出现企业?这说明企业也是资源配置的一种形式。市场和企业配置资源有什么不同?科斯的回答是市场配置资源的缺点是市场中的资源配置有交易费用,同样配置一种资源,如果企业内部的管理费用小于市场中的交费用,企业就出现了。如果管理的改进能降低交易费用,企业的规模就扩大了。如果企业继续扩大,导致企业内部管理的复杂化,管理费用就会上升,当企业的管理费用小于配置同样资源的交易费用时,企业的边界就形成了。因此,科斯企业理论的伟大之处在于用统一的理论即交易费用和管理费用的比较解释了企业边界理论的三个问题,形成了企业边界理论的内核。

(二)科斯边界理论的主要内容

科斯认为,在一个典型的组织-企业当中,资源的配置不是通过价格机制来调节的,而是通过人为的协调和控制进行的,"当一个工人从 Y 车间走到 X 车间时,并不是因为相对价格的变动促使他这样做,而是因为他被命令这样做"(Coase)。因此,在科斯看来,在经济系统中,有两种不同的协调经济活动方式,在企业之外,价格变动引导生产,生产通过市场上的一系列交易而得到调节。在企业内部,这些市场交易被取消,指挥生产的企业家-协调者取代了从事交易的复杂市场结构。显然,二者是相互替代的协调生产方式(Coase)。科斯认为,之所以会出现企业,是因为运用市场价格机制配置资源是有成本的。这些成本主要包括发现相对价格的成本、谈判和签订交易合约的成本。当市场中这些成本大到一定程度时,人们便会转而寻求一种替代:用企业来完成原本由市场所进行的资源配置活动。因为通过建立企业,"一种生产要素(或其所有者)无须与那些同在企业内部与之进行合作的生

---

① 陈郁.企业制度与市场组织:交易费用经济学文选[M].上海:上海三联书店,1996.

产要素(或其所有者)签订一系列的合约,如果这种合作是由价格机制的运作直接完成的,则签订这一系列的合约就是必要的。这一系列的合约被一个合约所替代"(Coase),从而节约了交易费用。需要强调指出的是,在这里,科斯表明了一个重要的观点:企业虽然替代了市场,但是并没有消除合约,只是大大减少了(通过市场进行交易时)合约的数量,企业仍然是一个合约,一个生产要素之间的合约。那么,这个企业合约有哪些特征呢?或者说,与普通的市场合约相比,它有哪些不同之处呢?科斯的解答是:"通过这个合约,生产要素为了获得一定的报酬(可以是固定的,也可以是浮动的)同意在一定限度内服从一个企业家的指挥。这个合约的本质在于它只需规定企业家权力的范围。在此范围之内,他可以指挥其他的生产要素。"(Coase)

这就是说,与市场相比,企业的显著特征是在企业内部存在着一种权威关系,即企业家在一定范围内对于其他生产要素所有者行为的指挥和命令。然而,科斯意识到企业内部的这种权威关系并不是绝对的:"当然,要划出一条严格和可靠的界限,以确定是否存在一个企业是不可能的。"在阐述了企业产生的原因以及企业的特征之后,科斯又研究了企业的边界如何确定的问题。"如果通过组织一个企业可以消除某些费用即减少生产的费用,那么为什么还会存在任何市场交易呢?为什么所有的生产活动不能由一个大企业来独自完成呢?"(Coase)科斯的解释是,因为"企业家能力的收益递减",即超过某一点之后,随着企业内交易的增加,组织交易的成本开始上升;另外,随着企业内交易的增加,企业家可能会出现失误,不能最有效地配置生产要素。因此,"一个企业将趋于扩张,直到在企业内组织一项额外的交易的费用等于在市场上通过交换实施同样的交易所需的费用或在另外一个企业内组织这一交易的费用时为止"(Coase)。

由以上的分析我们得出以下几点结论。第一,科斯首先指证企业的显著特征是:在企业内部,资源配置不是通过市场价格机制的自动调节,而是通过权威(企业家)的指挥和命令来进行的,在此,"市场交易被取消"。因此,企业和市场是两种不同的可以相互替代的资源配置方式,在企业与市场之间有一条明显的界限。如果科斯当时不认为是这样的话,他可能就不会写《企业的性质》这篇论文。承认企业和市场是两种不同的资源配置方式,是科斯整篇文章立论的前提和基础。20世纪70年代,科斯的理论逐渐受到重视之后,一些学者认为科斯过分强调了企业与市场之间的区别。

第二,阿尔钦和德姆塞茨在《生产、信息成本与经济组织》中则几乎全盘否定了科斯关于企业性质的分析。"一般认为,企业的特征是采用比普通市场更为优越的权力,通过命令、权威或纪律约束来解决问题的。这是一种幻觉,企业并不拥有其全部投入。与普通市场上任何两个人签订合约的情形相比,企业没有一丝一毫多余的命令权、权威及纪律约束。如果你未能信守交易合约,我只能通过中止与你的未来业务或诉诸法庭以获取赔偿的方式来'惩罚'你,任何一个企业雇主所能做的也不过如此。"

四、威廉姆森企业边界理论

(一)研究思路

威廉姆森认识到,在研究经济组织问题时,各种研究方法的很多差别都源于其行为假定上的不同(Williamson)。坚持科斯"对人类行为的研究应该从现实中的人出发"的理念,威廉姆森毅然抛开新古典范式"经济人"假设和最优化模型,将科斯倡导的"现实中的人"理解为"契约人"(contract man)。"契约人"不具备"经济人"的理性行为,而是表现为有限理性和机会主义。有限理性是关于行为人认知能力的假设,属于排除非理性和无理性以后,不同于强理性(新古典范式收益最大化的假设)和弱理性(有机理性),演化经济学的理性假设的中等理性,预示着行为人意图实现完全理性,但有限的认知能力会阻碍这种意图的完全实现。另外,虽然"契约人"和"经济人"都是自利的(self-interested),但前者的机会主义假设意味着行为人是损人利己获取自身利益。根据拉卡托斯的科学纲领,完全理性是新古典范式的硬核部分,修改这个假定意味着对新古典范式硬核的冲击。由于威廉姆森的假定动摇了新古典范式的硬核,使其不得不抛弃新古典范式惯用的边际替代分析,而改用离散结构分析。

威廉姆森企业边界理论的基本逻辑思路为:以交易作为经济分析的基本单位,并将每次交易视为契约。由于人的有限理性,交易者不可能预测到未来交易的所有偶然事件,并以第三方能够证实的方式签订契约,因而契约天然是不完全的。在交易者机会主义动机的驱使下,契约签订后可能会出现违约、成本高昂的讨价还价和再谈判等危害契约关系的行为。因此为保证交易的顺利实施,交易者需要根据交易的不同类型确定不同的治理结构以减少交易效率损失。由于治理结构的不同属性决定不同治理结构在应对不同交易属性所决定的不同类型交易时具有比较优势(比较优势具体表现为节约治理成本),因而经济治理的核心问题是研究如何在交易类型和治理结构之间实现有效匹配。企业作为一种科层治理结构具备的治理结构属性特征,决定其在治理交易频率高的专用性资产交易中具有比较优势。由于企业的这种比较优势会随着企业内部交易数量的增加产生的激励扭曲和选择性干预的不可能性逐渐削弱,因而企业边界不能无限扩张,存在适度的效率边界①。

秉承科斯传统,否定新古典经济学企业"黑箱"(black box)论,深入分析企业

---

① 卢现祥.新制度经济学[M].北京:北京大学出版社,2006.

存在、企业边界和企业内部组织,意味着需要对企业进行较传统微观经济学更加微观化的分析,为此必须寻求适合的经济分析单位。根据作为经济学、法学和伦理学的基本分析单位必须包含"冲突、秩序和依存"(conflict,order,mutuality)三项原则的康芒斯传统("康芒斯三角"),威廉姆森同样选择"交易"作为经济分析的基本单位,并将交易界定为"产品或服务在技术可分界面之间的转移"(Williamson)。但是,"除非能将影响交易费用的各种因素确定下来,否则仍将难以说明为什么不同交易采取不同组织方式的原因"(Williamson)。为此,在给定基本的行为假设以后,威廉姆森将交易维度化,分析了交易属性与离散治理结构之间的关系。基于对"企业"和"市场"两种极端(polar)的治理结构生产成本和治理成本差异的模型分析,以及不同治理结构属性的考察,威廉姆森阐释了作为一种治理结构的企业(firm as a governance)的边界[①]。

(二)威廉姆森企业边界理论的主要内容

1.交易属性

确定交易费用的关键在于对交易的不同类型进行区分,并在交易类型和相应有效的治理结构之间建立一致性。为此,威廉姆森从资产专用性(asset specificity)、不确定性(uncertainty)和交易频率(frequency)三个维度界定了交易属性。资产专用性是交易三维度中最为重要的维度,是指在不牺牲生产价值的条件下,资产可重新用于不同用途和不同使用者使用的程度。资产专用性会导致交易前后发生根本性转变(fundamental transformation),即由交易前的大数目交易转变为交易后的小数目交易,从而导致双边依赖。早期威廉姆森主要分析地点专用性、物质资产专用性、人力资本专用性、满足特定需要的专用性(dedicated specificity),后来拓展了商标专用性及临时专用性(temporal specificity)。不确定性(威廉姆森借用奈特的概念)意味着缺乏明确的概率分布。交易中的不确定性可能源于交易者有限的认知能力,也可能是交易双方缺乏有效的信息沟通或机会主义的交易者有意为之的结果。不确定性具体包括:环境不确定性(外部不确定性),是指由于外部环境的随机改变导致的不可预见性;行为不确定性,是指由于交易方歪曲信息、故意伪装等机会主义行为导致的对行为的不可预测性;组织不确定性,是指组织内部不能进行及时有效的信息交流和沟通导致的无效决策和错判。交易的频率也就是交易的次数[②]。

---

① 威廉姆森.资本主义经济制度[M].段毅才,译.北京:商务印书馆,2004.
② 威廉姆森.反托拉斯经济学:兼并、协约和策略行为[M].张群群,黄涛,译.北京:经济科学出版社,2000.

依据资产专用性、交易不确定性及交易频率可以将交易划分为不同类型。威廉姆森认为不同类型的交易应该采取不同的治理结构,在不考虑不确定性的情况下,威廉姆森根据交易频率及资产专用性两个维度区分了四种类型的治理结构[三方治理和双方治理本质上属于处于市场和企业(科层)之间的混合治理][①。

表 5 - 1　交易属性和治理结构

交易频率		资产专用性		
	偶然	非专用	混合	独特
	经常	市场治理	三方治理	
			双方治理	统一治理

根据表 5 - 1,我们可以理清交易属性和治理机制之间内在的一致性。非专用资产(通用资产),无论是经常交易还是偶然交易,都可以采取市场治理的方式。因为资产通用性意味着资产用途和交易对象改变并不会导致资产价值损失,从而交易双方没有维持持久交易的愿望。如果是混合或资产专用性程度较高的资产,而且交易的次数较少,则采用三方治理的方式。因为交易资产具有一定程度的专用性,交易双方存在维持交易关系的意愿,但由于交易频率较低,无法弥补建立专门治理机构的成本(setup cost),只能转而寻求第三方私下解决的方式。如果资产专用性较高,而且交易也频繁,则适于采用双方治理模式。在双方治理的情况下,交易双方仍然是平等的市场关系,只是基于资产专用性的考虑(撇开规模经济和范围经济),双方具有维持长期交易关系的愿望。典型的双方治理包括长期契约、特许经营、战略联盟等。如果交易资产具有独特的专用性,而且交易次数频繁,则需要采用统一治理模式,将交易方的关系由企业间关系转变为具有统一所有权的企业内部关系。因为独特的资产专用性意味着初始交易关系的提前结束,伴随的资产用途和资产使用者的改变将带来资产价值的极大损失。为避免资产价值减损的风险,需要交易双方通过建立专门的治理机构维持特定的交易关系。而频繁的交易因为有利于摊薄建立治理机构的成本,也为实施以科层(hi-erarchies,等级制)为特征的统一治理创造了条件②。

2.治理结构

威廉姆森从契约角度对不同治理结构进行了比较制度分析。基于对交易者有

①　WILLIAMSON O E. The economic institution of captalism[M]. New York:Free Press,1985.

②　WILLIAMSON O E. Why law, economics, and organization[D]. Berkeley: University of California,2000.

限理性的人性假设,真实世界的交易契约均是不完全契约(incomplete contract)。契约不完全为具有机会主义倾向的交易者攫取私利预留了空间,而资产专用性的存在会进一步恶化不完全契约的风险。由于难以通过事前签订完美契约防范交易风险,因而维持交易关系的关键在于及时适应契约执行中的各种意外干扰(disturbances)。在此意义上,适应(包括自发适应和协调适应)成为治理结构或经济组织的中心目标。因而描述治理结构属性,首先要对不同治理结构的适应能力进行比较分析。此外,不同治理结构的差异还在于它们采用不同的治理工具对交易进行治理,以及依赖不同的契约法(contract laws)。威廉姆森采用"离散结构选择分析"方法,将治理结构划分为市场治理、混合治理、科层三种类型,并从自发适应、协调适应、激励强度、行政控制、契约法五个方面刻画了上述治理结构的不同属性①。

表 5-2　治理结构属性

治理属性	治理结构		
	市场治理	混合治理	科层治理
自发适应	++	+	0
协调适应	0	+	++
激励强度	++	+	0
行政控制	0	+	++
契约法	++	+	0

说明:"++"表示强;"+"表示中强;"0"表示弱。

由表 5-2 可见,混合治理具备的所有属性都是中等强度的,而处于治理结构两端的市场治理和科层治理的治理属性强度则存在显著差别,在能力和成本上的相对优势也较为明显。市场治理在协调适应和行政控制上处于劣势,但是具有很强的自发适应能力和高能激励的优势(high-powered incentive)。同时市场治理完全尊重法律条款,而且仅仅依赖法院解决交易冲突。与市场治理相反,科层治理由于采用了诸多行政控制手段,因而在通过管理进行的协调适应上具有优势。相应地,科层治理丧失了自发适应能力,激励也转为低能激励(low-powered incentive)。在科层内部,科层成为自己的"终审法院",用私人秩序(private ordering)代替法院秩序(court ordering),通过"家法"(forbearance law)解决交易方的利益冲突②。

① WILLIAMSON O E. The economics of governance[D]. Berkeley:University of California,2004.

② WILLIAMSON O E. The lens of contract:private ordering[D]. Berkeley:University of California, 2002.

3.企业边界

基于对上述不同治理结构属性的分析,威廉姆森将企业定义为交易的科层治理结构,回答了"企业是什么",即企业的本质问题,从而为进一步探询企业边界这个"由来已久的困惑"(chronic puzzle)准备了条件。由于假定企业作为一种科层治理结构的主要功能在于节约交易费用,因而我们可以运用比较制度分析方法,深入分析治理结构的不同属性如何影响企业的能力-成本优势,从而确定企业边界①。

如果企业治理一项交易的交易费用相对低于其他的治理方式(如市场),则该项交易应该纳入企业治理。伴随企业内部交易数量增加,企业边界得以扩张,同时企业的能力和成本优势逐渐发生转换,限制了企业边界的无限扩张。在暂不考虑规模经济和范围经济(给定生产成本)的前提下,决定企业边界不能无限扩张的主要原因,在于科层激励扭曲和官僚主义成本导致不断上升的组织成本及企业协调适应能力的弱化②。

具体而言,科层激励扭曲主要表现为资产滥用和会计造假。资产滥用是由于兼并前后被兼并方激励机制发生改变导致的。兼并前,被兼并方拥有物质资产的剩余索取权,并完全支配资产产生的净收益,因而会权衡资产的使用和保养。被兼并后,被兼并方仅仅享有自身人力资产所有权,为使净收益最大化,会尽量节约人力成本,从而过度使用物质资产,导致物质资产高负荷运转。会计造假则是被兼并方为防止兼并后净收益被攫取而可能采取的预防措施。因为,一旦被兼并,资产所有权和确定会计原则的权力便落入兼并方手中。此时,兼并方可能采取压低资产转让价格或虚增成本的方法挤压被兼并方的资产净收益。为防范此类风险,被兼并方在签约时就可能不断讨价还价,尽量确定对方能够接受的资产价格上限,为兼并后可能的攫取预留空间。官僚主义成本是企业实行强行政控制的副产品,在强行政控制下,企业内部的资源配置更多受制于"人治",更多取决于企业家的政治博弈和政治偏好(Williamson)。于是,企业家可能利用企业资源去实现次要的战略目标,甚至牟取私利。另外,由于企业内部资源配置权控制在企业家手中,为争取有利于自己的资源配置方式,企业其他成员会将自己的资源用于"游说"企业家(企业内寻租),造成组织内耗。决定企业边界不能无限扩张的另一原因在于有限理性决定的企业有限的协调适应能力,而企业协调适应能力又取决于企业能否根据相关信息实施有效的选择性干预。有限理性决定了企业内部的管理层级,因为一个

① WILLIAMSON O E. The new institutional economics:taking stock,looking ahead[J]. Journal of Economic Literature,2001,38(3):595 – 613.
② WILLIAMSON O E. The institutions of governance[J]. The American Economic Review,1998,88(2):75 – 79.

人直接管理下级的人数是有限的,企业边界扩张势必增加企业管理层级,而管理层级增加会导致信息传递效率损失。当这种损失超过企业边界扩张带来的收益时,企业选择性干预失效,企业便达到其协调适应能力所及的最大效率边界①。

第三节　企业的产权结构与委托代理问题

一、产权概述

产权结构是指产权的构成因素及其相互关系、不同产权主体的构成情况和分布状况。对产权结构,从不同的方面考察,呈现出不同的结构状况。我们把产权结构分为产权的权能结构、产权的微观结构(企业的产权结构)和产权的宏观结构。

(一)产权的权能结构

对于一个完整的产权,都是指一束权利,由不同的权项组成,这些权项既可以在同一个主体中,也可以分别属于不同的主体,这样,财产权利就有一个内部的结构。它包括两重含义:一是一个完整的产权由哪些权项组成,相互间是什么关系;二是不同权项的组合或分离状况。

(二)产权的微观结构

产权的微观结构是指不同产权主体内部结构,实际上是指企业的产权结构,即企业财产的组合方式。不同的产权结构组成不同的企业类型,主要包括:个人业主制企业、独资企业、合伙制企业、合作制企业和股份制企业。这种产权结构的划分方法同产权的权能结构的划分有联系,但不等同,因为产权主体与产权权能并不是简单的对应关系,而是通过权能组合形成的产权主体与权能组合的对应关系。

(三)产权的宏观结构

产权的宏观结构是全社会范围内各种产权和产权主体分布的相互关系。它包括两个不同的层面:一是指由狭义所有权所反映的不同所有制企业在整个社会范围内的构成及相互关系。比如,在整个社会范围内,私有制、集体所有制、社团所有制、国有制等各占多大的比例,哪一种所有权处于主导地位,哪一种处于从属地位,

---

① CHEUNG S N S. The contract nature of the firm[J]. Journal of Law and Economics,1983 (26):1-21.

各种不同形式所有权之间的相互关系。二是指由不同产权权项结合或分离状况所决定的企业不同经营形式在社会范围内的构成及其相互关系。比如,在整个社会范围内,所有产权集中于一个主体的业主制式企业,所有权同经营权集中于一个共同体的合作式企业,所有权同法人财产权相分离的公司制,不同产权形式的企业分布和结构,哪一种是主要形式,哪一种是次要形式,各种不同形式企业的相互关系等。

二、产权结构理论发展

(一)企业主制产权结构的理论

系统阐述企业主制产权结构理论的经济学家是阿尔奇安(Alchian)和德姆塞茨,他们在 1972 年发表了这方面的论文。他们认为,企业产权结构的实质就是为了克服企业内部各种要素所有者之间在集体生产过程中的偷懒行为和"搭便车"行为而建立起来的制度安排。企业的生产是一种集体生产,而在集体生产中,每个人都有一种偷懒的动机,尽量使他人多付劳动,从而使自己"搭便车"。这样一种机会主义动机,只有在有效地观察和计量每个人努力程度和贡献大小的基础上,才能被消除。实际上,在集体生产中很难有效地观察和计量每个人的努力程度和贡献的大小,而要充分发挥企业的效率潜力,必须克服偷懒和"搭便车"行为。怎样解决这个问题? 阿尔奇安和德姆塞茨给出的答案是,从制度上将企业的产权结构化,形成一种可监督的结构,使某些人专门从事监督其他要素所有者的工作绩效,即设立监督者。但是,如果监督者只是集体生产中的一个成员,只是从集体中分离出来的要素所有者,那么监督的效果就会大大下降,因为这样的监督者也和其他要素所有者一样怀有偷懒的动机。按此推理,监督者也需要受别人监督。那么,谁来监督监督者呢?

他们提出,实际上通过一种有效的制度安排可以解决这个难题,从而不需要有人去监督监督者。这种制度安排的关键是使监督者与被监督者在利益和动机上相背,设法使监督者的偷懒动机变得对他自己不利,使他通过消除被监督者的偷懒行为而获得利益,即让监督者获得扣除被监督者的工资之后的剩余收入。这样一来,集体生产的各个成员的生产越有效率,监督者的剩余收入越多,从而监督者越有动力去监督各个成员的行为和努力程度,这又反过来促进集体生产的效率,形成良性循环。这个过程的特点是,由监督而提高的劳动效率所带来的收益全部归监督者。这是有效监督的源泉。显然,阿尔奇安和德姆塞茨所倡导的产权结构——监督者拥有剩余索取权的制度,正是早资本主义古典企业的产权安排,即单个企业主掌握全部产权的企业主制。

(二)合伙制产权结构的理论

詹森(Jesen)和麦克林(Mekling)在 1976 年的一篇论文中对合伙制产权结构进行了系统分析。他们认为,合伙制指的是由两个或两个以上的人共同投资并分享剩余收入,共同监督和管理企业。合伙制需要在两个人或两个以上的人之间就共同履行监督职能并分享剩余收入等方面达成协议。他们指出,保证合伙制具有高效率,需要两个基本条件:其一,合伙人就分享剩余收入达到彼此满意的协议;其二,每个合伙人的监督工作都是认真完成的,并且可以毫无代价地加以观察。在这两个条件下,合伙制的产权结构将是增进企业生产力的理想制度。但是,一旦这两个条件不能满足,比如,一旦合伙人的行为不易观察,或监督合伙人的行为需花费较大代价,就会在合伙人中出现偷懒行为、"搭便车"行为,即都希望对方更积极地去监督以减轻自己的负担。出现偷懒、"搭便车"问题后,合伙制就将变成低效率的企业制度,难以维持下去了。他们还指出,在合伙制中合伙人越多,偷懒的可能性越大,因为每个合伙人的监督努力对他自己报酬份额的影响越来越小,而且观察合伙人的努力程度的困难越来越大。这就解释了为什么合伙制企业一般不愿随便扩大合伙范围。多数情况下,合伙制以小规模企业居多。

(三)股份制产权结构的理论

从产权结构来分析,股份公司制不同于企业主制和合伙制的最主要差异表现在,股份公司的产权结构已不再具有单一持有者的私人性,是典型的集合式产权结构。众多的股东即所有者们的产权以股东大会的方式来行使。股东大会选举董事会,董事会是公司的法人,董事长是公司的法人代表。股东们作为所有者拥有剩余索取权,董事长、总经理、经理则拥有监督其他要素的权利。剩余索取权与监督权相分离是股份公司制产权结构的一大调整。这种分离产生了专业经营者阶层,使监督权由职业经营者来行使。

西方经济学家最早论述两权分离问题的是伯利(Berle)和米恩斯(Means)。他们在 1932 年出版的《现代公司与私人财产》一书中提出了"控制权与所有权(the seperation of ownership and control)"的命题,认为在股份公司中由于股权的广泛分散,企业的控制权已转入管理者手中,而企业的所有者也已被贬到仅是资本提供者的地位。后来,鲍莫(Banmol)、玛瑞斯(Marris)和威廉姆森(Williamson)又相继发展了伯利和米恩斯的管理者主导企业的假说。但是,这些经济学家并没有重视两权分离下如何控制经营者行为的问题。

事实上,剩余索取权与监督权相分离,即将监督权留给经营者,会带来经营者的偷懒动机和激励不足的问题。这是因为,经营者执行监督者的职能即监督生产者,会提高劳动效率,增加剩余收入,但这个收入并不归经营者所有,他缺乏积极性。而且,将监督权交给经营者,经营者很可能违背所有者的利益要求去行事,甚至出现挥霍和浪费现象①。

三、委托代理问题

(一)委托代理理论概述

所谓委托代理理论,指直接从信息不对称条件下契约的形成过程出发,探讨委托人如何以最小的成本去设计一种契约或机制,促使代理人努力工作,以最大限度增加委托人的效用的理论。由于委托代理关系中存在三个不可克服的自然性缺陷:委托人和代理人的效用函数不一致、委托人和代理人的责任不对等以及委托人和代理人之间严重的信息不对称,使代理人产生偷懒、机会主义行为等委托代理问题,从而导致非效率损失(表现为道德风险和逆向选择)和代理成本。为了控制代理人的偷懒和机会主义,委托人通过激励和约束代理人的行为来减少非效率损失,从而实现自身效用的最大化。只有当代理成本低于非效率损失时,委托代理契约才是有效的。

委托代理理论主要侧重于解决两权分离后企业内部机制的设计问题,即委托人应该采取什么样的方式在代理人实现自己的效用最大化的同时也能实现委托人的效用最大化,即所谓激励相容的问题。以激励相容问题为核心,委托代理理论研究的主要问题包括:①委托代理理论的假设前提;②对委托代理关系的解析;③代理问题及产生原因;④降低代理成本的途径;⑤对代理人激励约束机制的设计。

(二)委托代理理论的假设前提

代理理论的研究视角是经济学和金融学,它从经济人假设出发,认为人是以自我利益为中心的,且易于倾向机会主义(Eisenhanlt),管理者(代理人)会牺牲所有者(委托人)利益为自己谋求私利。

在所有者看来,管理者和他们之间存在利益冲突。为了控制代理人的机会主义,使这种利益损失降到最低,所有者采取激励与约束的措施,促使在职管理者更好地为所有者财富最大化服务,这些解决办法是由于缺乏信任而形成的,同时也提高了交易成本。与代理理论不同,管家理论的研究视角是社会学和心理学,它从社

---

① 姜再勇,李晶文,李秋良.西方企业产权结构理论及其借鉴意义[J].当代经济研究,1995(3):44-50.

会人假设出发,认为人类行为倾向于集体主义和合作,管理者的目标和所有者的目标是一致的,管理者会像管家一样管理好所有者的财产,并使之实现增值。所有者对管理者充分信任,并与之进行合作,而不是对管理者进行控制。在公司治理实践中,所有者有两种选择,要么建立代理关系,要么建立管家关系①。

(三)委托代理关系

1.关于代理人

首先,若委托主体不明确,作为委托人的职责界限不清,必然会硬性选择代理人,会出现对代理人监督不力的问题,进而影响法人治理结构的运作和效率;其次,委托人行为能力弱,就会作出非理性的选择,则法人治理结构的有效性就会减少;最后,委托人数量的多寡,是单个人还是机构投资者。一般说,委托人的数量与法人治理结构的有效性呈负相关。代理人的基本素质,如道德品质、组织管理能力和经营管理经验;对代理人勤勉尽责的度量方法;代理人的行为动机,如更高的货币收益(工资、奖金、股票收入)、舒适的办公条件、听话的雇员和晋升等;代理人的层次与结构,在监督不力的情况下,层次与结构越简单越好。这些都会影响委托代理关系及公司的运作和效率②。

2.关系的建立

股东通过股东大会与董事会之间形成"信任托管"关系,构成了出资者对公司的一级控制权的支配和行使;董事会和经理人之间形成"委托代理"关系,形成了对公司生产经营活动的二级控制权的支配和行使。这种"嵌套式"委托代理关系的形成充分体现了股东大会、董事会、经理人三者之间的制衡关系。

(四)委托代理理论

Ross 于 1973 年最早提出了委托人-代理人一词。委托人-代理人理论,是由信息经济学的一个分支——非对称条件下的经济分析发展起来的。它集中研究"如何设计一个补偿系统(一个契约)来驱动另一个人(他的代理人)为委托人的利益行动"。在委托人-代理人理论中,委托人-代理人关系泛指任何一种涉及非对称信息的交易,而在交易中具有信息优势的一方称为代理人,另一方称为委托人。因此,该理论认为委托代理问题产生的原因从一般意义上讲,就是委托人和代理人之间的利益不一致和信息不对称。

---

① 苗明杰.企业经营者的角色:代理人或管家[J].上海国资,2003(3):13-16.
② 郭群,张建平.企业内部控制中的委托代理关系分析[J].广东商学院学报,2005(6):59-63.

委托人-代理人理论有一个较为严格的数学模型,以此来研究非对称信息下的激励模型和监督约束机制。Mirrless 用"分布函数的参数化法"和著名的"一阶化"方法建立了标准的委托人-代理人模型。标准的委托人-代理人模型抓住了委托人与代理人之间的信息不对称这一基本前提,即委托人不能直接观测到代理人的行动,而只能观测到其行动的结果,但结果受到行动和其他因素的共同影响。e 表示代理人的某一特定的努力程度,θ 表示不受代理人控制的外生变量(自然状态),e 和 θ 共同决定一个成果 π(如利润),即 $\pi = \pi(e, \theta)$。e 和 π 中,只有 π 可以准确观察到。S 是委托人付给代理人的报酬,其大小同利润的多少有关,即其为 π 的函数 $S = S(\pi)$。C 是代理人努力程度带来的负效用,其为 e 的函数,$C = C(e)$。则委托人和代理人的效用函数分别是 $V = V(\pi) - S(\pi)$ 和 $U = U[S(\pi) - C(e)]$。

委托人在最优化其期望效用函数时,必须面对来自代理人的两个约束。第一个约束是参与约束,即代理人在接受该委托事务时期待的效用至少不低于其从事其他任何事务的效用;第二个约束是代理人的激励相容约束,即委托人为实现自身效用最大化而要求代理人的努力程度必须也使代理人自身的效用最大化[1]。

简而言之,基本模型的框架就是在"激励相容"和"参与约束"两个条件下考虑委托人如何选择激励计划,让代理人的行为符合委托人的利益。这一模型有两个基本结论:①在任何满足代理人参与约束及激励相容条件下而使委托人的预期效用最大化的激励机制或契约中,代理人必须承担部分风险;②如果代理人是一个风险中立性者,可通过使代理人承受完全风险的方法达到最优激励的结果[2]。

但是,以上结论的假设条件(委托人对随机产出没有直接贡献和代理人的行为不易直接被委托人观测到)是可以放宽的。也就是说,一方面,委托人一旦可以对产出作出贡献,代理人的风险中立性就不会带来最优结果;另一方面,如果通过信息系统的建立,委托人能够观测代理人的行为,就可以通过监督行为来弥补某些人由于不能分享剩余而丧失的积极性,其结果是一项剩余分享的合同可能劣于一方单独索取剩余的合同。据此,张维迎教授认为最根本的问题是委托人和代理人如何确定。

---

① 苏玉珠. 代理理论的形成及基本观点[J]. 陕西经贸学院学报,2000(1):76-79.
② 何亚东,胡涛. 委托代理理论述评[J]. 山西财经大学学报,2002,24(3):62-65.

第四节　企业的最优所有权结构选择

一、产权结构对企业的影响

Myeong－Hyeoncho 的研究结果——公司价值分别随内部股东拥有股权比例的增加而增加，表明了当股东亲自参与管理，或者经理人员持有公司股份时，随着他们股份的增加，企业价值将会出现一个抛物线状的变化。这是由于内部人员利用在生产经营活动中的信息不对称机制，把自身利益（而不是股东利益）最大化作为公司的经营目标，也就是"内部人控制"。而当内部人员持有公司股份时，其自身利益与企业利益开始趋于一致，会对他们产生激励作用，使他们努力工作，从而减小了代理成本，有利于企业价值的增长。但是，这样的股权激励应该是足够大的，足以超过经理人员通过利用信息不对称加大代理成本所获得的利益。因此，只有在经理人员的股权比重达到一定程度后，他才可能真正从公司利益的增长中实现自己的利益最大化目标。

就许小年等的研究结果来看，股份的集中程度及其构成对公司的业绩有很大影响：公司业绩与法人股所占比重有正相关关系，国家股所占比重与公司业绩有负相关关系。表明企业股份的集中有利于企业价值的提升，这很容易被理解。当股份过于分散时，产生了众多"搭便车"的小股东，他们之间的相互制衡可能影响了企业的效率；而国家股比重越大，对业绩越有副作用，这可能是因为民营上市公司的治理要优于国有上市公司，国有上市公司的治理存在问题。聂长海等的研究结论，即股权集中程度和公司综合业绩存在显著的正相关关系，和许小年等的研究成果一致，进一步表明企业股份的集中与企业价值存在显著的正相关关系。而且其进一步指出，之所以国家股所占比重与公司业绩有负相关关系，是由于在法制不健全的条件下，企业中缺乏监督的国有资本被内部人所控制，加之治理结构不规范和对国有资本的软约束，造成公司业绩受损。

刘小玄等通过研究企业改制对其经营绩效的影响程度，得出非国有资本对企业绩效有正的影响效应，而国有产权的存在则会对企业经营绩效产生制约，其中，个人资本对提高企业经营绩效的作用最为显著，这主要体现在经营者持股比例的增加会使其自身利益与企业利益相一致，对自身产生激励作用，促进其工作积极性，从而减小代理成本，提高企业经营绩效。单虹等的实证研究结果表明，企业产权结构的配置与绩效之间存在着紧密联系，股权过于集中或是过于分散都会对企业经营绩效产生不利的影响，因此只有达到一定的制衡点，才会既不损害大股东权益,又能有效提高公司价值,在此基础上,非国有控股公司的绩效要远高于国有控股公司。也就是说,国有股的存在会在一定程度上削弱制衡作用的效果,阻碍企业经营业绩的提高,这也是我国长期进行国有企业改革的原因之一。但是,企业中国有股的一股独大并不必然意味着该企业的效益就一定不佳。事实相反,统计显示:一大批优秀的中国上市公司,其产权结构都处在国有股的一股独大的模式下;而违规乱纪事故多发地带,却集中在股权分散的上市公司中。无论是从业绩水平还是稳定性来看,股权集中的国有上市公司都要比股权分散的上市公司表现优异得多。

二、国有企业产权结构问题

产权制度改革作为提高国有企业经营效率和企业价值的有效手段,在促进我国整体市场经济层面发挥着重要作用。目前,我国国有企业产权结构已由单一产权主体逐步转向多元化产权结构,这得益于国有企业近年来所实行的公司制、股份制改革。产权多元化为解决国有独资企业一元产权安排所固有的一些弊端提供了可能性和现实性,这些弊端的概括称谓就是日常经济生活中经常被人们斥责的政企不分,但是简单地认为实现产权多元化就可以使国有企业的产权明晰,就可以实现所有权与经营权的分离,摆脱政府的干涉,建立起科学合理的法人治理结构,未免有点一刀切的意味。党的十四届三中全会提出,要建立"产权明晰,权责明确,政企分开,管理科学"的现代企业制度,而产权结构改革则是重中之重,由此便拉开了国有企业产权制度改革的序幕。改革初期,产权结构改革由于涉及国有资本私有化的问题,在推进中易受政府主导和各方利益者的阻挠,产权结构优化并未得到充分发挥,以国有独资公司为代表的单一产权制度还广泛存在。十六大以来,随着股份制产权制度改革的深入,国有经济布局和结构逐渐得到优化,但由于国有资本的特殊性,政府干预过多、行政化垄断机制的局面仍然存在。积极促进国有资本、集体资本、非公有资本等交叉持股、相互融合,发展混合所有制经济;坚持政企分开、所有权与经营权分离,保持权利、义务、责任相统一,作为党的十九大提出的对国有企业产权结构的新要求,对构建中国特色现代国有企业制度有着重要指导意义。

本书正是要在对企业产权结构的本质内涵进行深入研究的基础上,从国有资本的特殊性出发,寻找国有企业的理想产权结构,进而对我国国有企业产权结构优化提出指导性建议,从而可以根据企业所处社会背景、经济与法制环境、资本构成、所有者行使意志的能力等,合理安排产权结构。本节的研究,希望可以起到抛砖引玉的作用,促进公众对这一问题的认识。目前,渐进式的国有企业产权改革尽管已取得不错的成果,但离建立完善的现代企业制度的目标还存在很大差距,不少国有企业的产权结构还存在弊端,主要表现在以下几个方面。

一是产权界定不明晰。多元化产权结构为实现财产所有权和经营权的分离提供了可能性,但界定企业经营权和所有权的具体标准还不够完善,企业内部各投资主体之间的权责关系不明确,导致产权拥挤和搭便车行为犹存。分类改革要求根据企业的不同市场功能,进行合理的产权结构安排,这为企业产权的界定带来了新的挑战。部分改制企业仅仅是过去经营模式的"翻版",并未从根本上划清政府与企业之间、企业内部人员之间的权、责、利关系,这使得企业国有资本无法起到资源合理配置的作用,导致企业经营效率偏低。

二是产权结构不合理。国有企业中股权资本与债务资本的比例不合理,资产负债率偏高,造成了国有产权基础虚空。由于国有企业资产负债约束较少、过度融资扩大规模等历史原因,我国不少国有企业债务负担普遍过重,股权资本比例较低。"去杠杆""债转股"的政策推动在一定程度上改善了资产负债结构,但与民营企业相比还存在一定差距。据统计,2018年末国有企业平均资产负债率为64.7%,较上年相比下降0.2个百分点,与2020年下降2个百分点的目标还存在很大差距,其中央企的资产负债率达到65.7%,地方性国有企业的资产负债率也不尽相同。过高的资产负债率降低了企业的偿债能力和再融资能力,对国有企业的可持续发展造成不利影响。

三是产权配置凝固化。产权的本性决定了它应该具有流动性的特点,现阶段,国有企业改革正在从企业角度转向资本角度,激烈的市场竞争和对利益的"无限"追求,促使国有资本不断地由低效率、低回报的企业、行业、地区流向高效率、高回报的企业、行业、地区,促进有效产权替代无效、低效产权。但是,在目前的国有企业中,由于产权关系尚不明晰,多方利益者的集中复杂化,尽管股权分置改革取得了一定成果,历史上非流通股的遗留问题仍然存在于部分国有企业中,政府在企业运营中还占据着一定的主导地位,国有资本投资公司在授权放权、投资运营等方面还存在明显不足,产权交易市场不成熟,企业间的产权交易和流动受到极大限制,产权配置效率大为降低,企业效率也大受影响。

三、国有企业产权结构优化

所谓最优的产权结构是指假设存在着这样一种产权安排,在企业的产权按照这种结构组成时,企业的治理运营状况良好,企业内各个利益主体的利益矛盾缓和,目标趋于一致,从而可以使企业的潜力和资源得以充分发挥利用,在现实的约束条件下,可以使该企业的价值最大化。

国有企业的委托代理问题要比一般的私人企业严重得多。它天然地对企业的产权安排提出了更高的要求,要求一套合理地能够保护国有产权的国有资产委托代理制度,保证国有资产的委托人和代理人都能恪尽自己的职责和义务。国家持有国有产权的目标包括社会目标和经济目标,保证国家目标的实现是国有资产管理体制的基本任务。如果我们具备了这样的制度环境,国有企业同样可以像私有企业一样轻装上阵。

总的来看,这样的一套国有产权委托代理制度需要满足以下一些条件。

(1)在国有资产管理体制职能设计时,必须相应考虑到责任体系。职能体系规定国有资产管理所具有的社会与经济功能,具体表现为国家持有国有资产的目标所规定的内容功能性的规定代表着国有资产管理机构和管理者在配置社会资源方面所拥有的权利与权限;而责任体系则是为保证国有资产管理职能目标的实现所做出的一系列追溯制度的安排,这主要包括受托管理责任、财务责任、政治责任、政策责任以及道德与社会责任等。责任性规定代表着国有资产管理机构与管理者在行使其管理权的同时所应承担的责任和义务。

(2)建立合理的国有资产管理绩效评价体系。国有资产管理的业绩评价是对国有资产运行效果进行考核和鉴证,并通过反馈机制来不断修正和完善国有资产管理体制。由于国有资产管理绩效的评价结果往往涉及国有资产管理机构及其管理者的切身利益,所以评价标准的选择就显得十分重要。

总的来说,国有资产管理绩效的评价标准是看其是否真正实现了国家持有国有资产的社会目标和经济目标,但在确定评价体系时则应考虑在国有资产分类分级管理的条件下,各类各级国有资产管理机构及其管理者所负有的不同职能与责任,避免"一刀切"。具体来说,与国家持有国有资产的目标相适应,国有资产管理绩效的评价指标可分为社会性指标和经济性指标两大类。社会性指标主要考察国有资产管理体制运行结果的"公共性",而非营利性,这类指标主要包括稳定性、安全性、公平性和效果性等。经济性指标主要是考核国有资产的盈利性,从而判断国有资产保值与增值的状况和水平,这类指标主要涉及国有资产使用的效率性、效益性和增长性等方面。应该指出的是,社会性指标和经济性指标在很多情况下是相互矛盾的。比如,当强调国有资产配置效率时,可能会对就业和环境保护等社会性目标造成不利影响等,但是从国有资产的性质和国有资产管理的责任要求来看,社会性指标可能更重要。因此,国有资产管理体制的改革、运行及其绩效评价过程必须在社会性与经济性之间进行有效权衡。

(3)企业经营者选择机制市场化,着重建立经营者激励和约束机制。首先,建立市场经济的选人用人机制是建立现代企业制度的必然要求,国有企业应引入竞争机制,通过经理人才市场对在职经理形成"经理替代"的压力,建立严格的淘汰和惩罚机制,以高标准来严控企业经营者的管理能力和职业道德,完善企业家的选拔和培养机制。竞争是市场经济中最具生命力和活力的内在本质要素,企业家作为一种人才资源,就必须适应市场经济的需要,利用市场优势,运用市场经济规律,通过引入竞争机制来推动企业家职业化;同时,将经营者的业绩评估与企业的经营绩效挂钩,实行奖惩机制,也能有效提高企业的经营效率。其次,根据企业实际,对企业经营者的在职消费做出明确规定,将企业经营者收入显性化、市场化,改变目前国有企业经营者显性收益少、隐性收益多,工资收入少,在职消费多的现状。

(4)提高企业运作的透明度。只有信息的充分披露,才能实行有效监督,防止经营者管理腐败与出卖出资者利益,及时发现企业运作存在的问题,通过实行财务总监制度,以及健全内部会计和外部审计制度,加强监督与信息的披露。同时,为预防改制过程中国有资产的流失,应完善国有企业产权交易机制,促进交易过程公开化、透明化,保证国有企业监督管理部门能实时监控企业经营者和所有者的实际行为,防治国有资产被有意"低估化"。

(5)根据行业性质,合理配置产权结构。在进一步规范企业产权边界的基础上,根据国有企业所处行业在市场中地位的不同,明确国家持股比例要求,优化企业内部资本结构;并随着改革的逐渐深入、经济形势的变化适时调节,保证国家和其他外部投资者的合法权益。同时,合理控制企业内部的资产负债结构,避免盲目扩张所带来不必要的损失。

(6)建立国有资产全面监督体系,加强企业内外部监管。对企业内部人员进行强有效的监管,避免其滥用职权、假公济私;从企业整体来讲,对股东之间形成的制衡关系进行必要监督,避免不当决策和行为发生。

[案例]

湖南涟邵建设工程(集团)有限责任公司(简称:涟邵建工)是主营建筑业的国家一级施工企业,属于国家高新技术企业,创始于1953年,成立于2001年,是由湖南省涟邵矿业集团有限责任公司(简称:涟邵矿业)出资将湖南华建工程公司、湖南娄底涟邵设计院有限责任公司、湖南娄底广厦房地产开发有限公司、湖南湘中测绘设计院等法人单位组建而成,注册资本为人民币5000万元。企业性质为国有独资公司,地处湖南中部小城娄底,是一家典型的地方性国有独资企业,主营矿山建设及采矿的国家矿山工程总承包大型施工企业。2006年5月公司股份制改革,国有独资企业变更为国有参股公司,转换机制,增强活力,企业发展加速。后经企业产权改革,2013年4月广东宏大爆破股份有限公司(简称:宏大爆破)收购湖南涟邵建设工程(集团)有限责任公司100%的股权。同年5月,股权变更为广东宏大爆破股份有限公司控股51%,公司高管和骨干股份49%。2016年,广东宏大爆破股份有限公司收购公司高管、骨干持有的49%股权,实施股权增发,公司成为宏大爆破法人独资企业。为适应新形势的需要,公司将进一步借助母公司宏大爆破"矿业管家""民爆一体化""现场混装炸药车"及"爆破技术领先"的优势,进一步深化内部改革,优化资源配置,加强企业管理,提高市场竞争能力,做大做强做优。

涟邵建工创始之初为国有独资公司,主要定位服务于煤矿,业务以煤矿基建为主。随着公司不断发展,功能定位及业务单一成为公司短板,但因控股股东涟邵矿业以煤为主,在股东决策层面,公司经营难以转向,市场越来越受限,而企业实际经营者对此无决策权,使得公司决策与其实际发展存有偏差。同时,受国企性质和地域发展的约束,企业内缺乏创新精神,公司经营者和职工谨慎保守,对外无法扩展自身业务,发展进入瓶颈期。资金运营层面,涟邵建工由多家国有企业进行资源整合改组而成,自有资产有限,缺乏稳固的资金支持和融资渠道,再加上建筑类行业项目运营前期需要投入大量成本,因此发展受到很大制约。

通过股份制改革,由国有独资公司转变为国有控股公司在一定程度上改善了国有股"一股独大"的局面,为企业的发展注入了新鲜血液,提高了管理层和员工的工作积极性,但公司发展等根本问题尚未得到充分解决。直至2013年,与宏大爆破重组后,一系列问题得到改善,公司发展迅速,经营绩效得到明显提升。首先,从体制上入手,敢于打破局面,大力推行产权多元化的混合所有制经济,彻底打破国有独资僵化体制,优化股权结构,形成以产权为纽带的整体布局。其次,在保证国有资产不被流失的前提下,实行国有股的有效减持或退出。再次,合理分配公司产权结构,在保证控股股东决策权的前提下,对公司管理层和核心人员配置相应股份,形成产权激励计划,以保证经营者与所有者利益趋于一致,从而实现公司价值最大化。最后,通过严格配备合格的经营管理者,健全公司内部管理体制,明确划分各相关人员的权、责、利关系,在决策权与经营权相分离的基础上,保证控股股东充分授权给管理人员,以实现公司决策及时、有效性。通过上述一系列改制措施,截至2016年末,涟邵建工的年产值规模已达到2012年的三倍之多。

案例评析:

产权结构多元化为我国国有企业改革提供了方向,但并不是只要实现了产权多元化,企业就可以充分实现所有权与经营权的分离,就能提高企业的经营绩效,最主要的是要找到合理制衡点,在促进经营者积极性的同时,保证企业所有者能安心的放权授权。这就需要建立一个完善的现代企业管理体系,既要能保证产权结构合理有效,又能使所有者与经营者之间的委托代理关系得到保证,而本案例中的产权激励计划就属于其中之一。

案例讨论：

结合本案例说明国有企业产权结构优化的路径和预期效果。

复习思考题

1. 简述企业的性质。

2. 简述交易费用理论的内容。

3. 简述企业边界理论的发展。

4. 简述产权结构的演进。

5. 简述委托代理理论的内容。

参考文献

[1] 张五常. 经济解释[M]. 北京：商务印书馆，2000.

[2] 盛宇明. 科斯《企业的性质》之质疑[J]. 经济学家，2003(1)：78 - 85.

[3] 周其仁. 公有制企业的性质[J]. 经济研究，2000(11)：3 - 12.

[4] 科斯. 企业、市场和法律[M]. 上海：上海三联书店，1990.

[5] 杨小凯. 经济学原理[M]. 北京中国社会科学出版社，1998.

[6] 科斯. 论生产的制度结构[M]. 上海：上海三联书店，1994.

[7] 斯密. 国民财富的性质和原因的研究[M]. 北京：商务印书馆，1979.

[8] 西蒙. 管理行为：管理组织决策过程的研究[M]. 北京：北京经济学院出版社，1988.

[9] 吴价宝，达庆利. 企业核心能力的系统性识别[J]. 中国软科学，2002(10)：51 - 55.

[10] 吴炯，胡培，任志安. 企业边界的多重性与公司治理结构[J]. 经济科学，2002，24(6)：92 - 98.

[11] 伍山林. 企业性质解释：节约交易费用与利益社会生产力[M]. 上海：上海财经大学出版社，2001.

[12] 陈郁. 企业制度与市场组织：交易费用经济学文选[M]. 上海：上海三联书店，1996.

[13] 马歇尔. 经济学原理[M]. 北京：华夏出版社，2005.

[14] 郭群，张建平. 企业内部控制中的委托代理关系分析[J]. 广东商学院学报，2005(6)：59 - 63.

[15] 苗明杰. 企业经营者的角色：代理人或管家[J]. 上海国资，2003(3)：13 - 16.

[16] 李晓光. 从激励补偿角度协调委托代理关系[J]. 边疆经济与文化，2005(12)：31 - 33.

[17] 张五常. 企业的契约性质[M]. 上海：上海三联书店，1996.

第六章　国家理论

诺思通过经济史研究发现，"国家的存在对于经济增长来说是必不可少的，但国家又是人为经济衰退的根源"。国家通过界定产权、实施契约、供给正式制度等公共产品，深刻地影响着经济绩效，并最终对导致经济增长、停滞或衰退的产权结构或制度安排的效率负责。在本章中，我们将首先考察国家的定义与职能，随后着重讨论诺思的国家理论和奥尔森的强化市场型政府理论，最后简要介绍国内学者为解释中国经验而提出的代表型民主和中性政府理论。

第一节　国家的定义与职能

一、国家的定义

研究国家理论，首先应当明确我们所谈论的"国家"的定义。在广义上，国家是指基于一定领土而在政治上组织起来的全体社会成员的共同体；在狭义上，国家是指居于社会成员之上并与之相对立的一套政治机构，含义接近于政府①。汉语中"国家"一词有三层含义：其一是国土、疆域和自然地理意义上的国家，相当于英语的"country"；其二是国民、民族或文化共同体意义上的国家，相当于英语的"nation"；其三是政权、政体及其制度和组织意义上的国家，相当于英语的"state"。

本章对国家理论的讨论中，所使用的主要是狭义的、"state"意义上的"国家"。现代国家概念形成于 13 世纪下半叶至 16 世纪末的意大利、法国和英国，既区别于无国家（stateless）的原始氏族、部落，也不同于前国家（per-state）的欧洲古典时代的城邦、共和国、帝国以及中世纪的封建王国。英国思想史学家昆廷·斯金纳（Quentin Skinner）将现代国家界定为"与统治者和被统治者相分离的公共权力，它在某一特定地域内构成最高政治权威"，从而是"其领土内司法和立法权力的唯一渊源，是其人民矢志忠诚的唯一正当目标"②。这意味着国家概念由前现代

---

① 吴惕安，俞可平. 当代西方国家理论评析[M]. 西安：陕西人民出版社，1994：90.
② 斯金纳. 现代政治思想的基础[M]. 北京：求实出版社，1989：2，629-630.

社会统治者维护自身地位的工具转变为独立的、统治者有义务维护的宪政秩序，而其前提则是对神权、宗主权、封建制的否定以及对世俗化和中央集权化的肯定。

随后启蒙运动中的国家概念则被寄予了启蒙思想家对想象中的理想国家的哲学沉思，成为推动西方社会挣脱中世纪的束缚、构建现代国家的规范性力量，并在法国大革命之后的 19 世纪，分裂出自由主义、社会主义、黑格尔主义、无政府主义等不同政治派别所定义的不同国家概念。各种理论之间的冲突促使西方学术界试图从社会历史经验中挖掘现实的国家概念，并寻求一般化且价值中立的国家定义，从而形成普遍适用于各种理论的共同前提。

其中，德国社会学家马克斯·韦伯（Max Weber）的定义颇具权威性和影响力。韦伯认为，现代国家是"组织支配权的强制性机构，它已经成功地做到了在一定疆域之内，将作为支配手段的暴力的正当使用权加以垄断"，而"其他机构或个人被授予使用暴力的权利，只限于国家允许的范围之内"[①]。韦伯的国家概念包括三层含义：①国家是一定疆域内的一套制度或机构（institutions）；②这套制度或机构的支配权具有强制性，现代国家垄断了作为支配手段的暴力的使用权；③这种支配或对暴力使用权的垄断具有或被视为具有正当性。

"暴力机器"作为国家实施统治支配所使用的"生产资料"，其所需资金则来源于税收。韦伯之后的另一位德国社会学家诺贝特·埃利亚斯（Norbert Elias）认为，在现代社会里，中央政权既独占臣民无权占有的军事手段，又垄断取自个人财产和收入的赋税，二者是"鸡与蛋的关系"：税收的垄断维持着政权的独占，而政权的独占又捍卫了税收的垄断。并且，只有当对暴力和税收的垄断从私人垄断过渡到公共垄断，中央政权才能形成稳定而又专业化的统治机构，即现代意义上的国家。反之，对暴力和税收的双重垄断的崩溃，则将导致国家崩溃[②]。

埃利亚斯的结论基于对西欧文明史的细腻考察，而美国经济学家曼瑟尔·奥尔森（Mancur Olson）则从逻辑分析的角度精辟地阐释了类似的思路。奥尔森将国家比作固定的匪帮，而税收无非是过去流窜的匪帮理智地安顿下来后在其地盘上垄断了盗抢行为，不再随意劫掠，从而长期且相对稳定征收的保护费。统治者为谋求税收最大化，显然有动机去刺激社会生产以扩大税基。因此，国家作为固定的匪帮将制定适度、稳定的税率而不会过分地竭泽而渔，并将其所控制的部分税收资

① 韦伯.学术与政治：韦伯的两篇演说［M］.北京：生活·读书·新知三联书店，1998：55，61.
② 埃利亚斯.文明的进程：文明的社会起源和心理起源的研究：第二卷［M］.北京：生活·读书·新知三联书店，1999：118，125－129.

源投资于促进生产能力建设的公共产品，而非只用于统治者的及时行乐[①]。国家统治者具有的利害关系越是能涵盖更大比例的人口、产出或社会成本收益份额，就越会鼓励生产性而非再分配性的活动，以期促进经济增长和社会发展，而这也会赋予国家以正当性。

综上所述，可以概括出现代国家的一般定义：国家是在一定疆域内垄断了暴力的正当使用权和税收并提供公共产品的制度或组织。具体而言，国家应当提供哪些公共产品呢？对这个问题的回答涉及对国家职能的界定。

二、国家的职能

（一）国家的职能范围与国家能力

日裔美籍学者弗朗西斯·福山（Francis Fukuyama）从组织物质和人力资源实施国家干预的角度，将国家概念区分为两个维度：其一是国家职能的范围，即政府承担的各项职能及其所追求的目标；其二是国家从事给定职能的能力，即政府各职能部门在制定和实施法律政策以及高效廉洁的管理上所体现的机构力量或制度质量[②]。

世界银行在1997年的《世界发展报告》中，曾按照政府职能的连续统一——从若无国家干预就完全无法进行的活动，到国家扮演积极角色的市场协调和资产再分配活动——列了国家职能的分类框架。如表6-1所示，国家应当以解决市场失灵、促进社会公平为己任，首先履行提供国防、秩序、保护产权等纯公共产品并致力于反贫困的最小职能；然后在由此形成的制度和社会环境中，提供基础教育、环境保护、公用事业、社会保险等公共服务，并在这些领域内与企业、市场和公民社会展开合作；最后政府还可能通过制定并实施产业政策和财富再分配政策，更积极地干预私人领域的活动。该报告认为，使国家职能与国家能力相匹配对提高国家的有效性至关重要。能力较弱的国家必须将注意力首先集中于履行好最小职能，而能力较强的国家则可以发挥更为积极的职能。例如，一个有效的国家只有在做到防御外来侵略并提供公共秩序后，才能考虑全民医保和免费教育。

---

① 奥尔森.权力与繁荣[M].上海：上海人民出版社，2005：6-8.
② 福山.国家构建：21世纪的国家治理与世界秩序[M].北京：中国社会科学出版社，2007：7.

表 6-1　国家职能的范围

职能分类	解决市场失灵			促进社会公平
最小职能	提供纯粹的公共产品			保护穷人
	国防、法律与秩序			济贫
	财产权保护			赈灾
	宏观经济管理			
	公共医疗卫生			
中等职能	治理外部性	规制垄断企业	缓解信息不对称	提供社会保险
	基础教育	公用事业管理	提供社会保险(医疗、人寿、养老)	再分配性养老金
	环境保护	反垄断		家庭津贴
			金融监管	失业保险
			消费者保护	
积极职能	协调私人领域			再分配
	建设市场			资产再分配
	产业政策			

资料来源:WORLD BANK. World development report 1997:the state in a changing world [M]. London:Oxford University Press,1997:27.

　　如何将国家能力这种稀缺性的资源配置到不同的职能上,也会因国家及其发展阶段而异,从而反映了不同国家的不同职能部门在制度或机构质量方面的差异和动态变化。例如,世界银行编制并公布的全球治理指标,就测算了六个可用作度量国家能力的指标:腐败控制、政府有效性、政治稳定与非暴力、规制质量、法治以及话语权和问责制。图 6-1 利用 2011 年的数据,以政府有效性度量国家能力的强弱,以税收占 GDP 的百分比度量国家职能范围的大小①。据此可以看出,发达国家治理能力普遍较高,但西北欧福利国家明显具有比美、日、新加坡等国更大的政府规模和更宽的职能范围。对照表 6-1,西北欧国家的确履行了更多的社会保障和再分配等促进社会平等的中等职能。

　　相比之下,中低收入国家的政府能力则普遍较弱,国家职能范围也较小。尤其在经济落后、停滞甚至衰退的国家,往往国家职能错位,未能将更为有限的国家能力首先用于充分履行法治、产权保护、经济和社会基础设施投资等最小或基本职

①　当然,一国税收的相对规模不仅取决于国家职能范围的大小,还取决于该国的财政汲取能力。此外,税收规模本身也不能告诉我们国家具体履行了哪些职能。

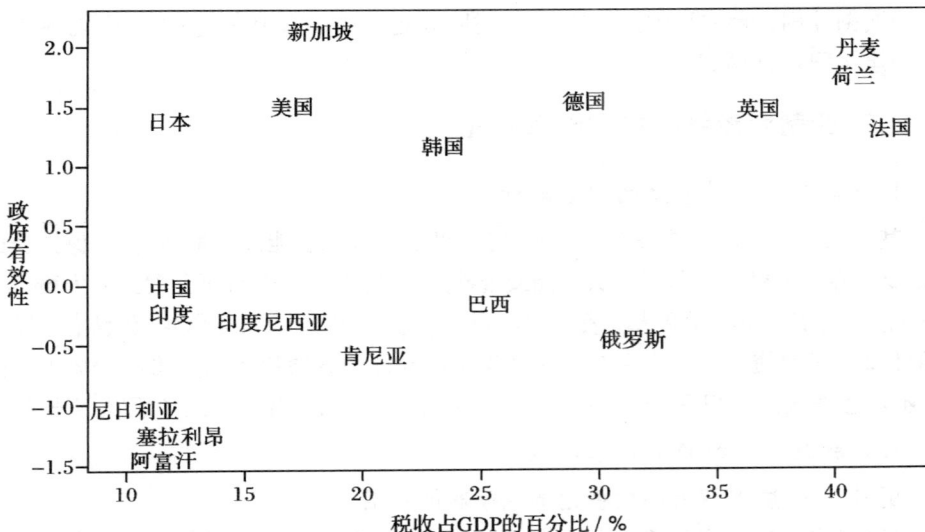

图 6-1 国家范围对应的国家能力

能,并存在严重的利益集团寻租问题。同时,对长期经济增长而言,更强的国家能力可能比职能范围的宽度更重要。例如,在 20 世纪 90 年代俄罗斯的国有企业私有化进程中,由于产权制度、市场机制和相应国家能力的缺失,就导致许多国有资产被寡头集团窃取而未流入富于生产性的企业。再如,相较于拉丁美洲国家,东亚经济体的增长奇迹也主要归功于更高的制度和机构质量即更强的国家能力,而非国家职能范围的差异。

N. D. Johnson 和 M. Koyama[①] 综述了关于国家能力与经济增长的研究文献,将国家能力区别于国家的规模和范围,并界定为一国征税、执行法律和秩序以及提供公共产品的能力,且由两部分组成:其一是国家在其要求统治的全部领土内强制执行其所制定规则的能力,即法律能力;其二是国家从经济中获取足够税收收入以实施其政策的能力,即财政能力。有效率的国家需要一定程度的政治和法律集权,既有能力提供基本的公共产品,但又受到约束并具有有限的规模和职能范围。两位学者认为,现代经济增长起源于对市场交换和贸易的扩张,奖励创新的精致复杂的劳动分工体系以及鼓励创新的文化和非经济因素皆由此得以兴起,而国家则帮助提供增长和创新所需的耐用性的制度条件,或者至少防止这些制度条件被社会冲突和寻租行为所破坏。具体而言,国家能力对经济增长的作用机制主要

---

① JOHNSON N D,KOYAMAN M. States and economic growth:capacity and constraints[J]. Explorations in Economic History,2017(64):1 - 20.

有：①抵御外国侵略；②国家与市场的互补；③更效率的官僚机构；④一般规则与法治；⑤建构国家认同感。

(二)新制度经济学中的国家职能

1. 新制度经济学角度的国家职能

基于以上讨论，从新制度经济学的角度，可以将国家职能简要概括为：①保护公民和企业的各项产权①；②提供公共产品或公共产权；③对产权进行再分配。而为履行这些职能，政府需耗费物质和人力资源(投入代理成本)，因此必须征税、收费或借债以便筹集和管理各种资源。公民和企业在被强制性地征收各项税费以分摊代理成本的同时，还须遵守政府借以履行这些职能的各项制度安排，从而被强加了服从成本②。

2. 产权或制度视角的国家职能

更进一步地，产权或制度视角的国家职能包括。

(1)国家界定并实施产权，"是产权背后的产权"。美国新制度经济学家约拉姆·巴泽尔(Yoram Barzel)区分了"经济权利"和"法律权利"，前者指个体直接消费或通过交换间接消费某资产服务的处置能力，后者指国家界定和实施的资产索取权③。显然，经济权利可以在法律权利缺位时存在，并且个体试图最大化的对象也是经济权利的价值。然而法律权利却能保护和强化经济权利(但也因此带来排他成本)，国家若能给予个体更多的剩余索取权，将激励其提高生产和配置效率，促进财富增长④。在此意义上，个体所拥有的国籍也是一种产权，或者说是"产权背后的产权"，即有权向国家索取对其产权的保护，从而国籍的经济价值将取决于该国对产权的保护程度以及国民财富。

(2)国家是基于暴力潜能而可强制实施契约的终极第三方，是"契约背后的契约"。国家在保护产权和实施契约上具有规模经济和比较优势，而这又基于其对一定疆域内的暴力和税收的垄断。于是，国家的范围可以用它作为强制第三方所能实施的契约价值与该疆域内总产品价值之比度量⑤。在此意义上，国家本身也是政府与公民之

---

① 从激励约束机制的角度看，每种权利都可被理解为产权(Fisher)，即使是人权或人身自决权，也可界定为不可转让的人自身的资产(Locke)。

② 柯武刚，史漫飞. 制度经济学：社会秩序与公共政策[M]. 北京：商务印书馆，2000：357，378.

③ 巴泽尔. 国家理论：经济权利、法律权利与国家范围[M]. 上海：上海财经大学出版社，2006：22，215.

④ 巴泽尔. 产权和国家的演进[J]. 经济社会体制比较，1994(1)：9，34-40.

⑤ 巴泽尔. 国家理论：经济权利、法律权利与国家范围[M]. 上海：上海财经大学出版社，2006：32.

间用产权(包括契约权)交换岁入的关系性委托-代理契约,也即"契约背后的契约"。

(3)国家是最大的正式制度供给者①。在零交易成本的假想世界里,无论是基于价格机制和分散决策的新古典经济,还是基于科层制和集中计划的指令型经济,抑或是二者任意比例的混合,都将自动达成帕累托最优。然而,"倘若交易是有成本的,那么制度就是重要的"②。随着技术变迁降低了度量成本,经济社会日趋复杂化提高了日益精确和标准化的正式制度的报酬。国家通过供给政治规则与经济规则等正式制度,将促进偏向于相对谈判能力较高的利益集团的政治交易和经济交易,并受制于利益主体多元化的程度。

以市场为例,劳动分工和贸易的可观收益诱致市场几乎无处不在:尽管缺乏建立和维护市场经济秩序的正式制度,甚至存在抑制市场的正式约束,贫困国家的城市和乡村也有集贸市场和不计其数的商贩,苏联的国有企业之间也有私下的易货贸易,第三世界国家更是有庞大的非正规部门。然而,凡此种种自发的、不可抑制的、现场完成的"自我实施型市场"(self-enforcing market),只适应于小规模团体内相互了解的个体间的重复交易。在这些政府职能扭曲或国家能力太弱的社会以及无国家或前国家的社会里,价值昂贵却难以藏匿的资本和地产面临被攫取或充公的风险,个人出于自我保护需要往往不得不仅限于从事采摘、手工业、个人服务等劳动密集型生产。

但资本密集型,也即产权和契约(或个人权利)密集型生产,却是经济持续增长的源泉。诸如银行业、保险业、资本和期货市场等现代国家的常见设施表明,随着社会组织日益复杂,在一个高度专业化、高技术的世界里,充斥着大量陌生人之间匿名的非人际关系化交换(impersonal exchange)③以及由此创造的繁荣(和泡沫)。这些产权和契约密集型行业也因非人际关系化交换的特征而远非自我履约型市场,并从一系列长期、稳定、正式的制度安排中获得大规模复杂交易所带来的相当可观的合作剩余,奥尔森将此称作"社会规划型市场"(socially contrived market)④。按(1)(2)所述,这意味着对一个保护产权、强制实施非自我履约型契约、利用正式制度抑制机会主义并调解复杂纠纷的第三方即国家的引致需求,并演化出科层制的官僚组织负责具体实施,同时受到来自代议机构和司法机构的约束。

---

① 从动态的角度讲,这意味着国家的另一项职能,即推动强制性制度变迁,弥补制度安排创新中的搭便车从而供给不足的问题。
② 诺思.制度、制度变迁与经济绩效[M].上海:格致出版社,2014:13.
③ 诺思.制度、制度变迁与经济绩效[M].上海:格致出版社,2014:14.
④ 奥尔森.权力与繁荣[M].上海:上海人民出版社,2005:135.

第二节　新制度经济学的国家理论

一、从国家职能到国家理论

在上一节中,我们讨论了国家应当履行的职能。然而,国家在现实中是否切实履行表6-1所列示的职能,以及实际上又是如何将国家能力配置于不同职能的,则是一个实证问题。正如诺思所言,过去经济学家们长期满足于向政治家提出有效率地解决政治经济问题的建议,并相信政治家们会"谨遵医嘱"。例如,经济学家不断地忠告政治家设置关税是错误的,但政治家却嗤之以鼻。又如,在二战后的凯恩斯时代,美国总统的经济顾问建议他们在失业率高的经济萧条时期采用赤字预算,而在失业率低并面临通货膨胀压力时采用盈余预算,但总统们始终只采用赤字预算[①]。

因此,政治家们的大部分行为并不符合经济学的效率标准。不过其中原因也并非出于效率和平等的权衡,而更多是由于他们往往面临"现实的压力"。诺思甚至认为,劝说政治家"应当如何做"毫无意义,而只有充分考虑社会行为的复杂性并研究这些"现实的压力"以及在压力之下政治家"能够做什么",才可能最终缩小现实国家与理想国家之间的差距[②]。可以说,这也正是我们学习和研究国家理论的现实意义。

二、国家的起源

类似于我们在上一节中对国家概念的讨论,诺思将国家定义为"在行使暴力上有比较优势的组织,它对纳税选民拥有的权力决定其地理疆域的延伸"。由于产权的本质是排他性的权力,国家便可凭借其"暴力潜能"(潜在地利用暴力来控制资源)强制性地排他,从而界定和实施产权[③]。以此为切入点,国家理论首先追溯国家的起源。政治学和社会学等学科关于国家的起源主要有两类解释,一类是社会契约论,另一类是掠夺或剥削理论。

---

① 诺思.国家经济角色的昨天、今天与明天[M]//斯蒂格利茨.政府为什么干预经济:政府在市场经济中的角色.北京:中国物资出版社,1998:165-166.

② 诺思.国家经济角色的昨天、今天与明天[M]//斯蒂格利茨.政府为什么干预经济:政府在市场经济中的角色.北京:中国物资出版社,1998:165-166,168.

③ 诺思.经济史中的结构与变迁[M].北京:商务印书馆,1992:26.

社会契约论认为,公民通过订立社会契约将自己的部分私人权利让渡给国家形成公共权力,借以约束每个公民去遵守契约从而保护契约规定的各项权利,并由政府提供公共服务以追求公共利益。因此,社会契约论可以解释节约利用资源、促进经济增长的有效率的产权或制度安排。部分新制度主义的经济学家,也将民选国家理解为选民和他们的代表之间的关系性(和隐性)委托-代理契约。选民作为委托人是公共权力的所有者,并经由投票程序授权一些同胞作为代理人去管理主权、界定并实施各项产权,从而实现社会福利最大化。

然而,也正是这些使用公共权力并为国家军警所支持的政治家及其委托的官僚,反过来却命令他们的终极委托人应当如何行事。于是,契约达成前后的信息不对称(从而监督困难)和公民相对较高的专用性投资,将诱致政府事前和事后的机会主义行为,变"扶持之手"为"掠夺之手"。此外,信息不完全造成的对未来预期的不确定性,则意味着政府不得不保留部分相机行事的自由裁量权而不被规则完全约束,从而导致政府对选民所做承诺的可信度问题。而政府承诺的可信度又取决于宪政安排,并可能被利益集团所左右。

于是,国家作为基于垄断暴力强制实施契约的终极第三方,虽说可谓是"契约背后的契约",但也存在大量的政治型交易成本,并成为各方势力"争夺对其决策权的控制而进行战斗的场所,每一方都希望能对福利和收入进行再分配以有利于他们各自的集团"①。因此,尽管社会契约论解释了缔约之初合作博弈的收益,却未能解释拥有不同利益的选民随后追逐各自利益最大化的非合作博弈行为。同时,全体社会成员自愿订立社会契约、最大化社会福利,也更多只是假想的思维实验和逻辑建构,而远非历史学家和人类学家所发现的史实。

相比之下,掠夺或剥削理论(如马克思主义)则不考虑起初是否缔约,认为国家不过是社会中某一集团或阶级的代理人,并代表该集团或阶级的利益操纵暴力机器,榨取其他集团或阶级成员的收入。专事掠夺的国家将规定一套产权使当权集团的收入最大化,而不顾其对整个社会福利的危害,从而解释了低效率的产权。

在诺思看来,社会契约论与剥削或掠夺理论并不矛盾,二者都是暴力潜能的分配方式:契约论假定暴力潜能在作为委托人的公民之间平等分配,由全体社会成员公共垄断;而掠夺论则假定暴力潜能的分配是不平等的,并由统治集团或阶级独占。两种理论在历史和现实中均能找到佐证,却又都不足以解释全部经验事实:促进经济持续增长的产权很少支配整个历史,但也确有一些政治经济组织曾取得令人瞩目的长期经济增长②。

---

① 诺思.经济史中的结构与变迁[M].北京:商务印书馆,1992:27.
② 诺思.经济史中的结构与变迁[M].北京:商务印书馆,1992:272-278.

究其缘由,产权的出现乃是国家统治者的期望与交易双方为减少交易成本所做的努力之间紧张状态不断加剧的结果——国家规定产权,交易双方则拿出资源去影响政治决策者改变规则。尽管知识和技术存量的积累扩大了人类福利的可能范围,但这种可能究竟在多大程度上转化为现实,则取决于政治经济组织的制度结构。因此,国家最终对导致经济增长、停滞或衰退的产权安排的效率负责①。

三、诺思的国家理论

(一)新古典国家模型

1.新古典国家模型的基本特征

以暴力潜能的分配为起点,诺思试图建构一个新古典的国家模型,以期解释经济史的两个基本方面:其一,国家的普遍趋势是制定低效率的产权,从而无法实现持续增长;其二,各国固有的不稳定性将引发经济变革,结果导致经济衰退。为此,该理论需要考察统治者与选民之间的紧张关系及其对统治者控制能力的削弱和由此带来的政治多元化②。在统治者(及其选民和竞争者)最大化自身效用或福利的行为假设下,该模型具有三个基本特征。

(1)交易。统治者用对产权的保护与公正来交换岁入(并将部分岁入投资于暴力潜能)。由于提供这类服务具有规模经济性,较之于每个公民自己保护自己的产权,当有组织专业化地从事这类服务的供给时将提高社会总收入。

(2)垄断。由于交易,统治者成为其选民的最高权威,有权命令并要求选民服从,从而也就有强制提高税赋的能力。于是,统治者将像一个歧视性的垄断者那样行动:为使自身岁入最大化,将选民分成不同的集团或阶层,并为每个集团或阶层设计不同的产权,比如累进所得税制。

(3)竞争。国家始终存在能提供交易中服务的潜在竞争对手,或是本国内部可能成为统治者的人,或是其他国家的统治者。因此,当前统治者的行为受制于选民变更政府(罢免现任统治者并推举承诺为其提供更好服务的竞争者上台)或离开本国(退出并移民到服务条件更好的国家)的机会成本。或者说,垄断中统治者权力的垄断程度是不同选民集团替代程度的函数。

2.新古典国家模型中的博弈和约束

统治者提供的基本服务是不同利益主体之间基本的博弈规则,如成文或不成

---

① 诺思.经济史中的结构与变迁[M].北京:商务印书馆,1992:2-122.
② 诺思.经济史中的结构与变迁[M].北京:商务印书馆,1992:28.

文的宪法。尽管国家制定的规则可能是剥削性的,但有规则似乎总比无规则强,而把规则制定得令人反感、死气沉沉对统治者自身也不利。尤其是法律、司法和防御制度的规模经济性,在诺斯看来正是"文明的基本源泉"。更进一步讲,统治者提供博弈规则有两个目的:一是制定竞争与合作的基本规则(规定要素和产品市场的所有权结构),使统治者的垄断租金最大化;二是在第一个目的的框架内降低交易成本以促进社会产出最大化,从而增加统治者取得的税收。为了达到第二个目的,统治者需提供一系列公共产品来降低界定、谈判和实施作为经济交易基础的契约的成本。

然而这两个目的并不一致。第二个目的包含着一组旨在最大化社会产出的有效率的产权,符合社会契约论的理想;第一个目的则试图将规则最大限度地向统治者及其所代表的阶级或集团倾斜,形成低效率的产权安排,导致剥削或掠夺理论所预言的掠夺和寻租行为。例如,从古埃及王朝的再分配社会、希腊和罗马的奴隶制到中世纪庄园,在统治者租金最大化的所有制结构与降低交易成本、鼓励经济增长的有效率的制度之间,始终存在紧张关系,导致这些社会未能经历持续经济增长。

那么,身处这一紧张关系之中的统治者究竟是如何在上述两个目的之间权衡的呢?事实上,统治者面临以下两大约束。

(1)交易成本约束。统治者界定一组产权,需对经济的每个可分离部分的投入产出进行核查,才能最大限度地增加从各部分攫取的垄断租金。但度量投入产出将耗费大量资源,产权结构因此受度量技术约束①。此外,统治者总是授权其代理人(官僚机构)实施产权、征管税收,委托–代理问题所带来的内生于官僚体制(如执行官制、包税制、联邦制、中央集权制等)的代理成本,也会耗散大量租金,代理人甚至可能和选民串通一气分享租金。尽管有效率的产权会增加统治者的税收,但监督、计量和征收税赋的交易成本又会降低统治者的租金,于是,统治者很可能会偏好于垄断而非诱致竞争加剧的产权,进而导致生产和配置的低效率。

(2)竞争约束。一国垄断性的统治者不仅面临来自其他国家的竞争,还面临国内的潜在竞争者。在没有势均力敌的替代者的地方,终将出现暴君、独裁者或专制君主。如果替代者的势力越是接近,统治者所拥有的自由度就越小,选民可支配的边际收入份额就越大。但选民用手投票、用脚投票甚至用拳头投票也存在机会成本。即使在现代西方社会,永久离开某个国家的代价也相当高昂。在特定国度出生并成长的事实,意味着青少年阶段所掌握的语言、正式和非正式的行为规则、宗教以及文化将成为沉没成本,而专用性投资则包括过往对家庭、朋友和业务关系的投入。国家公民的专用性投资或沉没成本明显高于企业雇员,因此,公民常常发现

---

① 例如,标准化会降低交易成本、节省租金消耗,而当度量成本大于收益时,将出现公共产权。

自己被祖国更为深刻地锁定住了,而这将会诱致政府的机会主义行为①。

不过,不同选民集团的机会成本也明显不同,并制约了每个选民团体按产权界定所具有的谈判能力,进而决定了由此带来的税负分摊和公共服务分配的差异。统治者为争取或留住选民而做出的努力,由其所提供的保护和公正等服务的供给曲线与从额外拉拢的选民中得到的边际收益共同决定,从而将会为接近于替代性统治者、有权势或具有较高暴力潜能(从而相对谈判能力更高)的选民集团提供更多的服务和更为倾斜的产权安排,而不顾这种人为垄断的、再分配性的产权安排对资源配置的扭曲以及对富于生产性和竞争活力的活动的抑制。

综上所述,在交易成本约束和竞争约束下,统治者租金最大化的产权安排与促进经济增长的产权结构相冲突,从而解释了低效率产权何以广泛传播。

(二)国家的稳定性问题

在上述静态模型的基础上,诺思又对国家的变革与稳定做了若干动态考察。

我们知道,一套激励资源有效配置的所有权结构意味着一组使技术创新、人力资本投资等活动的私人收益率尽可能接近于社会收益率的产权。但在交易成本约束和竞争约束下,类似于马克思主义所谓生产力与生产方式之间的矛盾,现存的所有权结构阻滞了社会对技术变革的潜在收益的获得。然而,技术变革和更有效率的市场的扩展将会改变相对价格和选民的机会成本,最终可能与现存产权结构发生冲突,导致国家内部的不稳定。尤其当统治集团处于许多政治经济组织相互竞争的社会时,增长会更加不稳定。此外,其他国家更有效率的产权安排也可能迫使低效率产权结构的国家废除或修改基本的博弈规则、降低交易成本。

信息成本、技术和人口的变化,或者说,要素相对价格的变化,将有可能增强选民群体的谈判能力,从而导致规则的变更使该群体收入增加,或迫使统治者放弃制定规则的部分权力,以期调整并适应这些变化带来的不稳定性。事实上,民主制往往就是在统治者面临外部威胁而军事技术又发生变化时出现的。例如,在古希腊城邦雅典,从君主制到寡头制进而过渡到民主制,即伴随着军事基础从少数武器精良备有骑乘的武士,演变为装甲步兵方阵和海军舰队。这种演变只能由公民军队来实现,加之面临诸多邻近城邦的竞争和战争压力,需补充足够多的男子服兵役,统治者为自身安危所支付的价格便是让权于公民大会并确立从全体公民中抽签产生官员的直接民主制。同时,奴隶制又降低了公民参与直接民主的机会成本,使公

---

① 弗鲁博顿,芮切特.新制度经济学:一个交易费用分析范式[M].上海:上海人民出版社,2012:536.

民从经济事务中解脱出来从事政治、司法和军事活动。类似地，在近代初期的欧洲，长矛、大弓和黑火药的使用在某些情况下也会导致统治者将规则制定权委托给国会或三级会议，以换取更多税收来满足生存需要①。

不过，由于对变革及其不稳定的适应性调整面临"搭便车"问题，选民参与谈判和调整的集体行动时常供给不足。即使现存的规章制度令人不堪忍受，但个人改变甚至反抗国家强制力所可能支付的巨大代价历来导致对不合理制度的冷漠和顺从。这就解释了国家在历史上的稳定性——尽管很可能是低效率的稳定。当代许多民主国家投票人数的减少以及选民保持"理性的无知"，也印证了这一观点。同时，由于统治集团往往规模较小、利益较一致从而"搭便车"问题较弱，因此适应相对价格变动的制度创新往往来自统治者而非选民。

然而，"搭便车"却解释不了大规模群体在私人承担净成本时仍可能参与投票选举或公民运动等集体行动，新古典的个人主义理性算计也不能充分解释独立的法院系统做出违背大利益集团压力的决策。另外，国家对教育制度的许多投资也无法解释成人力资本投资或消费品，而属于对社会"组织文化"的投资。对此，诺思提出了一套意识形态理论，并用来解释与新古典理论的预言相背离的国家的稳定或不稳定现象。

（三）诺思悖论

诺思通过经济史研究发现，"国家的存在对于经济增长来说是必不可少的；但国家又是人为经济衰退的根源"②。这一命题被学界称作"诺思悖论"。经过上文的讨论我们知道，"诺思悖论"并不悖论（诺思的国家理论就是对此现象的解释），但其背后的逻辑也的确时常导致国家作为一种组织和制度安排的内在冲突，并潜伏着危机。如前所述，国家履行提供基本博弈规则、界定并实施产权和契约的职能具有规模经济性和比较优势，对经济增长必不可少。在增加税收的动机下，也有从事降低交易成本、促进社会产出的部分激励。然而这是在统治者租金最大化的框架下展开的，并受制于交易成本约束和竞争约束，结果难免形成低效率的产权安排，导致人为经济衰退。

于是，统治者所独占的同一（基于垄断性的暴力潜能的）公共权力，既可能强化市场的资源配置效率进而促进增长，又可能扭曲市场、设租抽租，从而抑制增长。据此，我们也许会期待，是否有可能在激励政府润滑和加速"看不见的手"运转的同时，捆住政府时常假以扶持之名伸出的"掠夺之手"？答案或许便是奥尔森提出的

① 诺思.经济史中的结构与变迁[M].北京:商务印书馆,1992:11-19,36.
② 诺思.经济史中的结构与变迁[M].北京:商务印书馆,1992:25.

强化市场型政府(market-augmenting government)的概念——既有足够的权力去创造和保护私有产权并强制执行契约,同时又受到约束而不去剥夺这些个人权利。强化市场型政府也因此可被视作解决诺思悖论的"理想型"。而要理解强化市场型政府何以可能,则有必要对奥尔森的国家理论作一介绍。

第三节　强化市场型政府

一、奥尔森的国家理论

(一)专制国家起源的匪帮理论[①]

奥尔森在学术研究中时常能够运用简单的模型分析各种宏大的主题和复杂的问题。为阐明国家统治者基于强制性权力的自利行为,他提出了一个罪犯的比喻作为分析的起点。设想在一个人口稠密的社会,罪犯专职盗抢而不事生产。财产被盗抢的不确定性和可能招致的损失不仅减少了居民从事生产和交易的预期回报,还迫使居民将更多资源转移到保卫、防盗、警察、监狱等暴力潜能的形成上,进而抑制和削减了全社会的生产性活动。尽管可盗窃的社会总产品也因此减少,但这种社会成本是由全体社会成员分摊的,某一罪犯往往仅占有微不足道的利害关系(只具有"狭隘利益"关系),仅承担他对社会造成的微小损失的极小份额,甚至意识不到其社会危害,却占有并充分意识到掠夺而来的全部再分配性收益。而社会对该罪犯实施的惩罚可能很不充分,于是他便照偷不误。

但当掠夺者从人口稠密社会里的单个罪犯演变为足以控制某个社区街头犯罪活动的黑手党家族时,问题就大不一样了。黑手党是不会纵容其所控制社区内的犯罪活动的:如果盗贼横行,居民将遭受人身和财产损失乃至纷纷迁走,导致社区总收入减少,黑手党也无甚保护费可收。于是,黑手党将极力阻止其他犯罪团伙进入并危及自身和社区居民,甚至还会限制自己的部分犯罪活动。通过向居民和商户提供长治久安的保护并征收保护费,黑手党家族将从社区居民的安居乐业中获利。究其原因,相比于流窜作案、小偷小抢的单个罪犯,控制某社区的黑手党凭借对社区内犯罪活动的垄断,占有该社区收入的更大份额,或者说,具有更大程度的"共容利益"(encompassing interest)关系。

---

① 奥尔森. 权力与繁荣[M]. 上海:海人民出版社,2005. 另见 OLSON M. Dictatorship, democracy and development[J]. The American Political Science Review,1993,87(3):567-576.

　　黑手党的行事方式似乎很符合国家的定义:在一定区域内垄断了暴力的正当使用权和税收并提供保护和公正等公共产品的组织。诺思就曾谈到,历史上的国家与其说"是一个为公众利益服务的机构,还不如说它的性质更像黑手党"[①]。事实上,奥尔森的国家理论即将国家比作固定的匪帮,而税收不过是正当化了的保护费。不妨设想在霍布斯所谓"一切人反对一切人的战争"的无政府状态下,各路流寇横行于世,从事竞争性的盗抢活动,如同由前述人口稠密社会里单个罪犯组成的流窜作案的团伙那样强取豪夺,而这将摧毁其赖以盗抢的生产性活动。再者,各路流寇之间的竞争以及居民与之对抗的结果取决于相对而非绝对暴力潜能,这种军备竞赛将导致暴力潜能的过度供给,加剧社会资源的浪费。

　　此时,只要独占山头称大王所耗费的掠夺品(固定成本)足够少,流窜的匪帮就有激励像黑手党家族那样明智地安顿下来,控制并垄断其地盘上的犯罪行为,也不再随意劫掠,而是用"巧取"代替"豪夺"、用"暗偷"代替"明抢",长期且相对稳定地征收保护税。由于固定的匪帮具有更大的共容利益,因此将采取以下两种行动。

　　(1)固定的匪帮会减少攫取的份额。流动的匪帮大可抢完就跑,从而会尽可能地掠夺百分之百的财富。但固定的匪帮懂得细水长流的道理,而不愿一次性地杀鸡取卵。允许居民和企业保留足够的生产和消费资料,确保税率的可预见性,显然有助于固定匪帮获得长期可持续的收益流。因此,他绝不会征收百分之百的税率,并将通过降低税率来激励民众从事投资、生产、贸易和专业化分工,以期扩大税基,沿着拉弗曲线,直到从产出的增加中所分享的额外税收被所分享产出比例之下降带来的损失抵消为止。

　　(2)固定的匪帮将提供公共产品。正所谓"将欲夺之,必固与之",为攫取长期可持续的收益流,固定匪帮有动机将其所控制的部分本可用作短期享乐消费的税收资源投资于促进生产能力建设的公共产品(如防洪、防疫、治安等)供应上,直到提供额外单位公共产品的成本恰好为他所分享的那部分产出增量所补偿。假设固定匪帮总是独占任何边际产出的 $1/N$,同时公共产品的边际产出与边际成本之比递减(例如通常的供求曲线),那么他将提供公共产品直到边际产出等于边际成本的 N 倍。这里,固定匪帮所攫取的产出份额(税率)$1/N$ 度量了其所具有的共容利益。N 越小意味着共容利益越大,公共产品供应就越多。

　　固定的匪帮显然不愿再自称匪帮。匪帮首领最终将成为头戴皇冠、安居乐业的专制者,并声称其统治乃是出于上顺天意、下合民心的高尚动机,而这便是专制国家的起源。

---

① 诺思. 国家经济角色的昨天、今天与明天[M]//斯蒂格利茨. 政府为什么干预经济:政府在市场经济中的角色. 北京:中国物资出版社,1998:162.

(二)从专制到民主的比较静态分析

至此,奥尔森的国家理论引出了一个诺思悖论的变种:国家有激励去抑制自己设置过高税率和及时行乐的冲动并提供公共产品,从而促进经济增长;但在润滑"看不见的手"、伸出"扶持之手"与戴着"扶持之手套"伸出的"掠夺之手"之间,更多只是"度"的问题,即由 $1/N$ 所决定的狭隘利益或共容利益的程度。

"历史总是由胜利者书写的,但事实真相只有亲历者才知道。"从流窜匪帮横行的无政府状态到固定匪帮统治的专制政府,一以贯之的是匪帮基于暴力潜能的自利动机。不过,专制统治下的臣民,终究比无政府状态下能够生产和保留更多的收益,历史上的专制国家也不乏收入、人口和文明的显著发展。这便是奥尔森所谓"另一只或第二只看不见的手"——匪帮出于自利动机行为,却在共容利益的指引下通过使用权力而在某种程度上与社会利益相一致,但这只手又似乎更为隐蔽。我们知道,亚当·斯密所言"看不见的手的"运转效率,事实上有赖于这另一只时刻紧握暴力和税收的手所提供的三大基本职能:国防、司法和行政、公共机关和公共工程。似乎也正是在国家先于产权的意义上,奥尔森将国家起源于匪帮的现象称作"看不见的手初次赐福"[1]。

然而,福兮祸所伏。除履行以上三项职能的支出外,其实斯密还曾提到国家的第四项支出,即维护专制君主尊严的花费。由于"一国君主君临于其臣庶,比之共和国元首对于其同胞市民,更要高不可攀、望尘莫及"[2],而要维持这更高的尊严,便要配以更奢华的物质享受。金字塔、凡尔赛宫、秦始皇陵……象征着"专制者的国家就是一个以专制者自身为中心的舞台"[3]。追求奢靡还意味着必须同其他专制者相互攀比,建设昂贵的面子工程,配备强大的军队乃至发动夺取更多领地的战争。结果,历史上专制王朝的短命时常与君主的横征暴敛有关。

唐相魏徵就曾这样描述隋末盛极而衰的景象:"骄怒之兵屡动,土木之功不息。频出朔方,三驾辽左,旌旗万里,征税百端,猾吏侵渔,人不堪命。"内乱外患之下,流寇再度横行,"相聚崔蒲,猬毛而起,大则跨州连郡,称帝称王,小则千百为群,攻城剽邑"。结果,曾几何时改革吏治、开创科举、修凿运河、打通丝绸之路的隋炀帝,"遂以万乘之尊,死于一夫之手"(《隋书·帝纪·卷四》)。我们再次看到了诺思悖论式的历史悲剧:"正如人类进步的一个让人惊奇的原因,是由

---

① OLSON M. Dictatorship, democracy, and development[J]. The American Political Science Review,1993,87(3):567-576.

② 斯密. 国民财富的性质和原因的研究:下卷[M]. 北京:商务印书馆,1974:374.

③ 奥尔森. 权力与繁荣[M]. 上海:上海人民出版社,2005:11.

于流动的匪帮定居下来成为统治者以后激励机制的变化所带来的进步一样，人类历史上许多侵吞与衰退现象也是由于那些专制者——不管他们的头衔是什么，也不管他们受到多少的吹捧——常常倒退到本质上是一个流动匪帮地位的缘故。"[1]

无疑值得反思的是，究竟如何才能避免固定匪帮统治下的专制国家衰亡、退化回流窜匪帮"群雄并起"的无政府状态？或者说，如何才能跳出所谓"其兴也勃焉，其亡也忽焉"的历史周期律？进一步地，更为规范的表述是：能否既激励统治者提供更多的公共产品，又约束其攫取更少的税收？在现代国家意义上，也即如何建设强化市场型政府？奥尔森认为，大多数人统治由于比专制统治更具共容利益，将同时满足这两个条件。

设想在专制统治下，专制者征收使税收最大化的最优税率 $\frac{1}{N}$，即独占任何边际或总产出的 $\frac{1}{N}$；大多数被统治者从事生产和贸易的个人税后收入总额占任何边际或总产出的 $\frac{1}{M}$；其他少数被统治者占有剩余的产出份额 $(1-\frac{1}{N}-\frac{1}{M})$。有朝一日，大多数人终于控制了国家财政收支。假定税率仍为 $\frac{1}{N}$，大多数人将不仅作为统治者享有产出中的税收份额 $\frac{1}{N}$，还会一如既往地作为被统治者从市场上获得产出的 $\frac{1}{M}$。然而"羊毛出在羊身上"，大多数人所垄断的这 $\frac{1}{N}$ 产出的税收中，有一部分就是他们自己缴纳的（而剩余部分则是对少数人的专制）。此时，税收最大化的税率 $\frac{1}{N}$ 对大多数人而言不再最优：税率的微小调低将激励产出微小增加，在税收最大化位置，大多数人凭借税权从这微小的产出增加中分享到的额外税收正好被税率微小下降带来的税收损失所抵消，即税收总额不变，但与此同时，大多数人还会凭借私人产权从产出增加中获得 $\frac{1}{M}$ 份来自市场的额外收益。于是，大多数人作为统治者将继续调低税率，从而其最优税率（设为 $\frac{1}{N^*}$）必然小于君主或独裁专制的税率，即 $\frac{1}{N^*}<\frac{1}{N}$[2]。

---

① 奥尔森.权力与繁荣[M].上海：上海人民出版社，2005：23.

② 显然，这里我们预设了大多数人控制政权、调低税率并不改变其所占有的市场收益份额 $\frac{1}{M}$。

同理,也正是由于同不事生产、专事攫取的专制者相比,大多数人从市场上额外获得了 $\frac{1}{M}$ 的产出,因此有激励比专制者提供更多的公共产品来强化市场、促进生产,直到他们从公共产品的额外供应中所分享的合计 $(\frac{1}{N^*}+\frac{1}{M})$ 份边际产出等于边际成本①。由于大多数人统治将制定更低的税率 $\frac{1}{N^*}<\frac{1}{N}$,因此,当他们从事生产性活动的市场收益份额足以弥补税收份额的损失,即满足 $\frac{1}{M}>\frac{1}{N}-\frac{1}{N^*}$ 时,移项得 $\frac{1}{N^*}+\frac{1}{M}>\frac{1}{N}$,这意味着大多数人统治比专制统治更具共容利益,从而更有激励提供诸如斯密所说的三大基本职能等公共产品。即使对于被大多数人专制的少数人而言,这也有所裨益。

如果假定民主是指由代表大多数人共容利益的政府来治理国家,基于以上分析似乎可以得出结论:民主比专制更有效率。然而正如奥尔森所言,这种假定将导致对现实世界中的民主制作出过分乐观的预期。或者说,现实的民主制往往并不那么民主。

(三)民主的低效率与专制的低效率

上述大多数人统治模型仅仅适用于最简单的民主制,即两政党或两总统候选人去竞选一个基于大多数人利益的政府,当选者代表大多数人,落选者代表少数人。但即使在此简单情形中,民主程序和委托-代理问题也会滋生大量政治型交易成本。如果存在多个小政党联合执政,互投赞成票的政治交易将确保他们只代表各自极小份额支持者的狭隘利益。同理,代表特定行业、职业等狭隘利益的特殊利益集团的院外游说和寻租行为也意味着庞大的再分配成本——低效率的产权安排以及将更多社会资源投入到带有军备竞赛甚至赢者通吃性质的政治博弈(如公共项目招投标)中。假设某一特殊利益集团仅代表 1‰ 的收入能力,那么它将不断游说直到再分配的边际社会成本 100 倍于其攫为己有的边际私人收益。因此,代议制民主并不必然比专制有更少的"劫贫济富"的再分配活动,特殊利益集团甚至好比是合法化、产业化的流窜匪帮。

---

① 这里隐含的前提条件,不仅包括前文讨论专制者的公共产品供给时假定的公共产品的边际产出与边际成本之比递减,还预设了公共产品的增加并不改变大多数人统治下的最优税率 $\frac{1}{N^*}$ 及其分享的市场收益份额 $\frac{1}{M}$,并满足 $\frac{1}{N^*}+\frac{1}{M}>\frac{1}{N}$;或者,即使改变 $\frac{1}{N^*}$ 或和 $\frac{1}{M}$,也满足相似的不等式。

尽管如此,历史上的横征暴敛和盛极而衰毕竟更多出现在专制国。究其缘由,专制相比于民主制在时间维度上更具劣势。我们知道,无论是专制还是民主制,与无政府状态的流窜匪帮相比,都有激励降低税率、提供更多公共产品,而更温和的税率与更充足的公共产品所形成的生产能力所可能带来的最大财富,是民众对生活前景做出长期且相对稳定的乐观预期,唯此才能在良好的制度和社会环境中对知识、技术、人力资本以及实物资本做出更多投资,推动经济持续增长。

设想一位明智而又具长远眼光的专制者,无疑有激励去强化市场,以攫取同样长期且相对稳定的可观岁入。更多的岁入来源于更长期的投资和扩大再生产,为此,他统治下的国家将保护产权(不随意没收充公,也不横征暴敛)、公正地实施契约(包括长期贷款和偿付公债)并提供稳定的货币(更便利地实施长期契约)。然而,要用有效率的产权安排交换最大化的长期岁入,统治者必须首先做出可置信的承诺。遗憾的是,跨越一切权力部门的专制者的承诺不受任何独立的司法或其他权力部门的约束,并总是难免受到诱致短期行为的事件的干扰(尤其是专制者经常会被推翻),从而导致动态不一致。结果,历史上君主和独裁者没收财产、拒付债务、不断发行新币以致恶性通货膨胀的例子实在不胜枚举,迫使专制统治下的臣民不得不将更多资源用于自我保护。

其中,最不可避免的便是继承危机引致的短期化。国王长子经常并非是最堪胜任者,而专制者的代理人则可能趁王位更替时发动宫廷政变。关于继位人选缺乏共识的预期不确定性将造成社会信心萎靡,以致产出和岁入下滑,于君于民皆无益处。然而,拥有绝对权力的统治者又不可能允许国家设立其他独立权威来确保权力继承的稳定性和正当性,以免撼动自身统治地位。

二、强化市场型政府

尽管民主政体领导人的任期和时间视野往往比专制者更短,民主政体也会因此丧失部分效率,但在一个可持续的民主政体中,权力的交接是在宪政约束下经可预期的民主程序非暴力地、相对平稳地完成的。在此意义上,代议制民主的有效性并不在于普遍的公民选举权,而在于现任领导人由于各政党或其他团体之间的政治竞争,因而是可被选替的。

更进一步地,一个代议制下的民主政体如果是可持续的,又意味着首先要对全社会最大的权力和暴力垄断组织即政府的短期行为实施约束,以防执政党在被要求依照宪政安排和民主程序下台时拒不执行,甚至沦为独裁者。设想,如果司法机构被行政首脑控制,就可能与行政机构一道被用于扩张政治领导人的权力。届时执政者不仅自己充当自己的裁判,还会在产权界定与契约实施中伸出攫取之手乃至肆意没收、征用,并惩罚那些反对其独裁行径的人。民主制由此便退化为专制,乃至沦为流寇。

因此,在民主形式与促进经济持续增长所需的个人权利(包括财产权和契约权)的稳定性之间并不存在逻辑必然。事实上,利用民主制实现更大范围共容利益的前提是法治:保护个人权利既要免遭他人的侵犯,也要免遭政府的侵犯。法治保障下个人权利的充分性和稳定性将激励社会公众对生活前景作出长期且相对稳定的乐观预期,更富竞争活力地从事长期投资,乃至促进代际的平等和可持续发展。

而代议制民主与法治的实施效率甚至是存亡,则又取决于各权力机构之间、各级政府之间、各利益集团之间以及政府、市场和公民社会之间的权力分享与相互制衡。这也解释了代议制的起源。设想在一广大区域内,当不同势力之间存在权力平衡时,力量和资源(包括暴力潜能)的分散化使得没有哪股势力的领导人能够制服其他所有势力从而攫取专制性的权力。此时对每一个领导人来说,有权力分享总比没权力要好,于是各势力的领导人就有动机共同建立一个代议制政府。由于没有哪方能事先确定选举结果,但每个集团都可以通过与其他集团结盟,确保没有任何一个集团能持续地处于选举优势乃至成为专制者,从而代议制的选举将符合每个集团的共容利益。

奥尔森运用上述理论,解释了英国、美国、意大利北部城市国家的宪政和代议制的历史起源,及其对财产和契约权利的保护所创造的经济绩效。但他也认为,从专制向民主的转型大都不是自发的,19、20 世纪出现的代议制政府或是受惠于英美范例,或是专制国在战争中被民主国击败后被强加民主(如德国、日本、意大利)。民主、法治、分权之间的微妙平衡,与其说是奥尔森对民主转型过于悲观,不如说是预言了发展中国家民主化频繁失败的案例——颇形似于"华盛顿共识"自由化方案失败的教训。如果缺乏分权和共容利益的基础,而国家的法治能力又较弱,甚至特殊利益集团如流寇般横行,那么迫不及待地包揽或被强加过多的民主职能,很可能会消化不良、水土不服,并不利于经济社会发展。

同时,奥尔森也指出,政府的行政首脑必须具有某些尽管会增加其专制能力的权力,而过度分权或限权则将削弱行政权力,使其无法做出迅速反应。这正是注重国家能力建设、使国家职能适应于国家能力的道理。事实上,包括中国在内的许多东亚和东南亚经济体的起飞与所取得的发展成就,在很大程度上得益于所谓"发展型政府"的推动。尽管这些国家政府职能范围差异很大,但国家能力却都至少一度相当有效。更何况,分权本身就是微妙的平衡:政党之间、权力机构之间、政府部门之间的过度分权将导致相互掣肘的低效率而非妥协与合作;从中央到地方各级政府之间的过度分权将导致地方保护主义;特殊利益集团之间的政治博弈和寻租行为甚至会把代议制民主拖入"代表性危机"。

最后,类似于"卢卡斯悖论"所说的资本不愿从富国流向穷国,奥尔森的国家理论可以解释一个很有意思的现象:尽管长期的或间歇性的专制国往往面临资本严重匮乏的硬约束,但资本却会从这些国家抽逃并外流到稳定的民主国,即便后者资本充裕、回报一般。奥尔森认为,贫困国家的强势专制者就算偶得良策在短期内促进经济急剧成长,至多也只能延续一两代统治者;相较而言,诸如美国、英国、瑞士等稳定的民主国,则能从银行、保险与资本市场等契约密集型行业获得更多的长期收益。

综上所述可以认为,基于分权和法治的可持续的代议制民主政体,就是所谓的"强化市场型政府",这也是民主制相较于专制在时间维度上更具优势的前提。

三、代表型民主与中性政府

2013 年底,中共十八届三中全会通过并发布了《中共中央关于全面深化改革若干重大问题的决定》(以下简称《决定》)。该《决定》指出,全面深化改革的核心问题是处"理好政府和市场的关系,使市场在资源配置中起决定性作用和更好发挥政府作用……着力解决市场体系不完善、政府干预过多和监管不到位问题",并将"完善和发展中国特色社会主义制度,推进国家治理体系和治理能力现代化"确立为全面深化改革的总目标。次年 10 月,十八届四中全会更进一步提出,依法治国正是"实现国家治理体系和治理能力现代化的必然要求",并强调以法治来"强化对行政权力的制约和监督"。那么,究竟应当如何"切实转变政府职能",建设"法治政府和服务型政府"呢?奥尔森所谓"强化市场型政府"的理念似乎从一个侧面为我们提供了某些启示。当然,奥尔森是从其简单模型中得出这个理念的,而现实绝不会像理论假设那样简单,我们必须关注任何发展模式所处的制度和社会环境以及非正式约束。

根据上文的讨论我们已经知道,尽管代议制民主在理论上有可能涵盖更大多数人的共容利益,但在现实中又常常被各种特殊利益集团的狭隘利益所把控,在选票与公共选择、税收与公共产品之间也无一一对应关系(且带有强制性),并面临选民、议员或总统以及官僚组织之间严重的委托-代理问题。诚如诺思所言,高额的交易费用和选民理性的无知导致政治市场比经济市场效率更低。在市场和公民社会尚未成熟的发展中国家,生搬硬套代议制民主甚至可能加重这些弊病。巴泽尔曾直言,在发展中国家植入民主制度时,特殊利益集团势必会利用民主程序来剥削其他集团。并且由于发展中国家履行产权保护职能的能力较弱,各利益集团都有动机将稀缺性资源更多地用于对界定不清的产权的争夺。结果,这样的民主制度往往命不久矣[①]。

---

① 巴泽尔.产权和国家的演进[J].经济社会体制比较,1994(1):9,34-40.

对此,国内有学者提出了不同于代议制民主的中国式"代表型民主"(王绍光),认为民主的本质在于对民众偏好的回应而非流于代议形式,即切实代表包括低收入阶层在内的全社会普遍需求,并认为中国已发展出一套党国体制的代表型民主。同时,调查数据显示,大多数中国民众也的确更偏好实质性民主,对当前中国民主的认受度以及对政府回应性的满意度均较高。进一步地,作者指出,中国式代表型民主的主要实现途径,正是自革命战争时期以来长期坚持、经验积淀的"群众路线"。这既不同于西方式的"公众参与",但又不妨以之作为补充。那么,代表型民主又是如何代表"最广大人民"的共容利益的呢? 意识形态固然重要,但尚不足以解释全部,"中性政府"理论(贺大兴和姚洋)提供了一种解释。

(一)中性政府理论

所谓中性政府,指的是不与任何利益集团结盟、不被任何利益集团俘获、平等地对待不同社会集团的政府,相当于奥尔森意义上的共容利益组织。不过,在奥尔森的模型中,统治者和各利益集团的共容或狭隘利益份额是外生给定的,而诺思的国家模型则更多地考虑到在位统治者如何受竞争约束采取不同偏向的、往往是低效率的产权安排。下面对中性政府理论的讨论将表明,在不同集团的竞争约束下,如何才能内生地出现一个提供有效率的制度安排的政府。

在一个符合个体理性假设且内生化政府行为的无限期动态博弈模型中,上述作者考察了一个政府为最大化自身消费效用的贴现值,如何在一个把控它却也为其提供武力支持的"在位群体"与另一个可能会因为不满于政局而发动暴力革命的"在野群体"之间,制定相同或不同的税收和服务(用于增加产出)提供方案。除非某一群体在内战中被彻底消灭并被剥夺财产,这个社会将在可能出现的和平、革命、镇压、倒台、改朝换代以及继续革命或夺回政权中不断演进,而各方将预见历史的进程并作出抉择。

考虑到政策承诺可能的时间不一致性,作者解出了该模型纯策略稳定的完美马尔科夫均衡,得到中性政府的如下存在条件:①社会中各群体具有的由各自暴力潜能、财富和人口规模共同决定的相对政治力量彼此平等;②在野群体发动革命的威胁是可信的,政府利用把控它的在位群体镇压革命并非轻而易举;③在野群体的革命也不容易成功[①]。简言之,中性政府内生于一个社会结构平等的社会。

[①] 这些条件意味着政府在制定政策时将不得不兼顾不同群体的诉求,既不能长期偏向把控它的在位群体而引发在野群体的革命,也不能长期偏向在野群体致使政策被在位群体否决(贺大兴和姚洋)。究其缘由,此时社会公众对国家前途的憧憬将落实为政府当局所承受的压力,迫使其提高当前政策的效率,以防陷入革命。

更进一步地,作者证明了中性政府出于自利动机会将更多资源配置给更有生产效率的群体,从而其治下的社会总产出现值大于任意非中性政府。因此,当"市场在资源配置中起决定性作用时",中性政府也即强化市场型政府。而在该模型里,中性政府又被界定为向不同群体征收相同税率并提供等量人均服务的政府,因此尽管中性政府治理下各群体的收入和财富未必平等,但高收入阶层也将负担更高的税额,而不同收入阶层的人都享有均等化的公共服务。中性政府并非出于社会正义动机的自利行为,竟带来了经济效率和社会平等的一致。

至此,我们仿佛再次看到奥尔森所谓"看不见的手初次赐福"。更重要的是,中性政府假说对改革开放以来中国取得的经济成就也颇有解释力(姚洋)。首先,如前所述,中性政府内生于一个社会结构平等的社会,而 20 世纪上半叶中国的长期革命以及中华人民共和国成立后带有平均主义色彩的政策保证了这一点。其次,1949—1978 年反复出现的经济政策失误和大规模政治运动导致国家政权面临合法性危机(相当于模型中假设的革命威胁),但也因此凝聚了以"经济建设为中心"的社会共识和均衡的政治力量。最后,党政领导人在改革开放中摆脱了"以阶级斗争为纲"的意识形态桎梏,推行务实的理念和政策,以改革、发展、稳定的政绩合法性(而非代议制民主的程序合法性)为目标函数,既符合理性行为假设,也与社会共容利益激励相容。

贺大兴、姚洋以价格双轨制及其并轨、国有企业改制、农村改革、对外开放等为例佐证了中性政府假说。这些改革无疑或多或少都触碰了存量利益,而非纯粹理想化的增量改革,从而在短期和局部看起来并不那么"中性"。然而上述模型里的中性政府本身是一个长期和全局的动态均衡,并且,以经济效率和社会平等为依归也意味着从低效率的全能体制内解脱出来所必不可少的资源再配置和利益再分配。这也可以解释东亚"发展型政府"缘何实施有意扭曲相对价格的产业政策[①]。相比之下,许多甚至可能具有某种民主形式的发展中国家,由于社会排斥严重、社会结构长期不平等,其政府或是被"在位"的商业精英把控,或是被"在野"的民粹压力挟持,结果,过多的再分配性活动导致了低效率的产权和较差的经济绩效。

---

①　扭曲相对价格的产业政策显然违背了传统的新旧古典经济学基于比较优势的自由贸易理论,但却符合中性政府假说的预测。例如,日本银行和大藏省就曾称比较优势战略是工业发展的天然道路,然而通产省则认为这条道路将永远保持低生产率和低收入,并提出制定公共政策不应仅以静态意义上的现有资源有效利用为目标,更要指明前进方向并为重工业融资。据此,产业政策应当是动态调整的,等到被扶持产业具有了相当的国际竞争力时,政府又该削减乃至取消研发或贷款补贴、税收优惠、进口保护等政策支持。[参见陈钊,陆铭.论作为经济发展阶段之函数的政府功能[J].学术月刊,2007(10):77-82.]

（二）政府的非中性

正如代议制民主面临民主、法治、分权之间的微妙平衡,基于代表型民主的中性政府也是一个游走于刀刃上的均衡。并且,代表型民主比代议制民主具有更强烈的自我履约型或关系型(和隐性)契约色彩,其所追求的德政和政绩合法性至少在国家层面更多是一种受儒家意识形态熏陶的非正式约束,相当于长期关系中声誉机制的作用。事实上,代表型民主本身也不必然克服"代表性危机"。

随着改革"进入攻坚期和深水区",在体制转型中先富起来的人或既得利益者很可能由于获得了(或本来就有)强势的政治影响力,而成为"在位群体"。一旦其力量足以在某些制度安排上诱致政府的偏袒,按照上述模型所预期的,将会滋生大量寻租行为[①],并使"在野群体"迟迟不能享受均等化的公共服务,而这无异于逆向的再分配。例如,陈钊和陆铭就在一个最优控制模型中考察了城市偏向的政策制定者是如何内生地决定了城乡分割政策的演变轨迹,从而造成城乡工资差距不断扩大并阻滞了城市化的社会融合。

如今"突破利益固化的藩篱"已被形容为"难啃的硬骨头",与此同时,强化市场型政府或中性政府被期待去最大化的共容利益也不再只是以 GDP 或其增速所度量的产出,而是变量和结构更为多元复杂的社会福利函数,各社会群体甚至就是在争夺社会福利函数的定义权,却可能仅仅是为了在其中体现自己的狭隘利益。然而如中性政府模型所显示的,中性政府甚至正是以社会平等(在模型中即政府服务均等化)来实现市场经济效率的。于是,不仅如阿西莫格鲁和罗宾逊所言包容性的政治、经济制度,并且包容性的社会制度在涵盖并实现更大共容利益的意义上,将日益成为一项促进经济持续增长的社会投资,即对社会性基础设施的投资,而不只是社会消费性和再分配性支出(顾昕、李姿姿)。显然,这也意味着对强化政府中性治理能力、构建现代化治理体系的需求。

诺思、奥尔森等人的国家理论以及这里讨论的中性政府理论,仍将为我们进一步探讨在一系列竞争约束和交易成本约束下政府难以避免的非中性问题提供范导,但这些国家理论本身尚不足以回答如何在正交易成本的世界里"缩小国家应该做和国家实际上又会做之间的差距"[②]。为此,有必要深入到国家内部结构,从诸如官员晋升机制、央地财政分权体制等具体制度安排着手,考察不同政府行为主体所处的激励约束结构及其相互作用,并内生化地反思这些制度安排曾经如何变迁,

---

① 相当于在模型中提高在野群体的税率和在位群体获得的政府服务。

② 诺思. 国家经济角色的昨天、今天与明天[M]//斯蒂格利茨. 政府为什么干预经济:政府在市场经济中的角色. 北京:中国物资出版社,1998:168.

而今后又该如何克服低效率的路径依赖。特别是,当考虑到这些政治规则往往决定了经济规则和社会政策(如与户籍挂钩的城市准入和公共服务供给制度),进而深刻地影响着每一个人的日常生活时,对诺思悖论的"解决"而不只是"解释"的需求就更为迫切了。

[案例]　　　　　　　**诺思悖论——来自近代法国的教训**①

民族国家在近代法国的形成是对百年战争的制度反应。当时,英军占领了法国的大片领土,没有薪饷的士兵四处劫掠,而贵族们则忙于无休止的争斗。查理七世在 1422 年登上王位时,既面临着重建法律和秩序的重任,又亟须从英国人和勃艮第人手中收复失地,而这就需要大幅增加王室岁入。为此,便设立了一个用于通过王室特别税的代表机构即三级会议。查理七世利用这项财政收入与勃艮第达成和平并赶走了英国人,还取缔了各地的非法组织。

权力的不断扩大以及随后新兴民族国家之间的竞争,导致对财政收入的需求不断增长。由于三级会议极欲终止国内动荡,查理七世开始将税收调整权当作自己的特权,尽管这原本是作为特别税由三级会议投票决定的。产权的有效实施、地方竞争者的瓦解以及不受约束的征税权,法国王室据此独占了界定产权的权力。

接下来便是肆意用产权换取税收。百年战争后出现的法兰西王国尚非全国性经济,而是由许多地方经济组成。王室不得不分门别类对每个地区征税,这就需要庞大的官僚组织执行财政收支并规制经济,同时辅之以各种现存的自发组织(如行会)协助执行。14、15 世纪经济活动衰减,行会在法国城市的权力却不断扩大,并试图限制外部竞争,从而垄断不断缩小的本地市场。王权通过为地方垄断提供产权担保,增强了行会的实力;作为交换,行会在获得垄断特权后也成为王室有保障的税收来源。当然,为消除潜在竞争者,征税名单并不包括贵族和教士。

案例评析:

至此,我们已经看到诺思国家理论的逻辑。起初在法兰西被占领时,王室所能攫取的税额受制于英国和勃艮第这两位敌国竞争对手的征收水平。随着国内外竞争实力的削弱,王权的竞争约束日益宽松,从而扩大了其从国民中汲取收入的能力,但仍受约束于度量产出和征管税收的交易费用。而产出和税收又主要来源于分散的地方经济,官僚组织便成为王室用产权交换岁入的代理机构。随之而来的则是代理成本:官僚组织不仅截留了部分岁入,还成为法国政治结构中顽固的既得利益者。尽管王权和官僚组织的收入增长了,但数量众多的地方垄断组织却合法地阻滞了竞争、创新和市场规模扩大的潜在收益。结果,17 世纪欧洲经济的萎靡

---

①　诺思.经济史上的结构和变革[M].北京:商务印书馆,1992:169 – 171.

和危机的蔓延,在产权安排低效率的法国和西班牙导致了马尔萨斯危机,而荷兰和英国更有效率的产权结构和代议制则助推它们走上了繁荣的道路。

案例讨论:

试运用奥尔森的国家理论解释本案例。

复习思考题

1.试比较诺思的国家理论与奥尔森的国家理论的异同。

2.阅读诺思《经济史中的结构和变迁》(*Structure and Change in Economic History*)第十一章第四节与奥尔森《权力与繁荣》(*Power and Prosperity*)第二章中关于英国代议制起源的论述,结合本章所学进行分析。

3.查找相关资料,讨论近年来上海等大城市控制人口规模的政策是否符合中性政府假说。

参考文献

[1] 吴惕安,俞可平.当代西方国家理论评析[M].西安:陕西人民出版社,1994.

[2] 斯金纳.现代政治思想的基础[M].北京:求实出版社,1989.

[3] 韦伯.学术与政治:韦伯的两篇演说[M].北京:生活·读书·新知三联书店,1998.

[4] 埃利亚斯.文明的进程:文明的社会起源和心理起源的研究:第二卷[M].北京:生活·读书·新知三联书店,1999.

[5] 奥尔森.权力与繁荣[M].上海:上海人民出版社,2005.

[6] 福山.国家构建:21世纪的国家治理与世界秩序[M].北京:中国社会科学出版社,2007.

[7] WORLD BANK. World development report 1997:the state in a changing world[M]. London:Oxford University Press,1997.

[8] FUKUYAMA F. Political order and political decay:from the industrial revolution to the globalization of democracy[J]. Policy A Journal of Pnblic Policy & Ideas,2014,30(4).

[9] JOHNSON N D,KOYAMA M. States and economic growth:capacity and constraints[J]. Explorations in Economic History,2017(64):1-20.

[10] 柯武刚,史漫飞.制度经济学:社会秩序与公共政策[M].北京:商务印书馆,2000.

[11] 巴泽尔.国家理论:经济权利、法律权利与国家范围[M].上海:上海财经大学出版社,2006.

[12] 巴泽尔.产权和国家的演进[J].经济社会体制比较,1994(1):9,34-40.

［13］LIN J. An economic theory of institutional change：induced and imposed change［J］. Cato Journal，1989（9）：1－33.

［14］诺思. 制度、制度变迁与经济绩效［M］. 上海：格致出版社，2014.

［15］阿西莫格鲁，罗宾逊. 国家为什么会失败［M］. 长沙：湖南科学技术出版社，2015.

［16］诺思. 国家经济角色的昨天、今天与明天［M］//斯蒂格利茨. 政府为什么干预经济：政府在市场经济中的角色. 北京：中国物资出版社，1998.

［17］诺思. 经济史中的结构与变迁［M］. 北京：商务印书馆，1992.

［18］弗鲁博顿，芮切特. 新制度经济学：一个交易费用分析范式［M］. 上海：上海人民出版社，2012.

［19］OLSON M. Dictatorship，democracy，and development［J］. The American Political Science Review，1993，87（3）：567－576.

［20］斯密. 国民财富的性质和原因的研究：下卷［M］. 北京：商务印书馆，1974.

［21］王绍光. 代表型民主与代议型民主开［J］. 开放时代，2014（2）：151－174.

［22］贺大兴，姚洋. 平等与中性政府：对中国三十年经济增长的一个解释［J］. 世界经济文汇，2009（1）：103－120.

［23］姚洋. 中性政府：对转型期中国经济成功的一个解释［J］. 经济评论，2009（3）：5－13.

［24］贺大兴，姚洋. 社会平等、中性政府与中国经济增长［J］. 经济研究，2011，46（1）：4－17.

［25］陈钊，陆铭. 论作为经济发展阶段之函数的政府功能［J］. 学术月刊，2007，39（10）：75－80.

［26］陈钊，陆铭. 从分割到融合：城乡经济增长与社会和谐的政治经济学［J］. 经济研究，2008，43（1）：21－32.

［27］顾昕. 社会政策变革与中国经济发展模式转型［J］. 国家行政学院学报，2013（6）：28－33.

［28］李姿姿. 社会投资：欧洲福利国家改革的新趋势［J］. 国外理论动态，2016（12）：72－78.

第七章　制度变迁

制度在当今社会已经成为影响社会进步与经济发展的重要因素,在某种程度上与科学技术并驾齐驱,然而制度一旦形成并非一成不变,制度会随着时代的变化和要求而变化,制度变迁理论将对这一问题给予必要的科学诠释。

第一节　制度变迁的供求理论

一、制度变迁概述

(一)制度变迁的定义

制度是一种公共产品,是由个人或者组织生产出来的,也叫制度供给。由于资源的稀缺性和有限性,制度供给也是有限和稀缺的。随着环境与人们理性的变化,人们对制度会提出新的需求,从而实现预期利益。制度变迁是指新制度的创新以及对旧制度扬弃变革的过程。制度变迁总是由一定的行为主体发动和实施的,所以制度变迁的主体是其利益的获得者。旧制度能否被打破,除了制度变迁的主体能否获得利益外,还取决于制度变迁的成本。

(二)制度变迁的类型

制度变迁分为强制性制度变迁和诱致性制度变迁。强制性制度变迁是由各级政府利用命令、法律、法规自上而下推进和实施的,是具有激进式的制度变迁类型。政府的权威性保证了制度变迁的时效性和变迁力度。当然这种集权式有可能造成信息的不对称,从而出现低效率。诱致性制度变迁是由微观个体、居民、企业组织倡导的自下而上发现预期获利的可能提出的制度变迁需求,以影响决策者的制度安排。

制度变迁具体包括:旧制度的废除,新制度的确立;新创立的制度;旧制度的改良。制度变迁的目的是实现社会总体利益最大化,提高社会经济运行效率。当然制度变迁未必一定能提高效率,它也可能会稳定社会,减少不确定性,一般表现为习惯行为准则、社会规范、法律以及契约形式。

二、制度变迁理论

（一）新制度经济学对制度变迁的解析

新制度经济学对制度变迁的分析，最早是从需求方面展开的，科斯对此作出了开创性贡献。科斯指出："一旦考虑到进行交易市场和成本，那么显然只有这种调整后产值增长多于它所带来的成本时，权利的调整才能进行。""合法权利的初始界定会对经济制度的效率产生影响，一种权利的调整会比其他安排产生更多的产值，但除非这是法律制度确认的权利调整，否则，通过转移与合并权利达到同样后果的市场费用如此之高，以至于最佳的权利配置以及由此带来的高产值也许永远不会实现。"他进一步指出："只有得大于失的行为是人们所追求的。但是，当在各自为改进决策的前提下，对各种社会进行选择时，必须注意到导致某些决策的改善的现行制度的变化也会导致其他决策的失误。而且，必须考虑各种社会格局运行成本和转变为一种新制度的成本，在设计和选择社会格局时，应考虑总的效果。"①

以后，许多经济学家对于制度变迁的需求方面的研究都基本遵循科斯的观点，认为制度是在变迁所获收益超过变迁所需成本时改变。同时科斯也指出，制度变迁的效果在结构上并非全部都是帕累托效率最优，导致某些决策改变的现行制度也会导致其他决策的失误。具有重要意义的是，科斯确认了交易成本在制度变迁中的重要性，但是对于制度变迁中的供给因素未做分析。

制度变迁、制度创新，是在制度均衡不能维持的情况下发生的，制度均衡是在特定的条件下的制度供求力量相对平衡的初始状态，制度均衡并不是永久性的。必须要说明的是，并不是只要存在制度变迁的诱因就一定会导致制度变迁。关于这个问题，制度变迁理论是用制度均衡的概念和原理来解释的。所谓制度均衡是指，在所有当事人谈判能力给定的条件下，没有人能够通过改变现有制度而获得好处。在这种均衡状态下，制度便是稳定的、不会发生变化的。当我们说制度处于均衡状态，并非说在现存制度下，人人对制度都是满意的。而是说在这种条件下，人们为改变制度必须付出的成本大于其预期所能获得的收益，因此没有人愿意去致力于制度变革。只有当相对价格的变化使得人们致力于制度的预期收益大于成本时，制度均衡才会被打破，制度变迁才会发生。

（二）诺思的制度变迁理论

一般认为诺思的制度变迁理论在 1973 年出版的《西方世界的兴起》一书中形

---

① 　科斯. 社会成本问题[J]. 法律与经济学，1960(3):1-44.

成,1981年出版的《经济史中的结构与变迁》则标志着这一理论的成熟。诺思把研究重点放在制度理论上。这一理论的基石是：描述一个体制中的激励个人和集团的产权理论；界定实施产权的国家理论；影响人们对客观变化之不同反应的意识形态理论，以解释为何人们对现实有不同的理解。三块基石的逻辑关系是：经济增长有赖于明确的产权界定，但在技术和现有的组织制约之下，产权的界定裁决和行使代价极为高昂，于是，作为一种低成本的提供产权保护与强制性的制度安排的国家应运而生，借以维护经济增长；而成功的意识形态则能更好地、更有效地降低交易成本并克服"搭便车"的问题，以推动经济增长。

制度变迁理论的基本分析框架是：分析变化了的自然环境、技术水平、人口结构、产权、道德文化、意识形态等外在的制度环境如何向人们提供新的获利机会，从而提供改变制度、创造新制度的动机。为了获得更大的收益或节约交易成本，人们必须进行制度创新；当新制度所能提供的边际收益相当于旧制度运行所付出的边际成本的时候，制度变迁就会暂时停止，制度结构就达到了某种均衡。只有当环境改变时，才会发生对新制度的需求与供给。当制度的供给与需求基本均衡时，制度是稳定的；当现存制度不能使人们需求满足时，就会发生制度的变迁。

诺思的制度变迁理论认为，制度变迁的内在动因是主体期望获得最大的潜在利润。"正是获利能力无法在现有的安排结构内实现，才导致了新制度安排的形成。"[①]而产生潜在利润是由于许多外部性变化，包括规模经济的变化、外部成本与收益的变化、对风险的厌恶以及市场失败与不完善，这些外部因素的变化诱致了人们去努力改变制度安排的来源。

诺思认为，导致变迁的客观条件（非充分条件）是潜在利润的形成，至于充分条件只是制度创新可能获得潜在利润大于为获得利润而支付的成本。在分析导致收益与成本的变化以及潜在利润的产生因素时，诺思指出了三大类因素：一是对制度创新的需求做出很大贡献的因素，包括市场规模的变化、技术创新、制度创新者的收入预期改变；二是涉及某些制度安排、创新与操作的成本因素，如组织费用的外部承担、技术革新、知识积累、教育体制的发展、政府权力集中与社会影响；三是导致从制度均衡向不均衡变化的外部性变化因素，如政府规模、构成或规则的变化，公众行为规范和社会价值标准的改变。

诺思还认为，实现制度变迁应具备一些主观条件，如变迁主体的形成，他强调国家和意识形态在制度变迁中的作用，也就是说，除非建立一个稳定的对高效率经济制度起支持作用的政治制度，否则就绝不可能建立起稳定有效的经济结构。

---

① 戴维斯,诺思. 财产权利与制度变迁:产权学派与新制度学派文集[M]. 刘守英,译. 上海:上海三联书店,1994.

从长时期看,制度总是在不断发展演进的。并且一般情况下,制度变迁是一个渐进性、连续性的演变过程,是通过制度在边际上的不断调整而实现的。当然,他也不排除剧烈的非连续性制度变革的存在。他还认为,连续性的剧烈变革不仅不是制度变迁的常态,而且他也只能是发生在正规制度的领域中,而不能发生在非正规制度的领域中。非正规制度的演变永远只能是渐进式的。那么是什么东西引起了制度变迁呢? 按照诺思的说法,引起制度变迁的诱因是相对价格与偏好的变化。

三、制度变迁的供给与需求

(一)制度变迁的需求及影响因素

1. 制度变迁需求

人们之所以对制度有需求,是因为它具有一定的经济价值或能够给制度的消费者提供某些服务。制度变迁可以被理解为一种新的、效益更高的制度对另一种旧的、效益低的制度的替代过程。所以,人们对制度变迁的需求就是对效益更高的新制度的需求。人们在什么情况下会产生对新制度的需求? 根据戴维·菲尼的观点,当出现了这样一种情况:按照现有的制度安排,无法获得某些潜在的利益。行为者认识到,改变现有的制度安排,他们能够获得在原有制度安排下得不到的利益,这时就会产生改变现有制度安排的需求。诺思也认为,正是获利能力无法在现存的安排结构内实现,才导致了一种新制度安排的形成。

2. 影响制度变迁需求的因素

(1)要素和产品相对价格。西奥多·舒尔茨在 1968 年的《制度与人的经济价值的不断提高》一文中指出:随着经济的增长,作为生产要素的人的经济价值相对于物质资本的经济价值不断提高,因而产生了保护人力资本权利的制度变迁的需求。舒尔茨认为:大多数执行经济职能的制度是对经济增长动态的需求的反映。人的经济价值的提高产生了对制度的新的需求,一些政治和法律制度就是用来满足这些需求的。

总而言之,要素和产品相对价格的长期变动是诱致历史上多次产权制度变迁的主要原因。要素和产品相对价格的长期变动会产生制度变迁的需求,是因为当某种要素或产品因某种原因变得稀缺因而相对价格上升时,其所有者可以从对这种要素或产品的所有权中获得更多的收益。当所有者从对产品或要素的专有权中获得的收益大于保护这种专有权而支付的成本时,产权制度的建立就会成为迫切需要。

（2）技术进步。技术进步是引起制度变迁需求变化的另一个重要因素。戴维斯和诺思在 1971 年出版的《制度变迁与美国经济增长》一书中认为，技术对改变制度安排的利益有着普遍的影响。在 19 世纪和 20 世纪里，技术进步使产出在相当范围内发生了规模报酬递增，因此使得更复杂的组织形式的建立变得有利可图。同时，技术进步产生了工厂制度，也产生了使当今城市工业社会得以形成经济活动的凝聚。这些结果反过来产生了广泛的外部效应（如环境污染和交通拥挤）。在某些外部效应已为自愿组织所内部化时，另一些则没有，这种为获得利润的存在是诱致政府干预经济这种制度创新的主要力量。

总的来看，技术进步对制度变迁需求的影响，可从它对生产、交易和分配的作用等方面加以说明。

从生产方面看，新的制度安排往往需要利用新的潜在外部性。这在存在某种技术进步的情况下容易得到保证。例如，大工厂生产制度之所以能取代家庭工业，一个至关重要的原因是，机器的使用产生了规模经济问题。在机器大工业的条件下，工厂制度较之家庭工业具有规模经济性，可大大提高生产率。

从交易方面看，技术进步可能影响交易费用，并使原先不起作用的某些制度安排起作用。例如：在可以有效地保护私有产权的技术没有被创新出来之前，私有产权的制度安排是不可能真正发挥作用的。因此，当在现有技术水平下保护私有产权的费用过于高昂时，财产将成为共同所有。只有当技术进步使得产权所有者得自产权的收益大于他排除其他人使用这一产权的费用，私有产权才能真正得到确立。在美国，正是出现了用带铁蒺藜的铁丝构成的低费用围栏的技术创新之后，才引起西部公共牧场出现私人产权和牧场出租现象。

从分配方面看，技术进步可以有效地改变要素所有者或各个经济部门之间的收入分割。例如：菲律宾由于引进了现代化高产水稻和可用劳动力的增加，导致了"加玛合约"取代了传统的"佛纳桑合约"；拖拉机和其他先进农业机械的创新极大地降低了农场主对农民的监视费用，结果出现了要么土地所有者自己操作农业机械，要么佃农变为拿工资的农业工人。总之，传统的租佃农场制开始解体，家庭农场制变成美国式农业制度。

（3）市场规模。把市场规模看作是影响制度变迁需求的一个重要因素的新制度经济学家，也是戴维斯和诺思。在 1971 年的《制度变迁与美国经济增长》一书中，他们指出：市场规模的变化能够改变特定制度安排的利益和费用，搜集信息或排除非参与者的成本并不随交易的量而同比例增长，这两类活动都体现了成本递减特性。戴维·菲尼 1988 年也指出：市场规模扩大，固定成本即可以通过很多的交易，而不是相对很少的几笔交易收回。这样，固定成本就成为制度安排创新的一个较小的障碍了。

（4）其他制度安排的变迁。经济学家林毅夫在 1989 年发表的《关于制度变迁的经济学理论》一文中指出：由于某个制度结构中制度安排的实施是彼此依存的，因此，某个特定制度安排的变迁，可能引起对其他制度安排的服务需求。

一种新的制度安排的出现，往往会拉动相关的制度安排发生相同方向的变迁，这种连锁效应十分类似于产业变动的连锁效应；与产业变动的连锁效应一样，制度变迁也具有前向连锁和后向连锁两种效应。

（5）偏好。人的偏好的变化是影响制度变迁需求的又一因素。这里所指的偏好是群体的偏好，即某一集团的共同爱好、价值观念等。偏好的形成与变动，部分原因是相对价格的变化，是相对价格长期变化缓慢地促成的。但是，文化无疑是偏好的决定性因素。一个民族或国家的历史文化传统、社区由来已久的习俗都决定性地影响着集团的偏好。

人的偏好的改变也基于文化的变迁。偏好与一个社会占统治地位的意识形态有着十分密切的关系。意识形态与社会性偏好之间存在着互动关系。人们之所以接受某种意识形态，往往与该社会由来已久的历史文化传统所造就的社会偏好结构有关。

长期受占统治地位的意识形态的影响，社会偏好也会在潜移默化中发生变化。偏好变化对制度变迁需求的影响有直接和间接两种情况。前者指偏好变化直接地导致制度变迁需求；后者指偏好的变化是在一个较长的时期里，影响制度环境和制度选择的集合空间，并最终导致制度安排发生变化。

人的偏好影响制度变迁需求，本质上是由于它改变了人们的效用函数，从而改变了人们的成本效用比较链条，由此导致人们利益判断的变化。这意味着原来符合人们的利益判断的制度安排变得不再与这种利益判断相符，制度变迁成为人们改变了的利益判断的客观要求。

（6）偶然事件。在有些情况下，偶然事件对制度变迁需求的影响是很大的。例如，2003 年发生在中国等国家的 SARS 病毒流行事件，对有关流行病防治法、公共卫生法等制度变迁的需求就有很大的影响；美国的"9·11"恐怖事件，对美国公共安全方面的法律等制度变迁的需求产生了直接影响。

（二）制度变迁的供给及影响因素

1. 制度变迁的供给

（1）制度变迁供给的决定因素。

制度变迁的供给不仅仅取决于制度生产者在制度变迁中的收益要大于成本，而且还取决于政治秩序提供的新制度安排的能力和意愿。制度变迁供给收益大于成本是制度变迁供给的动力，各利益集团权力力量的对比决定制度变迁供给的内容和速度。

(2)制度变迁供给的主体与原则。

①制度变迁供给的主体。对制度的自发演进而言,可能并没有明确的供给主体,但就制度形成的人为设计来说,它显然离不开其供给主体。只要是有意识地推动制度变迁或者对制度变迁施加影响的单位,都是制度变迁的供给主体。它可以是政府、阶级、企业或别的组织,也可以是一个自愿组成的或紧密或松散的团体,也可以是个人。国家和政府是制度变迁的主要供给者。

②制度变迁供给的原则。制度变迁的基本原则是:只有当制度变迁的收益大于或等于制度变迁的成本时,制度变迁主体才会供给或推动某一项制度变迁。正如戴维斯和诺思所说:如果预期的净收益超过预期的成本,一项制度安排就会被创新。只有当这一条件得到满足时,我们才能发现在一个社会内改变现有制度和产权结构的企图。

(3)制度变迁的供给成本。

①制度变迁供给成本分类。

制度变迁是人们的一种复杂的社会活动过程,其活动内容和活动方式有很大的不确定性,其成本构成和成本水平也有很大的不确定性和风险,大致包括以下几个方面。

A. 规划设计、组织实施的费用。新制度代替旧制度必须进行规划和设计,并按照一定的程序组织实施,使之获得通过和正式建立起来,并开始投入运行。这是一个立规矩的过程,其中直接发生的一切费用,都构成制度变迁的成本。

B. 废除旧制度的费用。对旧制度体系及框架进行废除和清理,需要付出一定的费用。

C. 减少和消除变迁阻力的费用。制度变迁往往会遇到人为的阻力,导致一部分甚至大部分人的反对,因为制度变迁总要改变权力和财富的分配。为了消除阻力,需要付出一定的代价,包括对反对者实行强制措施和引诱手段所花费的成本,包括对变迁受损者的补偿措施。

D. 制度变迁中造成的损失。由于制度变迁直接涉及人们之间的利益关系,经常引起一部分人的反对和阻挠,由此引起的破坏和损失则是不可避免的。特别是一些大的制度变迁,其破坏和损失更是经常发生。这种损失也是制度变迁中需要考虑的重要问题。

E. 随机成本。由于制度变迁具有较大的不确定性,特别是制度变迁可能发生某些随机事件,尤其是政治事件,会使制度变迁的风险突然大增,从而加大制度变迁成本,甚至使制度变迁成本达到极限,使制度变迁无法进行。

②不同主体条件下的制度变迁成本。

A. 主体不同,制度变迁成本与收益不同。诺思认为,在个人安排和供给的制度变迁中,既没有与之相联系的组织成本,也没有强制服从成本,但收益的增长只限于一个人。在自愿团体和政府安排的制度变迁中,都要支付创新的组织成本,组织的总成本将随参加者人数的增加而增加。

在政府安排下的组织成本可能要低于自愿安排下的成本,每个参加者都受制于政府的强制性权力,而不管他对政府的强制性方案有多大的不满意,他都不可能退出。一个政府的强制性方案可能会产生极高的收益。因为政府可能利用其强制力,并强制实现一个由任何自愿谈判都不可能实现的方案。

B. 主体行为不同,评价标准也不同。由于不同主体行为的效用函数和约束条件的差异,他们对某一制度变迁供给的收益和成本可能有不同的评价标准。制度变迁的一个重要特征在于它是"非帕累托改进"的,即每一项新制度安排不可能在不减少任何当事人个人福利的条件下使社会福利最大化,一部分人利益的增加可能要以另一部分人利益的损失为代价,要求全体行为主体对每一制度安排做出一致协议几乎是不可能的。

从不同主体行为的角度研究同一项制度安排变迁的成本和收益,对于理解现实的制度变迁供给规律是很有意义的。以政府推动和供给的制度变迁为例,不同主体行为对同一制度变迁的成本与收益的计算,包括以下几个方面。

a. 个体成本及收益。这是从家庭、企业或某个利益团体的角度来衡量某项制度安排的成本和收益。该项安排可能给他们带来更多的近期或远期收益,如更高的货币收入,企业的利润留成额增加,更大的自主权等;但也要为此付出相应的代价,如可能在增加货币收入的同时,减少了非货币收入,工作更紧张,承担的风险增大等。只有在收益大于成本的条件下,微观经济主体才会产生制度变迁的需求或对政府安排的制度变迁持赞同态度。

b. 社会成本及收益。这是从微观经济主体行为相互联系的角度,考察某项制度安排为社会全体成员带来的收益和付出的成本。其社会收益主要表现为国民收入的增加和收入分配更趋公平,其社会成本则至少包括实施成本和摩擦成本两类。所谓摩擦成本是由新制度规则的引入所引起的人与人之间的利益冲突所导致的损失。摩擦成本源于制度变迁的"非帕累托改进"性质,在制度变迁中失去既得利益或相对收入增加缓慢的一方会阻碍制度变迁,阻力越大,摩擦成本越高。

c. 政治成本及收益。这是从权力中心的角度衡量的某项制度变迁供给的成本与收益。政治规则主要不是按照效率原则确立的,它还受到政治、军事、社会、历史和意识形态等因素的约束。制度变迁的政治收益主要表现为,因给予微观经济主体更大的政治或经济自由而强化了激励机制,导致更多的社会总产出。这不仅有利于增加财政收入,而且国力增强后更有利于获得人民的政治支持和加强在国际政治经济中的谈判力量。政治代价则表现为:权力的扩散弱化了权力中心所下达指令的权威性,为控制代理人的偏差行为需支付更多的费用,经济自由化所诱发的多元化政治力量可能会对权力中心的执政地位产生某种潜在威胁,如由利益关系调整引发的社会不稳定因素所产生的不安全感等。只有在制度变迁的预期政治收益大于政治成本时,权力中心才会主动推动制度变迁进程。

2.制度变迁供给的影响因素

(1)宪法秩序。宪法秩序和规范性行为准则是制度变迁外生变量。因此,它们自然成为影响制度变迁供给的一个重要因素。

例如,杨瑞龙认为,它们主要从以下三个方面影响制度变迁的供给。

①宪法秩序通过对政体和基本经济制度的明确规定来界定制度创新的方向和形式,宪法对政体和基本经济制度规定得越具体越明确,制度安排的选择空间越小。

②随着生产规模的扩大,交易费用和外部性成倍扩大,由宪法赋予政府掌握国家的"暴力潜能"可产生"规模经济"效应,尤其是在一个实施供给主导型制度变迁的国度里,维护权力中心的政治权威有助于稳定有序地推进改革,减少谈判成本。

③随着制度的演变和经济关系的调整,在经济上获得独立地位的利益主体就有进入政治体系和增大自己谈判力量的愿望。

总之,规范性行为准则对制度变迁的供给会产生深刻的影响。规范性行为准则是受特定社会文化传统和意识形态强烈影响的。新制度经济学家反复强调制度安排应与文化准则相和谐,否则就会使一些制度安排难以推行或者使制度变迁的成本大大的提高。

(2)制度设计成本。在制度变迁收益已定的情况下,制度变迁的成本,包括制度设计的成本和实施新制度安排的预期成本等就成为影响制度变迁供给的重要因素。

制度设计的成本,按照戴维·菲尼的观点,主要取决于设计新的制度安排的人力资源和其他资源的要素价格。就人力资源来说,如果要保障某种新制度安排的供给是非有高度熟练而尖端的劳动投入不可的话,那么这种制度安排的设计,耗费必然很大;反之,有不熟练的劳动投入也就足够了,这种设计耗费自然小些。这也可以从19世纪美国技术变化的发展趋势中找到印证。19世纪初期和中叶的那一系列机械创新依靠的是直觉知识和反复试验,在提供新的机械技术上,自耕农发明家就可以同受过训练的工程师媲美。但19世纪晚期,随着电学和化学知识的进步成了创新的重要来源,新技术的设计就非有更为尖端的、训练有素的劳动投入不可。这有赖于专业工程师和科学家以及现代公司的正规研究开发部门发挥作用了。

制度设计的要素成本,我们可以比较美国两个州用水管理制度的不同而引起制度设计的要素成本差异。按照加利福尼亚州的法律,是允许组织用户自愿协会划定地方公共水区的;反之,在同样位于干旱地区的亚利桑那州,用水管理权归州政府掌握。这样,加州的一般居民都能参与制度安排的设计,管理水的使用,消除因为抽出地下水而带来的外部性问题;然而在亚利桑那州,则只有政府官员才能参与度安排的设计。由此可知,用水管理上的制度创新的成本在加州会低得多。制度从潜在安排转变为现实安排的关键就是制度安排实施上的预期成本大小。一些好的制度安排因实施的预期成本太高而无法推行。美国大平原牧区土地所有权的演变提供了说明实施上的预期成本的影响的一个例子。19 世纪 60 年代,牧场上的土地所有权一开始是谁先占用就归谁。由于土地极多,想进入一个牧区的牧场主很容易找到还没有人捷足先登的地区并占用它。随着养牛业日益普遍发展,土地的排他性使用变得日益重要;但在缺乏有效的排他技术的条件下,以养畜者或牧场主协会的形式的自愿协会组织了起来,采取驱逐非协会会员的措施,把自由放牧区变成了协会公共所有财产。控制进入缺水区和畜群聚集区的结果,降低了排他的实施成本。

显然,协会公共所有财产形式并非一种理想的制度安排。然而,在岩石或林木等类围篱材料奇缺的环境下,严格限定私人放牧权的实施成本很高。有刺铁丝明显改变了实施私有化的成本。于是,有刺铁丝的销售量由 1874 年的一万磅增加到 1880 年的 8050 万磅。围篱首先是在耕地和有水源的最好放牧地周围修建起来的。这个例子表明,实施成本对制度安排的选择及利用程度有着较大的影响。

(3)社会科学知识的进步和积累及制度选择集合的改变。因为社会科学和有关专业知识的进步降低了制度发展的成本,正如自然科学及工程知识的进步降低了技术变迁的成本一样。

林毅夫提出制度选择集合的概念,即一种制度安排是从一个可供挑选的制度安排集合中选出来的。其条件是,从生产和交易费用两方面考虑,它比这个制度安排集合中的其他制度安排更有效。制度选择集合的改变居然也能移动制度变迁的供给曲线。他认为,除了社会科学的进步能够扩大制度选择集合以外,还有以下两个因素可以改变制度选择集合。

第一,是否与其他经济接触。与其他经济接触能扩大制度选择集合。通过借用其他社会制度安排来完成本社会制度变迁的可能性,极大地降低了在基础社会科学研究方面的投资费用。例如,中国经济体制改革就借用了市场经济国家的制度安排。

第二,政府政策的改变。制度选择集合还可能因政府政策的改变而扩大或缩小。由于某些原因,政府可能将某些制度安排从制度选择集合中剔除出去。因此,取消一种带有限制性政府政策的效应,相当于扩大制度选择集合。一个典型的例子是 20 世纪 80 年代中国政府在农村地区实行的农业作业制度的改革。在发生这一制度变迁之前,家庭农作这种制度安排是被禁止的,集体农作制是唯一可接受的模式。然而,由于 1978 年以来政府政策的改变,中国约 95％的家庭在 1980—1983 年转到了新的以家庭为基础的农作制。

(4)上层决策者的净利益。在一个高度集权的国家,上层决策者的净利益对制度变迁的供给将起着至关重要的作用。上层决策者有净利益可图就必然进行制度变迁。上层决策者的净利益并不等于社会净利益,社会净利益的存在并不一定导致制度变迁供给,因为能给社会带来净利益的制度变迁供给不一定能给上层决策者带来净利益。

第二节 制度变迁的动机、条件与方式及路径依赖

一、制度变迁的动机与动因

制度变迁的成本与收益之比是制度变迁的关键。只有在预期收益大于预期成本的情况下,即制度变迁的诱致因素在于行为主体期望获得最大的潜在利润。所谓潜在利润也就是外部利润,它是一种在既有的制度安排中行为主体虽然已经观察到,但却无法获得的利润。如果要获取就必须进行制度创新,使外部利润内部化,行为主体才会去推动直至最终制度的变迁,这就是制度变迁规则。制度变迁的动因在于成本与收益的比较,只有在预期收益大于预期成本的情况下,行为主体才会推动制度变迁,否则制度不变,所以制度变迁的真正动机是能获得制度收益与减少制度成本。制度变迁一般有以下三个方面的原因。

(一)要素的相对价格变化

相对价格的变化是指社会生产过程中的要素价格比率的变化、信息成本的变化、生产技术的变化等。相对价格的变化会改变人们的激励结构(影响人们行为的利益关系)和谈判能力(讨价还价能力)的对比,而激励结构和谈判能力的变化又会诱发人们重新制定规则的动机与努力。诺思说的相对价格变化,类似于马克思的生产力发展-生产力变化导致生产关系的变化。诺思认为制度与制度变迁的不同导致了生产力的提高。要素价格比率的变化是指各种要素价格发生改变。以前紧缺而昂贵的变得便宜,以前充裕的变得稀少而涨价。人们总是希望占有短缺的要素,要素价格比率变化后就需要制度调节人们之间的关系。相对价格和偏好的变化不一定引起制度创新或制度变迁,只要原有的制度均衡没有被打破,就没有新制

度创新。旧制度被打破的条件是有一种潜在制度安排创新成本低,收益高,潜在制度安排主要是人的理性或知识的提高,从而发现它的存在。

(二)偏好

偏好变化是引起制度变化的另一个原因。偏好受经济发展水平、国民收入、历史文化传统的影响,还受相对价格和信息成本的影响。随着偏好的变化,现有制度就不再符合人们利益最大化的要求,这样就会形成对制度创新的需求。相对价格的变化会影响人们的理想、风尚、信念及意识形态等,从而促使人们改变自己的行为模式,使之合理化。

(三)科技

林毅夫指出:"技术变化除了在制度结构方面起决定作用外,他还能改变特定制度安排的相对效率并使某些其他制度安排不再起作用。"[①]基于这种认识,他利用中国农业技术创新实践分别对之进行了经验检定。利用中国杂交水稻技术创新案例探讨了农业耕作制度对技术创新的相互影响,而后将这一理论假说推广运用到分析中国非市场制度环境中去,从而扩大了理论的适用范围,并根据中国经验对原有理论假说加以检验和修正。

二、制度变迁的环境与条件

制度变迁的环境就是制度环境,制度环境是建立在生产、交换、分配基础上的政治、法律和社会规则。制度环境影响制度变迁,一方面制约着制度选择的集合,影响制度安排的交易成本;另一方面影响制度创新主体创新方向,制约主体创新空间。诺思认为,制度的产生是由于制度安排的非均衡,未达到帕累托最优,当制度效率呈现递减状态,制度变迁成为必然。

制度变迁的前提条件是潜在利益的存在,即预期收益大于预期成本,同时一些制度主体会获得在现有制度无法获得的利益。

三、制度变迁的方式与特点

(一)制度变迁的方式

制度变迁方式指制度变迁的形式、突破口、速度、时间、路径等总和。诺思认为

---

① 林毅夫.中国杂交水稻创新:一个集中计划经济中市场雪球诱致的技术创新研究[M]//林毅夫.制度:技术与中国农业发展.上海:上海三联书店,1992.

制度变迁的方式有两种:渐进式变迁、突发式变迁。在一般情况下,制度变迁是一个渐进性的、连续性的演变过程,是通过制度在边际上的不同调整而实现的。当然也不排除剧烈的非连续性制度变革,即突发性变迁的存在。当然这不是制度变迁的常态,而且只能发生在正式制度变迁的领域中,而不能发生在非正式制度的领域中,非正式制度的演变永远是渐进性的。

(二)制度变迁的特点

1.诱致性制度变迁的特点

拉坦分析的诱致性制度变迁概念,是从稀缺资源的相对价格变化、技术进步和知识增进对需求与供给的影响入手进行解释,即对制度变迁需求的转变是由要素与产品的相对价格变化以及与经济增长的相关技术变迁所引致的;对制度变迁供给的转变是由社会科学知识及法律、商业、社会服务和计划领域的进步所引起的。拉坦侧重从制度变迁的需求和供给来分析诱致性制度变迁,认为制度变迁的需求动因主要包括新的收入流是对制度变迁的一个重要原因,新收入流的分割所导致的与技术变迁或制度绩效的增进相联系的效率收益,这是进行进一步制度变迁的一个主要激励。制度变迁的供给动力在于社会科学及专业知识的进步降低了由制度效率的收益所形成的新收入流的成本。也就是制度变迁的需求主要在于追求潜在收益,制度变迁的供给动力主要在于降低现行成本。由此出现了制度变迁需求和供给共同作用下的诱致性制度变迁,不管是追求潜在收益,还是降低现行成本,最终目的都在于"潜在利润"。

因此,拉坦的诱致性制度变迁强调了内生变量的影响,强调了首先利用经济体内部导致非均衡的力量自发地进展,然后沿着非均衡发展路径再给予各类似于强制变迁的外部动力,就能保证改革沿着个人理性与社会理性相一致的道路加速前进。这样诱致性变迁不但充分发挥了个人选择和民间力量对改革的原始推动力作用,而且借助了强大的垄断的政府资源的后续拉动力,及源自民间的原始变革需求和初始的改革措施就能够迅速扩展。

林毅夫对诱致性制度变迁的定义是:诱致性制度变迁指的是现行制度安排的变更或替代,或者是新制度安排的创造,他由个人或一群人,在响应获利机会时自发倡导、组织和实行。其包含四个方面的内容:第一,诱致性制度变迁的实施主体是个人或一群人(企业或政府)。其中,个人与企业属于初级行动主体或第一行动集团,他们的决策支配了制度安排创新的进程;政府是二级行为主体,或第二行动集团,也是一个决策单位,其作用是帮助第一集团获得收入进行一些制度安排,推动制度变迁。第二,实施动力是获利机会,即获得潜在的利润。第三,实施特征是自发的和渐进的,是一种自下而上,由局部到整体的制度变迁过程。第四,实施方式是制度安排的创新,包括用新制度安排替代旧制度安排和变更现行制度安排。

诱致性制度变迁的特点既是优点也是缺点。例如,当制度变迁主体的收益基本满足后,就会缺乏变迁的动力导致变迁缓慢,或者由于路径依赖而降低效率。自发性制度变迁,也会出现变迁的供给动力不足或者现行制度效率低下,无法触动核心制度等。渐进式变迁给变迁主体、变迁作用对象、制度安排本身等以时间来适应,但在适应期会出现"搭便车"、外部效应及寻租等现象,不利于制度变迁的持续进行。

2.强制性制度变迁的特点

强制性制度变迁的方式可以是渐进式,也可以是激进式。激进式的强制性制度变迁是以政府为指导的,政府是制度变迁的主体,变迁程序是自上而下,变迁时间较短,可以在短时间内实现制度结构的大变革。其相对优点是:①制度安排速度快;②节约了制度实施成本;③制度变迁力度大,直接触及核心制度。其相对缺点是:①破坏性大;②缺乏弹性的修正的合理时滞;③容易引起社会大震荡。

渐进式强制性制度变迁的渐进因素包括:①在单一制度变迁的轨迹上又有一定的渐进性质;②在核心制度和配套制度安排上有先有后,而且还有一定的时滞;③注意交替使用强制性制度供给满足制度累增的需要。一般来说,渐进式强制性制度变迁比较温和,不管是对制度需求主体来说,还是对制度安排本身而言,抑或针对制度作用的对象。从制度需求主体来说,有一定的内生需求时间和空间;制度安排本身有一定的调整余地,避免制度震荡和破坏性;制度作用的对象也有一定的时间来适应,减少制度作用对象对新制度的抵触,降低制度摩擦成本。渐进式强制性制度变迁的缺点是:①强制性制度变迁作用时间长,增加了利益集团寻租的可能性,以及"搭便车"现象;②采取渐进式,制度变迁的强度相对不足;③相对来说,制度的内生诱致还不是很够。因此,在这种方式下,应注意两个各方面的问题:一方面是制度变迁的强度,另一方面是根据制度需求的累积情况,安排好强制性制度变迁的时机。

3.诱致性制度变迁与强制性制度变迁的相互关系

这里基于对诱致性制度变迁和强制性制度变迁的分析,探讨制度变迁方式的转变。制度变迁方式之间的转换主要包括了两种情形:①强制性制度变迁替代诱致性制度变迁,即强制性制度变迁的进入;②诱致性制度变迁替代强制性制度变迁,即强制性制度变迁的退出。强制性制度变迁的进入又有两种情况:①某种制度其变迁刚开始进行,且进行之初主要方式采用的是诱致性制度变迁;②某种制度变迁已经进行并取得一定的发展,但目前阶段其制度变迁方式正好属于诱致性制度变迁范畴,且处于制度变迁方式变换的临界点。同理,强制性制度变迁的退出也包括两种情形:①开始采取强制性制变迁方式;②制度变迁进程中变换为强制性制度变迁,而现在又有必要进行制度变迁方式的转换。

制度从原来的均衡状态,由于各种原因,逐渐处于非均衡状态,由于外部利润的存在(对于强制性制度变迁而言,可能不一定存在可内在化的外部利润,而仅仅是对原有利润再分配),从而进行制度变迁。由于制度变迁的主体以及变迁方式等的不同,具体的制度在变迁之初便采用了不同的变迁方式,如中国的农村经济制度变迁更多的是诱致性制度变迁,而国有企业改革、证券市场、银行制度等的变革更多地采用了强制性制度变迁。

四、制度变迁的路径依赖理论

(一)路径依赖的含义

路径依赖的概念是由大卫·保罗(David Pard)首先于1985年提出的,他认为,一些偶然事件可能导致一种技术战胜另一种技术(技术演进),而且一旦选择某一技术路线,即使这一路线可能不比放弃的另一种技术路线更为有效,它也会持续到最终。

路径依赖是指一个具有正反馈机制的体系,一旦在外部性偶然事件的影响下被系统所采纳,便会沿着一定的路径发展演进,而很难为其他潜在的甚至更优的体系所取代。由于路径依赖的作用,当制度给人们带来的报酬递增时,制度的变迁不仅得到了支持和巩固,而且能在此基础上沿着良性循环的轨迹发展。但是,如果这一规模递增不是普遍产生,而是产生于某一特殊团体时,便会产生制度的"锁定",沿无效率的轨迹发展下去。一旦人们做了某种选择,就好比走上了一条不归之路,惯性的力量会使这一选择不断自我强化,并让你不能轻易走出去。

美国经济学家诺思是第一个提出关于制度的"路径依赖"理论的学者。诺思认为,路径依赖类似于物理学中的"惯性",一旦进入某一路径(无论是"好"的还是"坏"的),就可能对这种路径产生依赖。某一路径的既定方向会在以后发展中得到自我强化。人们过去作出的选择决定了他们现在及未来可能的选择。例如,好的路径会对企业起到正反馈的作用,通过惯性和冲力,产生飞轮效应,企业发展因而进入良性循环;不好的路径会对企业起到负反馈的作用,就如厄运循环,企业可能会被锁定在某种无效率的状态下而导致停滞。而这些选择一旦进入锁定状态,想要脱身就会变得十分困难。

（二）路径依赖的表现方式

路径依赖可能产生两种表现方式：自我强化和路径锁定。自我强化表现为当人们最初选择的制度变迁路径是正确的，在自我强化机制的作用下，沿着既定的路径，经济和政治制度的变迁可能进入良性循环的轨道，并迅速优化。反之，人们初始选择了一种自以为相对较优而实际上相对无效的制度后，在自我强化机制的作用下，产生一些与现有制度共存共荣的强权组织和利益集团；尽管制度已显现出阻碍整个社会发展的负面效应，但这些组织可能为了自身利益而不断推出一些强化现有制度的措施，从而使这种无效的制度变迁的轨迹持续下去，直至形成制度的路径锁定（lock-in）。

诺思认为，制度陷入锁定状态后，并非不能突破，只是摆脱路径锁定往往要借助于外部效应、引入外生变量或借助政权的变化。在打破路径锁定、实现路径替代的过程中，政府的干预十分重要，政府是一个社会中最大的制度供给者。当制度变迁陷入路径锁定时，政府要积极探索新的路径，通过加强信息交流，形成一致性行动，打破路径锁定、实现路径替代就可能发生。

（三）路径依赖产生的原因

沉没成本是制度变迁中路径依赖的主要原因。对组织而言，一种制度形成后，会形成某个既得利益集团，它们对现在的制度有强烈的要求，只有巩固和强化现有制度才能保障它们继续获得利益，哪怕新制度对全局更有效率。对个人而言，一旦人们作出选择以后会不断地投入精力、金钱及各种物资，如果哪天发现自己选择的道路不合适也不会轻易改变，因为这样会使得自己在前期的巨大投入变得一文不值，这在经济学上叫"沉没成本"。

总的来说，路径依赖根源有三个方面的原因：①制度是协同博弈的解，在这一博弈过程中多重预期总是存在的，而这些预期又无一例外地植根于初始条件，于是制度变迁必然是初始条件依赖的；②组织内部交流体系编码投资的不可逆性；③组织要实现的目标和任务彼此之间不可避免的交错性和相关性，新目标的附加具有时间上的连续性，因此它们总倾向于在既定的路径中发展。

新制度经济学对制度变迁过程中产生"路径依赖"的原因，主要从以下三个方面加以解释：①正式规则对经济发展的作用是连续的、累积的。一国政治法律制度约束着经济自由度和个人行为特征，进而影响经济效益。②非正式规则对经济发展的作用更是持久的、沉淀于历史过程中的。与正式制度相比，非正式制度具有较强的非易性，其变迁也是连续的、缓慢的、渐进的、内生的。在历史上虽然许多国家的政治法律制度差异不大，但经济发展路径却相差颇大，其主要原因就是不同的非正式制度和传统文化在起作用。③与制度相关的特殊利益集团具有保持制度变迁持续下去的推动力。因为这种利益集团与现有制度是共存共荣的,而且在各种利益的博弈中处于主导地位只会加强现有制度,从而促使制度变迁保持原有的惯性、按原有的方向持续下去。

(四)两种路径依赖理论的区别

制度变迁中的路径依赖理论超越了传统的技术变迁和制度变迁理论,它将着眼点放在演变过程中,强调历史的作用,从而使其与新古典主义的静态分析模式和简单的成本收益计算方法区分开来。

1.技术演进中的轨迹依赖

"路径依赖"原本是被阿瑟用来描述技术变迁的自我强化、自我积累的性质。阿瑟认为,新技术的采用往往具有报酬递增的性质。由于某种原因,首先发展起来的技术常常可以凭借占先的优势地位,利用巨大规模促成单位成本降低,利用普遍流行导致的学习效应和许多行为者采取相同技术产生的协调效应,致使它在市场上越来越流行,人们也就相信它会更流行,从而实现自我增强的良性循环。相反,一种具有较之其他技术更为优良的技术却可能由于迟到一步,没有获得足够的跟随者,而陷入恶性循环,甚至"锁定"在某种被动状态之下,难以自拔。

2.制度变迁中的路径依赖

诺思把阿瑟提出的技术变迁机制扩展到制度变迁中,用"路径依赖"概念来描述过去的绩效对现在和未来的强大影响力,证明了制度变迁同样具有报酬递增和自我强化的机制。这种机制使制度变迁一旦走上了某一条路径,它的既定方向会在以后的发展中得到自我强化。沿着既定的路径,经济和政治制度的变迁可能进入良性循环的轨道,迅速优化;也可能顺着原来的错误路径往下滑,结果在痛苦的深渊中越陷越深,甚至被"锁定"在某种无效率的状态之下。一旦进入了"锁定"状态,要想脱身而出就变得十分困难,除非依靠政府或其他强大的外力推动。通俗地讲,"路径依赖"类似于物理学中的"惯性",一旦进入某一路径(无论是好是坏)就可能对这种路径产生依赖。因此,在既定的制度变迁目标下,要正确选择制度变迁的路径并不断调整路径方向,使之沿着不断增强和优化的轨迹演进,避免陷入制度锁定状态。

(五)研究路径依赖理论的意义

路径依赖理论对于处于经济体制转型过程中的国家来说,显然具有现实意义。我国正在经历一个伟大的改革时代。改革,或者说从计划经济向市场经济的转轨,是一个重大的制度变化过程,整个过程具有制度变迁中路径依赖的特征。

(1)初始的体制选择会提供强化现存体制的刺激和惯性,因为沿着原有的体制变化路径和既定方向往前走,总比另辟路径要来得方便一些。

(2)一种体制形成以后,会形成在现存体制中有既得利益的压力集团。它们力求巩固现有制度,阻碍进一步的变革,哪怕新的体制较之现有体制更有效。即使由于某种原因接受了进一步改革,它们也会力求使变革有利于巩固和扩大他们的既得利益。于是,初始的改革倾向于为后续的改革划定范围。改革能否成功就不仅取决于改革者的主观愿望和既定的目标模式,而且依赖于一开始所选择的路径。

因此,我们在作出任何一项改革决策时,不仅要考虑将要采取的决策的直接效果,还要研究它的长远影响;要随时研究改革是否采取了不正确的路径,如果发现了路径偏差,要尽快采取措施加以纠正,把它拉回到正确的轨道上来,以防止陷入路径"锁定"状态难以自拔。

第三节　制度变迁的比较

一、制度变迁模型比较

一般来说,我们从不同的角度可以把制度变迁的过程做不同的分类。从制度变迁的层次来看,可以分为基础性制度安排与次级制度安排;从制度变迁的规模来看,可以分为整体制度变迁和局部制度变迁;从制度变迁的主体来看,可以分为诱致性制度变迁和强制性制度变迁;从制度变迁的速度来看,可以分为激进式变迁和渐进式变迁。其中,比较著名的模型是诱致性制度变迁和强制性制度变迁以及渐进式变迁和激进式变迁。下面我们将重点介绍这两类制度变迁。

(一)诱致性制度变迁与强制性制度变迁

1.诱致性制度变迁

诱致性制度变迁是指现行制度安排的变更或替代,或者是新制度安排的创造,它由一个人或一群人,在响应获利机会时自发倡导、组织和实行。诱致性制度变迁必须是由某种在原有制度安排下无法得到的获利机会引起的。

诱致性制度变迁的发生必须要有某些来自制度非均衡的获利机会。从初始制度均衡,到制度不均衡,再到制度均衡,周而复始,这个过程就是人类制度变迁的过程。林毅夫把引起制度非均衡的原因归纳为四个方面:①制度选择集合的变化;②技术改变;③制度服务的需求改变;④其他制度安排改变。当制度存在不均衡时,改变现有的制度能够获利。为了获得由制度改变带来的好处,新的制度安排可能由经济主体创造出来。

诱致性制度变迁的特点可概括为:①营利性。即只有当制度变迁的预期收益大于预期成本时,有关群体才会推进制度变迁。②自发性。诱致性制度变迁是有关群体(初级行动团体)对制度不均衡的一种自发性反应,自发性反应的诱因就是外在利润的存在。③渐近性。诱致性制度变迁是一种自下而上、从局部到整体的制度变迁过程。制度的转换、替代、扩散都需要时间。从外在利润的发现到外在利润的内在化,其间要经过许多复杂的环节。如在行动团体内就某一制度方案达成一致同意就是一个旷日持久的过程,而非正式制度变迁还要更缓慢一些。

但是诱致性制度变迁也有一定的困难:①诱致性制度变迁面临的第一个问题就是谈判成本较高。由于不同经验和不同利益的经济主体对制度不均衡程度的理解和认识不同,对于理性的制度形式认识不同,对于如何分割制度变迁的收入也存在争议,因此,一套新的行为规则被接受和采用,自发的变迁主体之间的谈判成本可能非常高。②诱致性制度变迁还面临一个突出的问题就是集体行动的困境。由于制度的创新不能获得专利,因此具有公共品的性质。人们往往可以简单模仿别人创造的制度安排而无须交费。这样的制度创新可能缺乏足够的激励。

2. 强制性制度变迁

强制性制度变迁是国家在追求租金最大化和产出最大化的目标下,通过政策法令实施的,它以政府为制度变迁的主体,程序是自上而下的变迁方式。

(1)强制性制度变迁具有以下优点:①推动力度大。由于政府是变迁的主体,对制度安排的推动力比较大,只要政府下定决心,制度必定能安排好。②具有规模经济。国家在提供公共品方面非常有效率,由于制度的实施本身是一种公共品,所以国家在制度供给方面具有成本优势。③弥补制度供给不足。当单个经济主体在制度创新受到外部性的影响,而缺乏足够的创新激励时,国家可以充分内部化制度创新的成本,强制受益者分摊成本。所以由国家出面作为制度变迁的主体,在对制度变迁总收益和总成本的衡量上,组织制度变迁将更有效率。④减少制度变迁的时间。单个经济主体在就新的制度协商和谈判时,受到各种压力,面临各种风险,制度变迁的时间比较长,而国家可以发挥组织和信息方面的优势,缩短制度变迁的时间。⑤对旧制度的更替作用大。

(2)强制性制度变迁也存在以下缺陷:①低效性。因为制度供给是根据经验而不是现实的需要,制度可能符合发展的需要,也有可能不符合发展的需要,低效性不可避免。②"搭便车"行为不可避免。决策者或者影响决策的利益集团会利用制度供给的机会为自己牟取好处,而这时由于没有制度需求集团,所以没有任何监督机制,也就是说制度要求供给者、安排者与今后制度作用对象存在严重的信息不对称。③制度破坏大。由于强制性制度约束性强,一旦不符合实际需要,便可能对社会的发展造成极大的破坏。

(二)渐进式变迁与激进式变迁

1.渐进式变迁

渐进式变迁是假定每个人、每个组织的信息和知识存量都是极其有限的,不可能预先设计好终极制度的模型,只能采取需求累增与阶段式突破的方式,逐步推动制度升级向终极制度靠拢。

渐进式变迁具有以下特征:①渐进式变迁是先试点后推广。②渐进式变迁经常选择双轨制改革方案。③渐进式变迁是一种自上而下的强制性制度变迁的过程。④渐进式改革是一种倾斜式改革。⑤渐进式变迁是一种增量改革、边际改革,也就是在保留、改革旧体制的同时,不断地引入新体制因素。

2.激进式变迁

激进式变迁是以终极预期目标为参照系数,采取迅速而果断的行动,一步到位安排预期制度的方式,"破"与"立"同时进行,也就是在新制度安排的同时,否认现存的组织结构和信息存量。

(1)激进式变迁的优点:①减少不必要的争论;②减少变迁成本向后累计的风险;③急需的核心能够较快安排到位。

(2)激进式变迁的缺陷:①现存的组织结构和信息存量的破坏,人们无法形成稳定的预期,从而增大改革的组织成本和信息成本;②改革具有不可逆性,无法对不适应实际的制度进行必要的修正和调整;③如果是整体制度变迁,一旦把握不好,可能会出现政权易位。

在现实中,人们常常把中国的改革称为渐进式改革。中国的渐进式改革是"摸着石头过河"。在它的开始阶段,在地方进行试验,当试验成功以后就扩大这些试验,也就是先试验后推广,先局部后整体。中国渐进式改革的特征表现为:①渐进式改革先试点后推广,即国家先在某一个部门或某一地区或某一企业试点,一旦成功后再在全国推广。②渐进式改革常常选择双轨制的改革方案,两套制度,两种市场规则同时存在。③渐进式改革是增量改革或边际改革,将旧有的体制中影响比较小、改革阻力比较小的地方作为改革的突破口,逐渐引入新的体制因素。

二、制度变迁的社会背景与路径方式比较

发达国家和后发展国家,制度变迁会产生天壤之别的绩效,它们制度变迁的基点、动力不一样,影响它们制度变迁的因素也不一样。在西方发达国家,制度变迁大多是由人民响应获得机会而自发组织实施的,因而其制度变迁过程是渐进的,而且也能与其经济社会发展过程基本相适应。后发展国家由于本身条件的制约,其既无西方式的社会制度基础,也无有效的制度变迁路径可供依赖,选择渐进与连续性的制度变迁模式是心有余而力不足。鉴于此,制度变迁过程选择较激进的变迁方式便具有一定的客观必然性。下面我们主要从两种类型国家制度变迁的背景和变迁方式进行分析。

(一)西方发达国家制度变迁的社会背景与路径方式

西方发达国家制度变迁路径方式一般会选择渐进与连续性的制度变迁模式。从历史与发展的角度上看,西方国家的制度变迁方式一般来说与其现代化道路分不开。对于现代化实现方式,西方发达国家市场经济制度及其相应的立法发展过程,在很大程度上体现了内源性现代化、诱致性制度变迁和自发模式的特点,而且在制度变迁的整个过程中,市场经济与经济立法在相当程度上是同步演进和不断发展的。

西方发达国家的制度变迁之所以具有如此明显的渐近性与连贯性的特征,是有着社会历史背景的。从欧洲的历史来看,自罗马帝国之后,欧洲一直没有形成稳固的大一统局面,政权始终处于分散和相互竞争的状态。在此期间,从政治上看,分散的封建庄园是主要的政治组织形式,国家和主权的理念非常淡薄,统一的中央集权与行政管理制度发育迟缓。与此同时,众多的欧洲城市又在中央集权的封建整体形成以前和以后,采取了许多措施来推进和保护交易及其他市场行为的有序进行。尽管19世纪以后,欧洲也形成了统一而强大的民族国家,然而,在这些民族国家出现以前,法院、海商法、财产法、保险法、合同法等这些与市场经济及其行为有关的制度与规范已基本形成;民族国家形成以后,只不过是以法律的形式对早已形成的这些制度和规范加以确认而已。可见,西方发达国家的市场经济体制及其与之相应的交易规则和产权制度,正是在这样一种漫长的自然秩序中逐渐形成的。从制度变迁本身的角度来看,欧洲社会多元的权力结构与社会结构态势,又使得欧洲社会不具备进行强制性制度变迁的客观历史条件与可能。从制度变迁发展的路线上来看,在路径依赖原理的作用下,当国家以法律形式制定出相应的制度与规范时,由于法律与社会需要之间存在着统一性,因而符合市场经济要素的制度就会沿着有效方向发展。

（二）后发展国家制度变迁的社会背景和路径方式

对于后发展国家（或是相对落后的国家）而言,在列强林立、国际经济体系已经形成、世界市场已被瓜分完毕、国家间竞争日趋激烈的历史条件下,那种以自由资本主义和自由资产阶级为基础的原发型经济发展道路,对后发展国家而言是不可行的;而且那种西方式的、受其社会内部发展规律影响与推动的经济与社会发展之路也难以在后发展国家中再现。原因既在于发达国家一直力图通过其综合国力优势来对国际经济秩序进行控制和对市场进行垄断,而且也因为后发展国家内部通常又都缺乏自我自发生成现代生产方式的经济与社会条件。其实从后发展国家的实际情况出发,渐进的市场力量尽管也可（而且也应该）作为依据,然而,能否真正有效地发挥出政府的主导作用并进而缩短市场化进程所需要的时间以及减少市场化进程的代价,才是决定一个国家制度变迁成败乃至发展的关键。因而,在这里充分发挥政府作用并适当选取较激进的变迁方式便无形中具有了一定的客观必然性。

在制度变迁方面,尽管后发展国家有着较多的相似性,然而,由于各国情况与条件不一,再加之制度变迁的复杂性与艰巨性,具体的制度变迁方式选择,各个国家依然有着各自的侧重点。从影响力和代表性的角度而言,中国和苏联（也包括后来的俄罗斯）就应该为后发国家制度变迁过程中的制度变迁方式选择时最有代表性的两个国家。由于中国的制度变迁情况要单独加以讨论,因而在这里,我们先谈谈以苏联和原有东欧国家以激进改革为范式的制度变迁方式,并且与我们后面要分析的我国渐进式的制度变迁模式做一比较分析。

当1989年苏联和原东欧国家发生剧变时,在正统的经济学家们中间立刻达成一种共识:向市场经济的过渡必须要采取激进的方式。其理由是,人们不可能两步跨越同一道鸿沟,因而渐进的改革是难以成功的。不仅如此,实践中,制度变迁中的激进改革,也还被人形象地称之为"休克疗法"（这种说法的提出与倡导者是哈佛大学著名的经济学家萨克斯教授）,其主要观点就是:在创造稳定的基础上,快速实现自由化与私有化。在世界范围内,有不少国家在转型过程中不同程度地采用了休克疗法。在拉丁美洲地区,阿根廷、秘鲁、玻利维亚都是快速自由化与稳定化的例子（在某种程度上,巴西、墨西哥也是如此）;在东欧,捷克、波兰、斯洛文尼亚或许是主要代表;在苏联,却只有波罗的海三国真正是休克疗法的范例（俄罗斯虽有快速的私有化与自由化,但却并未形成快速的稳定化,因而也就谈不上是完整而成功的休克疗法）。

中国的经济体制改革始于20世纪70年代末,然而对经济体制改革道路的探索实际上早在此以前就已开始了。尽管人们已经觉察到了我们的经济体制缺乏效率,但是由于扭曲的宏观政策环境和集中的资源计划配置制度都是传统经济体制中的深层次问题,因而长期以来人们一直无法直接判定它们的负面影响;再加之在意识形态上,计划经济的观念又起着关键性的制约作用,所以经济改革也一直没有取得突破性的进展。

由于我国的计划经济对经济政治及社会生活具有全面性的影响,因而改革的对象只能是计划经济制度本身,改革的实质也只能是制度的转换与更新。又由于制度变迁具有路径依赖性,尤其是当制度处于锁定状态的情况下,要打破传统计划经济体制的逻辑或许就只有两种方式可供选择:一是根本性的社会革命,二是由国家或政府顺应民意并主动进行自上而下的改革和促进基础性的制度变迁。事实上,经过中华人民共和国成立后几十年的社会与制度变迁,人们渴望安定,社会革命也并非民之所愿;再加之,长期以来社会主义理念根深蒂固,所有这些都决定了制度变迁过程中,社会革命的道路不具有正当性。此外,我国在历史上形成的强大的国家、政党及政府组织又享有极高的威望和具有强大的统摄力量,因而实践中由政党和政府统一领导、规划、安排、组织与实施的经济改革,要远比根本性社会革命的道路更容易为政府与社会所接受;更何况从制度变迁的推动方式而言,由政府对市场趋向的改革发挥强有力的领导作用还有其自身的理论与观念基础。也正是在这样的背景条件下,中国的制度变迁方式与道路的选择是以渐进式改革为主,而非苏联与东欧一样完全遵循于所谓的激进变革。

三、制度主义学派主要观点

(一)马克思

1. 马克思制度变迁理论的基本假设

马克思对于制度变迁理论的基本假设是"社会人"假设。马克思在分析资本家的经营过程时也遵循经济人的"分析逻辑",但马克思对经济人理性提出了质疑,马克思从历史角度看到了经济理性在人的选择和行动中所导致的人性扭曲,因此,他最终选择了用"社会人"假定取代经济人理性假定。在马克思看来,人是社会生产关系的总和,人的本质属性是社会性,但是,基于"社会人"假定的理论,过分强调了社会关系对个人的决定性作用,无视个人的独立存在,这就导致了不能很好地处理制度的可设计部分。

2. 马克思制度变迁理论的动力

从动力来源的角度,制度变迁的动力可以分为内动力和外动力。单纯考察制度本身,可以发现有一种力量推动着制度变迁,我们把这种力量称为制度变迁的内动力。制度变迁的外动力就是变迁主体从事变迁的动力或者诱因。

马克思指出生产力是根本因素,经济基础决定上层建筑,双方是作用和反作用的关系。生产力与社会制度的这种内在矛盾运动就是制度变迁的动力源。生产力因素就是技术因素,包括生产力水平、科技状况、人力资本等。生产关系和上层建筑通称为制度因素,法律制度是上层建筑重要组成部分。

马克思对社会经济制度变迁的动力分析是客观而全面的,既揭示了制度变迁的内动力——生产力的性质、水平、发展要求与各个层次经济制度的内在矛盾所产生的内在动力,特别是强调技术革新导致生产力发展,从而提出了制度变迁的迫切要求,创造了制度变迁的机会;同时,又特别强调变迁主体为了自身的利益而发动和参与制度变迁。其中,来自后者的动力是制度本身以外的,由人施加的外动力。马克思关于动力分析的这个标准可以概括为生产力标准,邓小平提出的"三个有利于"标准是生产力标准的具体化。

3.马克思理论中对制度变迁方式的分析

马克思认为,人民群众是历史的主人。正是人民群众的实践活动即生产活动、阶级斗争和科学实验,将人类社会不断推向前进。制度变革的行为主体是具有共同经济地位和经济利益的个人组成的阶级,不管是资本家、雇佣工人都是作为阶级或阶级的代表而存在,工人阶级代表的是先进的生产力。在资本主义社会里,由生产力发展所引起的生产力与生产关系,经济基础和上层建筑间的矛盾集中地表现在资本主义社会的阶级矛盾中,在资本主义社会,阶级矛盾是不可调和的。这样随着生产力的发展,阶级矛盾既然不可调和,就只有通过阶级斗争,即激进或革命的方式才能实现社会制度的改变,才能实现制度的变迁。当然,社会制度的改变不是一蹴而就的,马克思的辩证法认为,制度的变革是量变与质变、渐进与革命的统一,只有社会生产力发展到一定阶段,才会发生社会革命,才会出现所有制和国家制度的革命性变迁。

(二)诺思

1.诺思制度变迁理论的形成过程

诺思是新制度主义学派和经济史学派的重要代表人物。在制度变迁理论的研究领域,诺思的贡献是十分卓越的。诺思的制度变迁理论始见于 1968 年发表的《1600—1850 年海洋运输生产率变化的原因》;在 20 世纪六七十年代的著作《美国从 1796—1886 年的经济增长》、《西方世界的兴起》(与托马斯合著)和《制度变迁和美国经济增长》(与戴维斯合著)中,诺思运用经济人的概念,采用成本-收益分析方法和均衡分析方法,构建了一个比较完整的制度变迁理论框架,而《经济史中的结构与变迁》提出了制度分析的三大理论基石(产权、国家和意识形态),标志着诺思制度变迁理论体系的形成。之后,通过《制度、制度变迁和经济绩效》《交易费用、制度与经济绩效》对以往的研究成果进行了加深与扩展,他认为,制度变迁是一个演进的过程,它是通过复杂规则、标准和可实施的边际调整来实现的,从而形成了一套完整的制度变迁理论体系。

2.诺思对制度变迁的定义

诺思对"制度"的定义为,制度是人所发明设计的对人们相互交往的约束。它们由正式的规则、非正式的约束(行为规范、惯例和自我限定的行为准则)和它们的强制性所组成。简单来说,它们是由人们在相互打交道中的强制约束的结构所组成。

诺思认为,制度变迁是指在一段时间里制度的设立、更改或破坏。制度变迁是一个复杂的过程,这是由于制度变迁在边际上可能是一系列规则、非正式约束、实施的形式及有效性变迁的结果。此外,制度变迁一般是渐进的,而非不连续的。至于制度是如何渐进式变迁的,为什么会是这样,甚至非连续性的变迁(如革命或武装征服)也绝不是完全不连续的,这些都是由于社会中非正式约束嵌入的结果。尽管正式约束可能由于政治或司法决定而在一夕之间发生变化,但嵌入在习俗、传统和行为准则中的非正式约束可能是刻意的政策难以改变的。这些文化约束不仅将过去与现在和未来联结起来,而且是我们解释历史变迁路径的关键之所在。

3.诺思制度变迁理论的基本假定

新制度经济学仍然把经济人作为理论分析的基点。不过与新古典经济学相比,新制度经济学赋予了经济人更多的含义。诺思在坚持经济人分析的前提下,还把诸如利他主义、意识形态和自愿负担约束等其他非财富最大化行为引入个人预期效用函数,从而建立了更加复杂的、更接近于现实的人类行为模型。经济人从事的一切活动,不论实际结果如何,在他事先看来都必须是预期收益大于预期成本的活动,并尽可能把他的行动规模逼近于边际成本等于边际收益的利润最大化(或亏损最小化)水平。新古典经济学的经济人行为仅限于各种经济活动中,而新制度经济学则把经济人行为拓展到对制度的取舍与变迁之中。

诺思制度变迁理论的基本假定是:制度变迁的诱致因素在于主体期望获取的最大的潜在利润。所谓"潜在利润"就是"外部利润",是一种在已有的制度安排结构中主体无法获取的利润。要想获取这种外部利润,就必须进行制度的再安排(或制度创新)。这种新的制度安排的目的就在于使显露在现存的制度安排结构外面的利润内部化,以求达到帕累托最优状态。外部利润内在化过程实质上就是一个制度变迁和制度创新的过程。

4.诺思制度变迁的主体

关于制度变迁的主体,诺思认为,组织及其企业家从事有目的的活动,因而,他们是制度变迁的主角,他们形塑了制度变迁的方向。组织作为一个有目的的实体,是由其创立者设计出来、用来最大化财富、收入以及其他一些由社会制度机构所提供的机会所限定的目标。在追求这些目标的过程中,组织逐渐改变着制度结构。组织的最大化行为通过以下几个途径形塑了制度变迁:①派生出了投资于各种知识的需求;②有组织的经济活动、知识存量与制度框架之间的持续互动;③作为组织最大化行为的副产品,非正式约束也会有渐进式的改变。

5.诺思制度变迁的源泉

关于制度变迁的源泉,诺思认为,制度变迁的源泉是变化着的相对价格与偏好。制度在变迁,而相对价格的根本性变化乃是制度变迁的最重要来源。相对价格的变化改变了个人在人类互动中的激励,而制度变迁的另一来源是偏好的改变。制度变迁的来源,如要素价格比率的变化(土地-劳动、劳动-资本或资本-土地等比率的变化),信息成本的改变,技术的变化等,皆属于相对价格的变化。组织在不断地演化,价格时刻在变。那么,在什么情况下,相对价格的变化会导致制度变迁?又是在什么情况下,它们只可能促使人们在现存的规则框架下重新缔约?在一个"均衡"的语境中来探究这些问题,是最简单的办法。制度均衡是指:在各方的谈判力量以及一系列构成整个经济交换的契约性谈判给定的情况下,任何一方都不可能通过投入资源来重构合约而获益。需注意的是,均衡状态并不意味着每一个人都对现存的规则和契约感到满意,而只是指改变游戏的相对成本与收益对于已签约的各方来说并不划算。现存的制度约束界定并创造出了这样的均衡。所以上述问题的答案就出来了,当制度不均衡时就会导致制度变迁,从非均衡到均衡的制度结构的演变过程也就是制度变迁的过程。

6.诺思制度变迁的过程

诺思把制度变迁的过程表述为:一种相对价格的变化使交换的一方或双方感知到改变协定或契约将能使一方甚至双方的处境得到改善,因此,就契约进行再次协商的企图就出现了。

7.诺思制度变迁的路径

在制度变迁路径的问题上,诺思认为,有两种力量形塑了制度变迁的路径:报酬递增,以及以明显的交易费用为其特征的不完全市场。在报酬递增的情况下,制度是举足轻重的。它形塑了经济的长期路径,但只要在此制度下的市场是竞争的,甚至只要大致接近于零成本费用模型,那么,长期路径就是有效率的(这里的效率,指的是一套现存的约束能带来经济成长的情况)。在合理的偏好假设下,不仅不同的路径不会出现,而且低绩效也不会长期驻存。但是,在市场是不完全的,信息回馈是断断续续的,并且交易费用十分显著的情况下,被不完美回馈与被意识形态修改了的行为人的主观模型就将形塑路径。这样,不仅不同的路径会出现,低绩效会长期贮存,而且行为人由历史过程得来的感知也将形塑他们的选择。在一个制度报酬递增的动态世界里,行为人不完美的或笨拙的努力所反映出来的是:以现有的心智构念——观念、理论和意识形态——来辨识复杂的环境是多么的困难。

如果将一套相同的规则加诸两个不同的社会,那又会怎样呢?这里将通过一个例子来说明。在19世纪,美国的宪法曾被许多拉丁美洲国家引入,成功的西方国家的产权法也被一些第三世界国家引进使用。但其实施效果却与在美国或其他成功的西方国家里完全不同。尽管规则还是那些规则,但实施机制、实施发生的方式以及行为规范,还包括行为人的主观模型,却都是不同的。因而,实际的激励结构以及被感知到的政策效果,也就都不相同了。这样,一系列相同的相对价格的根本改变,或一套同样的规则的实施,在有不同制度安排的社会里所导致的结果就都是不同了。

技术变迁与制度变迁是社会与经济演化的关键,这两者都呈现出路径依赖的特征。报酬递增是这两者的基本要素。但行为人的观念在制度中所发挥的作用,要比其在技术变迁中所发挥的作用更为重要,因为意识形态信念影响着决定选择的主观构念。由于正式与非正式约束之间有着复杂的相互联系,因而处于制度环境中的选择是复杂的。这样,锁入与路径依赖特征在制度上要比在技术上表现得更为复杂。政治与经济之间的互动,众多在影响制度变迁方面有不同谈判力量的行为人,以及导致许多非正式约束得以驻存的文化传统,都加剧了这种复杂性。

8.诺思制度变迁理论的三大基石

诺思的制度变迁理论突出地体现在他的产权理论、国家理论和意识形态理论三个方面,也就是诺思制度变迁理论的三大基石。

在产权理论方面,诺思认为,经济能否增长往往受到有无效率的产权的影响。产权具有"界定人们如何受益及如何受损,因而谁必须向谁提供补偿以使他修正人们所采取的行动"的功能,具有"导引人们实现将外部性较大的内在化的激励"的功能。有效率的产权之所以对经济增长起着重要作用,一方面是因为产权的基本功能与资源配置的效率相关,另一方面则在于有效率的产权使经济系统具有激励机制。这种机制的激励作用体现在以下三个方面:一是降低或减少费用;二是人们的预期收益得到了保证;三是从整个社会来说,个人的投资收益充分接近于社会收益。所以,诺思认为,产权的界定、调整、变革、保护是必要的。然而,如果对经济人来说,成本大于收益,而对整个社会来说,总收益大于总成本(譬如可以实现整个社会经济效率的提高或者可以实现国家税收的最大化），这时，个人和团体就缺乏制度变迁的激励，相对价格或相对成本的市场激励机制就会失灵，进而造成制度供给的不足或者使缺乏效率的制度长期存在。而解决这一制度矛盾需要进入第二层级的制度变迁，即国家充当制度变迁的主体。

在国家理论方面，诺思认为，国家制定制度、规定并实施所有权，所以国家的效率最终影响着经济的增长、衰退或停滞。为了分析国家的本质，诺思综合了国家掠夺论与国家契约论，提出了国家暴力潜能论，即国家有两个目标：一是最大限度地增加其租金，二是通过减少交易费用以鼓励经济增长。而在使统治者最大限度增加其租金的所有制结构和减少交易费用和鼓励经济增长的有效率的制度之间，一直存在着紧张关系。这也就是新制度经济学家所不解的国家悖论，同时也是社会不能实现持续经济增长的根源。而诺思对国家的看法也就集中体现在"国家的存在是经济增长的关键，然而国家又是人为经济衰退的根源"这一悖论中。这就是诺思关于国家的"诺思悖论"。"诺思悖论"启示我们，在国家暴力有效率地强制推行制度变迁的地方，国家应当充分发挥国家暴力的作用，强制推行制度（产权）的选择、安排和变迁；在没有效率的地方，国家应当通过对意识形态的投资以推动制度的变迁，于是进入第三层级的制度变迁，即由于意识形态变革而带来的制度变迁。

在意识形态理论方面，诺思认为，只有意识形态理论才能说明如何克服经济人的机会主义行为。在诺思的制度变迁论中，国家理论说明产权是由国家界定的，而产权理论表明一个国家的经济绩效取决于产权的有效性。但是，上述两大理论并没有成功解释如何克服"搭便车"的问题，也许产权的无效率性及其不完全性可以部分地解释"搭便车"等经济行为的存在，但产权的充分界定及行使、经济行为的监督与考核是要花费成本的。在成本小于收益的情况下，有效率且完全的产权也许勉强克服了这种经济行为，然而在成本大于收益的情况下，单靠有效率且完全的产权无济于事。上述理论无法彻底解释克服机会主义行为，从而无法完全阐明制度变迁。为此，制度变迁的研究需要一种意识形态理论。诺思认为，意识形态是一种行为方式，这种方式通过提供给人们一种"世界观"而使行为决策更为经济，使人的经济行为受一定的习惯、准则和行为规范等的协调而更加公正、合理并且符合公正的评价。可以说，制度变迁在很大程度上是社会成员基于环境的变化和自身行为结果的感知而进行重新塑造的过程。关于意识形态的相对独立性，由于诺思的阶级局限性，他所强调的意识形态的反作用体现在对旧制度的维护上。关于意识形态的滞后性，诺思的制度变迁理论存在"滞后供给"。这里所说的制度滞后，就是在潜在利润出现和使潜在利润内部化的制度创新之间存在一定的时间间隔，即制度创新滞后于潜在利润的出现。根据诺思的分析，制度变迁中的时滞可分为四个部分，即认知和组织时滞、发明时滞、菜单选择时滞、启动时间时滞。

(三)青木昌彦

1.青木昌彦对制度变迁的定义

以诺思为代表的制度变迁理论成功地重新阐释了经济史中重大事件的经济逻辑,具有深远的影响,但是也存在一定的局限性。因为诺思将制度变迁最终归结为人口和相对价格变动等外生因素,这严重削弱了理论解释力。制度变迁的内生化处理是自 20 世纪 90 年代中期逐渐发展起来的一种新的制度分析范式。内生化理论的核心特征是坚持制度变迁是社会整体演进的结果,其中的任何因素及其变化都是内生于当时的社会环境的,这些因素相互作用,共同推动了制度变迁,因此,不能简单地将其中任何因素作为外生变量来对待。

青木昌彦是"比较制度分析"学派的代表人物。他采用组织理论、博弈论、信息经济学、委托-代理理论等理论工具,对制度问题开展了深入分析。他将制度定义为共有信念的自我维系系统,强调制度是对博弈均衡概要表征或信息的浓缩。青木昌彦对于制度变迁的界定是:"根据内生博弈规则的制度观,制度的变迁相当于博弈从一种均衡向另一种均衡转移,其结果不仅与在战略(行动选择的规则)方面的整体质变相联系,而且与参与人在共同信念方面的变化也相联系。"青木昌彦如此定义,是想通过该定义充分说明制度具有既相互制约又协助的双重性质,从而能够解释制度的稳定性或制度刚性问题。他借助委托-代理理论分析了参与个体在不同域之间的互动,分析了一个域的均衡策略如何与同一域或不同域的其他参与人的均衡相互依存,从而用以解释制度的耐久性和多重均衡的存在性。然后,他通过强调人们的主观认识能力和对信息的处理能力,解释了制度如何从多重路径中选择和决定一个发展方向,形成新的制度均衡。

2.青木昌彦制度变迁理论的特点

青木昌彦制度变迁理论的最大特点就是他十分强调制度变迁中信念的重要性。他强调信念的坚定与动摇决定了制度的形成、稳定和变迁。他认为博弈中各个参与主体所形成的共有信念与各个博弈域中所形成的制度规则之间存在着相互联系,即域中规则的关联性和互补性为参与主体的认知提供了支持,促使他们在重复博弈中形成了共同知识或共有信念,进而促使均衡的产生和制度的形成。共有信念产生的关键是看一个均衡的概要表征能否被各方参与主体所认同。如果被接受,则意味着制度将产生或者变迁。

3.青木昌彦制度变迁理论的内容

基于制度研究存在外生和内生两种路径的理论现实,青木昌彦试图发展出一个更一般的分析框架以将这两种思路整合起来,一方面研究不同国家整体性制度安排的复杂性和多样性,即多重均衡现象;另一方面研究在均衡制度观框架下的制度变迁机制。青木昌彦将制定规则的博弈与按规则运行博弈的两个视角结合起来,形成了"比较制度分析"框架。在这个框架中,他利用重复博弈和主观博弈的分析方法,试图内生地揭示经济活动中整体性制度安排的产生、发展和变迁的动态规律。

青木昌彦的比较制度分析,以博弈论为起点,以东亚经济特别是日本经济发展为典型案例,来研究比较经济学和制度经济学的方方面面。在以上各个领域,青木昌彦都有大量的著述,在国际学术界有着崇高声望和巨大影响。他的比较制度分析理论主要有两个要点:一是他把经济体制看作复杂的进化过程。他认为经济体制是一个复杂的系统,是一个由各种制度构成的集合体。构成经济体制的各种制度并不是孤立的,而是相互作用、彼此适应的。经济体制内部的各种制度之间存在着互补性。一种有效的制度一经出现,就要求其他制度与之相适应,以便使整个体制系统和谐、有效地运行。二是他肯定经济体制转轨的渐进式道路。经济体制的均衡状态有可能同时存在着好几个,而体制进化的方式根据初期状态的不同而出现差异。一旦采取了某种进化方式,就很难再过渡到其他方式,这是制度进化的惯性使然。由于一整套具有互补性的制度所构成的经济体制在进化的时候,因为各自的历史初期条件不同而有可能形成不同的平衡状态,这是体制对历史的路径依赖。路径依赖意味着,制度分叉一旦发生,即使两国随后面临同一技术和市场环境,它们整体性制度安排仍可能会相差甚远。

青木昌彦的比较制度分析理论,为分析中国经济发展的制度因素提供了一种新的分析框架。他基于对东亚经济的深入研究、对转轨经济的敏锐思考和对中国经济的长期关注,运用比较制度分析的方法,对中国改革和发展中存在的问题,提出了许多独到的观点,尤其是对中国经济转轨的认识。他认为中国经济转轨有两个特点:一是从计划经济向市场经济的转型;二是从农村支持的经济到以工业为基础的市场经济的转型。中国与东欧国家相比,经济转轨有非常显著的特点:第一,在转轨过程中政治上保持了稳定;第二,转轨不是强制性的私有化,而是对企业产权制度安排采取渐变的方式;第三,最初在农村提倡集体或私营的乡镇企业。中国政府在过去 20 年的政策可以确定为基本是市场增进式的,这正是中国取得令人瞩目发展的重要原因。

4.青木昌彦制度变迁理论的局限性

青木昌彦的理论也有其局限性。他虽然想发展一个集分析性和概念性于一体的研究框架,但由于其对政治领域及其正式制度做了外生化处理,只重点分析经济域和社会域的制度动态变迁过程,这就使他的理论内生性不够彻底。

(四)林毅夫

1.林毅夫对制度变迁的定义

林毅夫认为,制度可以定义为社会中个人所遵循的行为准则。制度可以被设计成人类对付不确定性和增加个人效用的手段。从这个意义上讲,制度,无论它是市场的还是非市场的都可以提供有用的服务。与其他任何服务一样,制度性服务的获得要支付一定的费用。

在技术改变给定的前提下,交易费用是社会竞争性制度安排选择中的核心,用最少费用提供给定量服务的制度安排,将是合乎理想的制度安排。他认为,制度变迁就是从某种现行制度安排转变到另一种不同制度安排的过程,前提条件是转变到新制度安排的个人净收益超过制度变迁的费用。制度变迁通常需要集体行动,因此"搭便车"是制度变迁所固有的问题。而且,制度安排一旦被创始就会成为公共货品。所以,由自发过程提供的新制度安排的供给将少于最佳供给。社会中各种制度安排是彼此关联的,一个社会有效的制度安排在另一个社会未必有效。在社会所有制度安排中,政府是最重要的一个。政府可以采取行动来矫正制度供给不足。因此,需要有一个关于国家的理论来说清楚政府是否有这样做的激励。只有当政府收益高过费用时,政府才建立新制度。经济增长将由于制度性服务供求变动而废弃某些现行的制度安排,新的制度安排将因此而创始以捕捉伴随经济增长而至的获利机会。所以,制度变迁在发展过程中是不可避免的。

制度安排的定义是管束特定行动模型和关系的一套行为准则。制度安排可以是正式的,也可以是不正式的。正式的制度如家庭、企业、工会、医院、大学、政府、货币、期货市场等;相反,价值、意识形态和习惯就是不正式的制度安排的例子。制度结构被定义为一个社会中正式和不正式的制度安排的总和。制度变迁在大多数情况下,仅仅是指某个特定制度安排的变迁(结构中的其他制度安排不变),而不是指整个结构中每个制度安排的变迁。

2.林毅夫制度变迁的分类

林毅夫把制度变迁分为两种类型:诱致性制度变迁和强制性制度变迁。

诱致性制度变迁指的是现行制度安排的变更或替代,或者是新制度安排的创造,它是由个人或一群人在响应获利机会时自发倡导、组织和实行的,并且是一种自下而上、从局部到整体的制度变迁过程。

他指出,诱致性制度变迁理论从经济人的成本-收益比较角度来解释制度变迁的供给和需求。诱致性制度变迁出现的前提是形成某些来自制度不均衡获利机会,即制度变迁的预期收益大于成本。由于诱致性制度变迁取决于经济人的成本-

收益比较,所以不可能供给那些从经济人视角来看成本高于收益而从全社会视角来看成本低于收益的制度安排,这必然导致制度供给的不足。弥补这一制度空缺的需要只能通过强制性制度变迁来完成。

强制性制度变迁是通过政府命令和法律引入来实现的,强制性制度变迁的主体是国家。因为制度安排是一种公共货品,而"搭便车"问题又是创新过程所固有的问题,所以,如果诱致性创新是新制度安排唯一来源的话,那么一个社会中制度安排的供给将少于社会最优。国家干预可以补救持续的制度供给不足。由于国家干预会同时引起国家的费用和效益,所以国家在怎样的情况下才具有这种激励呢?林毅夫认为,国家和其他人一样,所作的一切都是为了效用最大化。国家效用最大化是按照税收净收入、政治支持以及其他统治者的效用函数来衡量的。在国家效用最大化指导下,国家可以强制推行一种新的制度安排直至这种制度给国家带来的预期边际收益等于预期边际费用时为止。因此,国家的强制性制度变迁供给了经济人不愿意供给的制度。然而,林毅夫同时指出,如果制度变迁会降低统治者可获得的效用或威胁到统治者的生存,国家也可能维持一种无效率的制度不均衡,阻碍制度的变迁。

3. 林毅夫制度非均衡的原因

林毅夫指出,要发生诱致性制度变迁必须要有某些来自制度非均衡的获利机会。也就是说,由于某种原因,现行制度安排不再是这个制度安排选择集合中最有效的一个了。从某个起始均衡点开始,有四种原因能引起制度不均衡:①制度选择集合的改变。提供特定制度服务的可行性制度安排集合,取决于我们在社会科学方面的知识。正如与其他经济接触能增大适用性技术选择集合一样,与其他经济接触能扩大制度选择集合。而且,制度选择集合还可能因政府政策的改变而扩大或缩小。②技术的改变。技术变化不仅在制度结构方面起决定性作用,它还能改变特定制度安排的相对效率并使某些其他的制度安排不再起作用。技术变化的影响可以从它对生产和交易的作用来进行分析。③要素和产品相对价格的长期变动。要素和产品相对价格的长期变动,是历史上多次产权制度安排变迁的主要原因之一。某种要素相对价格的上升,会使这种要素的所有者相比其他要素而言获得相对更多的利益。某种产品价格的上升,也会导致用来生产这种产品的要素的独占性使用更具吸引力。④其他制度安排的变迁。某个制度结构中制度安排的实施是彼此依存的。因此,某个特定制度安排的变迁,可能引起对其他制度安排的服务需求,正是这种制度变迁中连锁效应的存在,使制度变迁推动者只有对核心制度进行变革,才能以最小的成本实现制度变迁目标。因此,他将其他制度安排变迁作为制度变迁的主要动因之一,并以我国改革开放以来国有企业股份制改革为例,对这一观点进行了论证。

4.林毅夫关于中国制度变迁与经济发展关系的研究

制度变迁与中国经济发展,究竟谁是因谁是果还存在一定的争议。不过,将制度变迁作为中国经济发展的驱动力之一是许多学者的共识。

林毅夫等认为,改革开放以前,中国经济发展缓慢的根本原因在于推行了重工业优先发展战略,这种战略内生出"三位一体"的经济体制;而改革开放以后,中国经济迅速发展的关键在于改革了这种"三位一体"的传统经济体制,使中国的资源比较优势能够充分发挥出来。

(五)黄少安

1.黄少安对制度变迁理论的研究

黄少安对于制度变迁理论的研究,主要集中于制度变迁一般过程的研究,相比于诺思对于这一领域的研究,他对制度变迁一般过程的研究,更加符合我国渐进式经济改革的现实情况,特别是在制度变迁中行为团体的划分,他改用"组织变迁集团"代替"初级和次级行动团体"的观点,较为适用于我国制度变迁过程的研究。

黄少安认为,制度变迁过程是一个需要制度变迁推动主体付出巨大代价和承担较高风险的过程。他指出制度的非均衡始终是制度变迁的第一推动力,但是在现有的制度框架下,发现制度非均衡十分不容易,这需要大量的搜索成本,而这一成本并非单单是指经济成本,更是指制度变迁主体所拥有大量知识和经验的积累过程中所产生的机会成本,因此发现制度非均衡的搜索成本较高。

对于制度变迁的实施,黄少安认为制度变迁的实施过程是一个不断进行反馈修正的过程。在制度变迁过程中,制度变迁主体要根据变迁过程中出现的问题和机遇,充分调动现有资源解决变迁中出现的问题,并且抓住一切可能加快制度变迁进程的机遇,实现变迁目标。而且在新制度的建立初期,要对其与变迁目标的一致性进行检验,保证制度变迁目标得以实现。

2.黄少安制度变迁的新假说

黄少安基于对中国制度变迁事实的提炼和总结,提出并论证了三个关于制度变迁的新假说。

(1)同一轨迹上制度变迁的边际收益先增后减假说。我们观察到许多制度变迁都具有这样的一个特征:开始变革时往往很难,阻力很大,要付出较大的成本,也要冒很大风险——这也是一种可能性成本,改革的效益不一定明显。但一旦突破后效益大增,短期内效益提高很快,具有明显的制度变革效益。经过短暂的"变革轰动效应期"以后,趋于平淡:一方面,在相当长的一段时期内,制度变革仍在进行,却不再是突破性或轰动性的,往往是对已有制度变迁的完善和修补,表面上好像阻力比初期小了,而实际上阻力或成本被拉长到了一个更长的期限内,被分摊到更多的时点上,改革的成本是很高的;另一方面,制度变革的效益也没有那么明显。黄少安据此提出了"同一轨迹上制度变迁的边际收益先增后减"假说。所谓"同一轨迹上的制度变迁"是指一个重大的制度变革发生后,在这个大的变革框架内的制度变革。

(2)政府以行政手段推进市场化进程假说。黄少安认为政府在中国的市场化进程中处于中心位置,而且市场化方向能满足政府的目标函数,二者具有一致性。

(3)制度变迁主体角色定位与角色转换假说。制度变迁总是涉及不同的主体,包括集团和个人。不管什么主体参与制度变迁都有其目的,都有自己特定的利益形态和内容。他们是被假定为经济人对待制度变迁的。我们能够观察到的事实是:面对同一制度变迁或不同的制度变迁,不同主体持不同的态度、扮演不同的角色,而且这种态度或角色还可能变化。这就是制度变迁的角色定位和角色转换。狭义的"制度变迁主体"是指制度的直接变革者或创新者,而广义的"制度变迁主体"是指所有与制度变迁相关、表明了相应态度、施加了相应影响和发挥了相应作用的主体,包括反对者、阻挠者。

[案例]

1.国际案例:中俄制度变迁比较分析

中国、俄罗斯、东欧等许多国家都经历了由计划经济向市场经济转型的经济制度变迁,各国制度变迁的具体目标和路径不尽相同,产生的绩效也有很大差异,由此引起了国际经济学界的广泛关注。俄罗斯和东欧国家的经济制度变迁基本上采纳了美国哈佛大学教授萨克斯等人的"休克疗法",市场化改革后普遍出现了通货膨胀、经济衰退等不稳定问题。我国的经济制度变迁走的是一条完全不同的道路,特别是经济转型中没有放弃社会主义原则和保持小心翼翼,没有出现像俄罗斯等国那样的经济和社会危机。但是,经济制度变迁过程中所遇到的矛盾和摩擦同样也不少。下面具体分析两国经济制度变迁的目标、路径、绩效差异。

案例评析:

(1)两国经济制度变迁的目标不同。我国经济制度变迁的总体目标是建立社会主义市场经济体制。中共十四大正式确立了社会主义市场经济的目标模式。具体来说:①以公有制为主体的产权形态多元化;②以按劳分配为主体的分配方式多元化;③市场结构多元化。俄罗斯经济制度变迁的实质是在向市场经济的过渡中根本舍弃社会主义经济制度,复归现代资本主义的自由市场经济形态,包括追求私有制为主体的混合产权形态、追求新自由主义的市场经济形态、按资分配为主体的两极分化形态、依赖西方的开放经济形态。俄罗斯把经济制度的变迁同社会制度的变化连接在一起,因此特别复杂,斗争特别尖锐。从上面两国经济制度变迁的总体目标中我们可以看出,中俄经济制度变迁虽然都是要从计划经济向市场经济过渡,但二者的性质是完全不同的。

(2)经济制度变迁的路径不同。中俄两国的经济制度变迁选择了不同的路径。我国开始于经济改革,俄罗斯起始于政治改革。就经济改革而言,其改革的方式也迥然不同:我国采取渐进改革、逐步推进的方式;俄罗斯采用激进改革、"休克疗法"。这两种改革方式利弊各异,成本有别。我国的经济制度变迁基本上是采用"摸着石头过河"的方式,力求改革的阻力最小,改革的效果最大。从产业部门来看,中国的经济制度变迁是从农村开始,从农业逐步扩大到轻工业、重工业,一步一步推进,而不是全面开花;从市场形成方面来看,没有一次性或在短期内大规模放开价格,而是采取"双轨并存、逐步过渡"的方式;在政府宏观调控上,政府是逐渐由直接调控向间接调控转变;在改革措施上,先试点取得经验后再推广;从突破口来看,我国的经济制度变迁是将最容易改的放在前面,从旧体制的边缘开始,即在旧体制之外形成增量,先发展个体与私营经济等。我国采用这种渐进式制度变迁的益处在于:通过逐渐推进,可以及时总结经验教训,避免重大失误,降低改革的成本与代价;各种利益主体有时间来适应新形势与新政策,降低了各自的机会成本,减少了社会动荡和政治摩擦;由于在建立新制度的同时没有一下子废除旧体制,各种经济成分可以在两种体制中发挥各自的优势作用,以维持经济的稳定增长。

在制度变迁的推进方式上,俄罗斯采用了激进的方式,将改革的过程理想化。俄罗斯改革的指导思想是以世界上现有的成功模式的规则和基本要求去改革,它将会比走自己的道路更有效,而所取得的改革效果会更大。从改革的突破口上来看,俄罗斯的着力点恰恰和我国相反。把最难的所有制转换放在第一位,从旧体制的核心部位开始,从改变体制存量入手。这种制度变迁方式的不利之处在于:国有企业难以在短时间内适应新体制,又不能迅速私有化,使大量的国有资产不能发挥作用,将长期处于闲置和亏损状态,造成严重浪费;激进改革破坏了旧体制,新体制又难以很快建立,社会处于休克与瘫痪状态,为少数人钻法律空子提供机会,造成两极分化,加剧社会动荡。

(3)绩效的比较。两国的经济制度变迁,由于目标和路径的不同,制度变迁的绩效也存在很大的差异。其主要表现为:一是制度变迁社会成本差异巨大。俄罗斯制度变迁付出的代价是惊人的。它在抛弃社会主义制度向资本主义制度过渡的过程中,不仅综合国力急剧下降,而且大多数人民的生活水平比以前降低了。加之由于实行"休克疗法",原有经济体制和经济秩序突然打乱,而新的体制和机制又不可能迅速建立,经济活动的无序和失衡使建立新经济体制更加艰难。中国由于采取渐进的方式把改革不断深化,使社会始终保持稳定性,并采取先立后破,实行双轨制等方式过渡,避免大起大落,经济发展的"软着陆",使体制改革得到有力的支持。二是经济发展的速度和质量差异巨大。俄罗斯自 1992 年实行"休克疗法"以来,不但未能遏制戈尔巴乔夫时期深重的经济危机,反而雪上加霜,使经济状况进一步急剧恶化。1997 年与改革前的 1991 年相比,国内生产总值(GDP)下降了 50％,下降幅度大大超过苏联卫国战争时期的 25％、美国 1929—1933 年大危机时期的 30％,整个国民经济倒退了将近 20 年。与之形成强烈对比的是中国,改革开放 20 多年来经济发展的成就卓著,举世公认。20 年来年均增长率达 9.7％。随着经济的增长,人民生活水平有了明显的提高。改革开放至今,农民人均年收入增长约 20 倍。城镇居民的食品、穿着消费水平大幅度提高,居住条件明显改善,健康水平普遍提高。

　　正是基于上述的巨大绩效差异,国内很多人认为我国的经济制度变迁已经成功,俄罗斯的经济制度变迁已经彻底失败,并在此基础上进而提出我国所采用的渐进式制度变迁要优于俄罗斯所采用的休克疗法。现在就为之定论还为时过早。对制度变迁的利弊得失,由于评价标准的不同和价值观念的差异,结论也会有所不同。只有客观地实事求是地对改革作出评价,才有助于正确认识和把握改革和经济制度变迁的规律,在比较中借鉴他国的经验,避免他国走过的弯路。

案例讨论:

　　国内很多人认为我国的经济制度变迁已经成功,俄罗斯的经济制度变迁已经彻底失败,你的看法和理解是什么。

2.国内案例:我国东西部乡镇企业产权制度变迁的比较

　　我国乡镇企业的迅速崛起及其高速发展引起了学术界的广泛关注。本文将对西部少数民族地区(以延边地区为例)和东部发达地区(以苏南和温州地区为例)乡镇企业产权制度的变迁进行比较分析。

　　(1)延边地区乡镇企业产权制度变迁案例分析。

　　乡镇企业产权制度的产生及变迁是在多种因素的影响下形成的萌芽期,参加了农业合作社的一部分手工业者靠自身的技艺,应农业生产和人民生活之需,相继办起了手工业作坊。这种生产力的进步促使了为农业生产和农民生活需要而自我服务的副业就从农业中分离出来,成为农业合作社中的集体副业,进而发展成为社队企业。到了 20 世纪 80 年代,对于延边地区新兴的乡镇企业而言,和国内其他地区一样,其面对的是一个卖方市场,竞争相对不甚激烈,产品市场的发育完善程度比较低。但受当时计划经济的影响,延边地区乡镇企业不在国家、省和自治州计划框架之内,单凭自身力量经营困难重重,不仅原料必须寻找计划外的途径,产品也必须通过非计划的手段去销售。而当时的社区政府,无论是市场资源还是非市场资源的动员和组织上都具有明显的优势。延边乡镇企业选择集体所有制的产权制度是在当时环境下的一种理性行为。如果没有社区政府的这种制度安排,延边乡镇企业的发展在当时是行不通的。正是当时经济体制成就了延边地区乡镇企业在20世纪80年代的高速发展。

本文中提到的乡镇企业产权制度变迁主要是指从无到有,从集体产权制度到新的产权制度变迁,即所谓的改制。延边乡镇企业产权的主体主要存在五个方面的利益相关者:社区政府、上级政府、社区成员、企业经营者和企业职工。由于他们都有意识地推动制度变迁或对制度变迁施加影响,所以是制度变迁的主体。对于社区政府和上级政府来说,在延边地区乡镇企业发展过程中,社区政府通过控制投资决策权、人事管理权和剩余分配权,全面、直接介入乡镇企业的经营活动,凭借行政命令成为企业的实际控制者。在延边乡镇企业发展的后期,即改制阶段,社区政府形式上是改制的主导者和发动者,实际上,也只是执行上级政府的行政命令而已。对于乡镇企业经营者来说,从某种意义上讲,社区政府与乡镇企业的经营者形成的是委托-代理关系。由于经济体制的原因,延边乡镇企业的经营者受社区政府的支配较大,独立性较小,主要行使社区给予的权力对企业进行经营管理。但是,乡镇企业的经营者也是一个独立的利益主体,有独立的利益和追求目标,并且在很多情况下可能与委托人的目标不一致。尽管乡镇企业在早期"模糊产权"制度安排有其存在的合理性,但随着买方市场的形成,卖方市场的解体,经营者作为集体企业法律上的产权主体,越来越希望拥有企业产权。对于社区成员和乡镇企业职工来说,社区成员和企业职工是乡镇企业名义上的所有者,但"集体所有"很难具体说清社区成员怎样对企业产权"集体负责",从而也就造成了产权上的"人人所有,人人没有,谁都该负责,谁都可不负责"的状况。在实践中,他们行使所有者权利的行为能力和谈判能力都很低,在制度变迁中只是次要的角色。从上面分析可以看出,在延边地区乡镇企业的制度变迁主体中,社区政府在上级政府的指导下占有明显的优势,而企业经营者在企业的发展中将成为企业的主要控制者。

延边乡镇企业产权制度变迁是需要动力来推动的。"文革"前,延边农村集体副业的出现,直至20世纪80年代乡镇企业产权集体所有制的产生,正是生产力发展的表现,是经济制度与生产力相适应的结果。20世纪90年代中期,延边政府下大力气来抓整个企业改革,这对乡镇企业的改制起到了关键作用。延边地区乡镇企业产权制度变迁,既源于生产关系为适应生产力而产生的内动力,又源于上级政府行政调节的外动力,其中,外动力是主要动力。

从制度变迁的速度来看,20世纪90年代的延边乡镇企业的产权制度变迁属于突进式变迁,社区政府在上级政府的正确指导下,以行政手段推进市场化进程,采取果断措施进行制度变革,完成关键性转变。观察现实,从20世纪80年代起的经济体制改革也是乡镇企业产权制度随之变革的过程,因此,总体来说还是渐进式变迁。

从制度变迁主体的态度来看,延边乡镇企业经营者虽认识到产权制度变革的重要性,却没能迈出第一步,是因为其没有能力承担庞大的制度变迁成本,而且呈隐性状态的制度需求加大了变革风险,风险规避型的社区政府和习惯于传统生产、生活方式的社区居民没有主动进行制度创新的动力,而只是被动地接受上级政府的指示并以此作为活动的允许范围。因此,是上级政府主导了延边乡镇企业产权变革。对于企业经营者和社区政府来说,应该是被动式变迁。

(2)苏南、温州地区与延边地区乡镇企业产权制度变迁的比较。

①变迁的主体角色存在差异。苏南模式被认为是"地方政府公司主义模式""政绩经济模式",本质上是"政府超强干预模式"。早期的苏南模式存在企业产权不明、政企不分、所有制实现形式比较单一等问题,在新的形势下,企业经营者实现制度创新的成本很大,所以改制也是政府发起的。温州模式被概括为"市场解决模式""自发自生的发展模式""自组织模式",核心是自发和内生的经济发展模式。在温州模式的形成和变迁中,当原有的制度安排不能满足社会需要时,就会内在地产生变革制度的需求,企业家在需求的诱致下积极主动进行制度创新,政府的作用主要表现在提供制度环境和公共产品上,管理职能相对弱化,新的制度借助于地方政府的力量产生。在延边乡镇企业产权制度变迁过程中,习惯于传统生产、生活方式的当地人民无法承担庞大的制度变迁成本,风险规避型的社区政府没有主动进行制度创新的动力,只有当上级政府下达行政命令时,才由被动转主动。

②变迁的方式存在差异。由于社区政府在三地制度变迁过程中存在着差异,所以三地制度变迁的方式也存在着差异。苏南、延边的社区政府在变迁中,处于主导地位,自下而上,强制废除旧制度,局部上是突进式变迁。但从乡镇企业改革的总体进程上看,总的方式还是渐进式的。温州乡镇企业的制度变迁,其发展轨迹始终带着自下而上的自发诱致性因素,从集体所有制到个人承包,家庭及合伙企业的出现,再到股份合作制乃至股份制的改造,都凝聚着广大农民的创新精神。因此,苏南、延边乡镇企业采取的是突进式变迁和渐进式变迁相结合的方式,而温州模式采取的是渐进式变迁。

③变迁所带来的后续影响存在差异。温州的需求诱致性的制度变迁与苏南、延边地区的供给政府主导型制度变迁之间最大的差异在于,前者极大地激发了人们的创造性和主动性,提高了劳动生产率和经济效益,不断优化制度安排;后者在一定时期内提高了制度变革的规模效益、节省改革成本,但也会存在着一些遗留问题,即优化制度安排之后,有可能难以进一步调动人们的积极性,也可能会抑制产生进一步的制度安排,进而导致无效率的制度结构。

案例评析：

改革开放以来，乡镇企业所取得的成就和对我国经济发展的贡献是举世瞩目的，进入 21 世纪后，其发展面临着很多问题。通过对延边朝鲜族自治州乡镇企业产权制度变迁的研究，以及该变迁与苏南、温州乡镇企业产权制度变迁的比较分析，我们认为乡镇企业产权制度变迁是市场经济对产权制度的内在要求，无论是在需求诱致性变迁中，还是在供给政府主导型变迁中，政府的作用都是关键的。在我国，无论是东部，还是西部，像早期苏南和延边地区这样的市场经济发育不完善、企业产权不明、所有制实现形式比较单一、有效率的产权结构尚未形成的地区，过去非常普遍，仅仅依靠诱致性制度变迁难以满足当地社会对制度的需求，政府利用行政手段推进市场化进程在一定限度内是有效率的。这些经验再一次验证了"政府利用行政手段推进市场化进程"的理论假说。

案例讨论：

政府在制度变迁中的地位和作用是什么？

复习思考题

1. 制度变迁的含义与类型是什么？为什么要进行制度变迁？
2. 制度变迁的动机与条件是什么？
3. 试述制度变迁的需求及其影响因素。
4. 制度变迁的主要方式与特点是什么？
5. 对制度变迁的不同理论予以比较。
6. 什么是路径依赖？制度变迁的路径依赖可能产生哪两种表现方式？

参考文献

[1] 科斯.社会成本问题[J].法律与经济学,1960(3):1-44.
[2] 戴维斯,诺思.财产权利与制度变迁:产权学派与新制度学派译文集[M].刘守英,译.上海:上海三联书店,1994.
[3] 林毅夫.中国杂交水稻创新:一个集中计划经济中市场雪球诱致的技术创新研究[M]//林毅夫.制度:技术与中国农业发展.上海:上海三联书店,1992.
[4] 徐大伟.新制度经济学[M].北京:清华大学出版社,2015.
[5] 卢现祥.西方新制度经济学[M].北京:中国发展出版社,2003.
[6] 谭庆刚.新制度经济学导论:分析框架与中国实践[M].北京:清华大学出版社,2011.
[7] 彭光细.新制度经济学入门[M].北京:经济日报出版社,2014.
[8] 李正图.论诺思制度变迁理论的思维逻辑框架[J].江淮论坛,2007(6):56-63.

[9] 诺思.制度、制度变迁与经济绩效[M].杭行,译.上海:格致出版社,2008.

[10] 黄少安.产权理论与制度经济学[M].湘潭:湘潭大学出版社,2008.

[11] 刘为民.制度变迁的比较分析[J].烟台大学学报(哲学社会科学版),2005,18(1):81-85.

[12] 徐捷,张伟如.诺思与格雷夫制度变迁理论的比较[J].经济纵横,2012(3):12-15.

[13] 黄鑫鼎.制度变迁理论的回顾与展望[J].科技决策,2009(9):86-94.

[14] 李冰心.青木昌彦比较制度分析理论及其现实意义[J].甘肃行政学院学报,2007(2):77-79.

[15] 户国栋,姜涛,刘乃铭.论诺思制度变迁理论的现实价值[J].河北学刊,2010(3):250-252.

[16] 蒋雅文.论制度变迁理论的变迁[J].经济评论,2003(4):73-79.

[17] 彭涛,魏建.内生制度变迁:阿西莫格鲁、青木昌彦和格雷夫的比较[J].经济社会体制比较,2011(2):126-133.

[18] 蒋满元.不同国家制度变迁路径与方式的比较:以市场取向改革中制度变迁的分析为背景[J].重庆社会科学,2005(10):28-31,49.

[19] 谭芬.东西部地区民营经济发展的制度比较研究[D].长沙:湖南大学,2007.

[20] 李骥.关于两种制度变迁理论的比较比较制度分析和历史制度主义[J].实事求是,2014(2):23-26.

[21] 吴志峰.两种制度变迁理论的比较研究:马克思社会发展理论与诺思制度变迁理论的比较[J].广西经济管理干部学院学报,2008(1):33-36.

[22] 王小映.马克思主义与新制度经济学制度变迁理论的比较[J].中国农村观察,2001(4):20-26.

[23] 孙圣民.制度变迁理论的比较与综合:新制度经济学与马克思主义经济学的视角[J].中南财经政法大学学报,2006(3):33-40.

[24] 张卫国.我国东西部乡镇企业产权制度变迁的比较:兼对"政府以行政手段推进市场化进程"理论假说的再验证[J].制度经济学研究,2006(4):152-168.

[25] 周士伟.中俄经济制度变迁比较分析[J].世界经济,2005(7):1-4.

[26] 青木昌彦.比较制度分析[M].上海:上海远东出版社,2001.

第八章 法律与制度经济学

法律经济学是研究法律与经济学之间关系的学科,形成于 20 世纪五六十年代,1958 年艾迪·迪雷克教授创办的《法律经济学》杂志和 1961 年科斯发表的《社会成本问题》一文,标志着法律经济学的问世。

第一节 社会秩序与法律制度

一、社会秩序

(一)社会秩序的定义

秩序是指自然界、人类社会发展和变化过程中的有序性、规律性、条理性现象,是各种事物存在和运作中的一定的一致性、连续性、确定性、均衡性的结构、过程、状态和模式。

社会秩序是社会学范畴,指动态有序平衡的社会状态。在有冲突和无序的社会中,把冲突和无序现象控制在一定的范围之内也称社会秩序。中国古代思想家提出的"治"表示社会的有序状态和社会秩序的维护与巩固,"乱"则表示社会秩序的无序状态和社会秩序的破坏。在原始社会中,社会秩序是通过自发形成的风俗习惯,由社会全体成员自觉维护。原始社会之后的各种社会中,社会秩序主要是凭借国家权力,通过强制的手段来维护,国家通过政权等强制手段将社会关系体系制度化、合法化,从而形成一种社会秩序。在阶级社会中,社会秩序总是代表统治阶级的利益、要求和愿望。

(二)社会秩序的特点和分类

1.社会秩序的特点

社会秩序具有以下特点。

(1)社会性。社会秩序反映的是人与自然、人与人以及人与自我的关系,与一定的群众和社会行为有关。

(2)稳定性、连续性和结构性。社会秩序不是无序、断裂和混乱的,而是具有一定的稳定性、连续性和结构性的过程、状态和模式。

（3）功能性。社会制度具有一定的功能性作用，保障社会有序进行，协调人与自然、人与人之间的关系。

（4）绝对性和相对性的统一。社会秩序绝对性表现为在一定范围和时间内是稳定的，相对性表现在任何事物的内部秩序以及与其他事物的外部秩序的建立都是暂时的，随内部及外部条件变化而变化①。

2.社会秩序的分类

根据不同的依据，社会秩序可以分为以下几类。

（1）依据社会秩序的社会性质，分为奴隶社会的社会秩序、封建社会的社会秩序、资本主义的社会秩序和社会主义的社会秩序。

（2）依据社会秩序在社会历史中的作用，分为：进步的社会秩序和退步的社会秩序，新的社会秩序和旧的社会秩序。

（3）依据社会领域，社会秩序又可分为经济秩序、政治秩序、伦理道德秩序、劳动秩序等。

（三）社会秩序的发展历程

古希腊哲学家柏拉图构建的理想社会秩序与正义、节制和协调相关，在这种社会秩序下，人的社会分工由其自然天性决定。亚里士多德从实证科学的角度研究社会秩序，通过考察不同的城邦，对社会秩序分类，总结出不同的社会秩序。中世纪的社会秩序笼罩在神学之下，奥古斯丁以人的心灵为标准将世界分成代表天使的上帝之城和代表魔鬼的地狱之城，上帝之城建立了一种超越政治的秩序，上帝通过对人类心灵秩序的引导和救赎实现对人类世俗世界的统治。在人们的观念里，中世纪的社会秩序是个野蛮、专制、愚昧的"宗教时代"②。

在《乌托邦》一书中，莫尔设计了"实行公有制""人人劳动按需分配"的理想社会秩序。马克思的社会秩序理论超越了空想社会主义，马克思没有系统地论述社会秩序，但是社会秩序变迁的规律在他的国家理论及其方法论中深刻地体现出来。马克思重视阶级斗争在社会秩序中的作用，认为阶级斗争是社会秩序发展的根本动力③。16世纪，英国哲学家霍布斯从社会契约论的角度解释社会秩序的起源，他认为独立的个人为摆脱"人自为战"的混乱状态，相互缔结契约，从而形成社会秩

---

① 李龙,汪习根. 法理学[M]. 武汉:武汉大学出版社,2011.

② BARBER B. Science and the social order[M]. New York :Nabu Press,2011.

③ 李丹,彭如良. 孔德的社会秩序理论对我国社会建设的启示[J]. 法制与社会,2008(11)： 270 – 271.

序。奥古斯特·孔德认为社会秩序的建立是和社会机体各部分的平衡、和谐一致的,新的社会秩序必然代替旧的社会秩序。孔德从两个阶段分析社会秩序:第一阶段运用实证主义的方法,分析社会稳定的根源及促进社会稳定的因素,孔德认为促进社会稳定的因素包括家庭、宗教、劳动分工与经济合作、语言;第二阶段关注人性对社会秩序的影响,试图在人性中找到社会秩序的根基[①]。韦伯从制度设计的角度研究社会秩序,在韦伯看来,社会秩序是人们对一种具有正当性统治的认可和服从。帕森斯在《社会行动的结构》一书中指出,社会秩序的形成归功于价值的内在化,即行动者按照规定行动的过程。哈耶克的自生自发社会秩序理论认为任何制度是人的行动的结果,是在社会自发中形成的,是各民族不断试错、经验及积累形成的,而不是凭借人的理性所设计的。自发自生社会秩序以内部规则即正当法律规则为支撑[②]。

二、法律制度

(一)法律制度的定义

法律是由享有立法权的机关,依照法定程序制定,由国家政权保证实施的规范总称,包括基本法律和普通法律。法律体现统治阶级的意志,是阶级专政的工具之一。

法律制度有广义和狭义之分,广义的法律制度指一个国家或地区所有法律原则和规则的总称,是法律在调整各种社会关系时所形成的体现社会制度的各种法律制度,具体的法律制度由其调整的社会关系决定,如经济法律制度、政治法律制度、文化法律制度、家庭法律制度等。

(二)法律制度的分类

我国的法律制度包括实体法律制度和程序法律制度。

实体法是以规定和确认权利和义务以及职权和责任为主要内容的法律。我国实体法律制度主要包括行政法律制度、经济法律制度、民事法律制度和刑事法律制度。

程序法是以规定保证权利和职权得以实现或行使为主要内容的法律。我国程序法律制度主要包括行政程序法、民事程序法以及刑事程序法。程序法的主要功能在于及时、恰当地为实体权利和行使职权提供必要的规则。

---

① 黄芳.社会秩序理论:一种政治思想史的考察[D].杭州:浙江大学,2014.
② 吴永.哈耶克自生自发社会秩序理论探究[D].临汾:山西师范大学,2014.

(三)法律制度对社会秩序的相互作用

法律制度和社会秩序是相辅相成的,两者相互作用、相互补充。社会秩序引导法律制度,法律制度以社会秩序为基础,推动社会秩序的稳定。

1.社会秩序对法律制度的作用

秩序不仅是法律的价值,而且还是法律的基础价值。"追求秩序是基础性的法律价值,无论是哪一种法律制度,秩序都是法律追求的基本价值,没有秩序就没有法律。"①

(1)秩序是人类生活的基础,也是人类生活的基本要求。没有秩序,人的行为、社会生活、社会关系都将陷于无序、混乱状态。追求秩序、对抗无序、反对专制、反对集权,构成了法律的基本使命,法律是其最主要的基础和方式。

(2)法律的具体形态,如宪法、刑法、行政法等,保障了社会秩序。

(3)社会秩序引导法律的发展。人类社会秩序及其秩序几经演变,实现了从专制到民主的转化,从封闭到开放和自由的转变。社会秩序的进步与进化推动了法律的变革,促进了法律的人权化、人本化、理性化,引发法律的形态、内容、精神、结构、功能等全方位的改造和更新。反过来,更新的法律又进一步推动了社会秩序的稳定和和谐。

2.法律制度对社会秩序的作用

社会秩序的建立和维护必须依靠包括法律在内的所有普遍性规则来进行。法律制度的基本功能是:建立和维护有序的社会秩序,协调社会关系,处理人与人之间的矛盾,维护和保障一定的利益关系,等等。

(1)法律制度建立和维护社会秩序。法律建立、维护、保护政治秩序,对其有难以替代的作用。法律可以建立和维护民主政治的运作秩序,保证政治生活有序进行,规范、制约和监督公共权力的运作,增进公共权力的管理与服务功能。法律制度建立和维护公共秩序,保护和促进社会主体的生产秩序、工作秩序和生活秩序等。法律制度建立和维护经济秩序,促进社会经济机制的运行,保护经济生活的安全和高效,保障人们的经济自由和权力。法律制度也建立和维护文化秩序和国际社会政治、经济和文化秩序。

(2)法律制度保障社会秩序。法律是保障和实现社会秩序最有效的制度机制,主要体现在:法律整合社会利益,保护合作和竞争,防止和解决社会冲突,预防和惩罚违法犯罪行为,维护社会安全和安宁。

① 斯坦,香德.西方社会的法律价值[M].王献平,译.北京:中国法制出版社,2004:38.

第二节　科斯定理的法经济学思想

一、科斯定理的起源

（一）庇古的外部性理论

在 1920 年出版的《福利经济学》的第二部分,庇古用边际社会净产品和边际私人净产品,分析了资源配置的效率。庇古认为国民收入最大化的条件是:边际社会净产品的所有用处得到均等使用。当边际社会净产品和边际私人净产品之间出现差异时,国民收入则不能最大化。这种差异存在三个方面:第一种差异发生在投资者不是持久性劳动工具的所有者,边际社会净产品会大于边际私人净产品,因为在合同终结时租赁者的投资将对所有者带来好处。这种差异可以"通过修改契约关系来减轻"。例如,租赁双方通过赔偿金制度将投资者的外部效应内部化。第二种差异的原因是,不可能给予偶然受损的人们赔偿金,或者要求偶然获益人们支付。在外部性存在的情况下,这类差别"不可能通过修改双方的契约关系就可以减轻,但可以通过政府'额外奖励(补贴)'或'额外限制'(税收)消除"。第三种差异是当增加某种资源的使用时对其他生产者的影响。在成本递增的行业中,一家企业的产品可能对其他企业造成外部不经济。相反,在成本递减行业中,一家企业的生产变化可能为其他企业带来外部经济。

庇古在这部分内容中的主要思想是,A 在为 B 提供有偿服务时产生了外部性,但 A 既不能得到得利者的报酬支付,也不能使受害者得到利益补偿,但在国家或政府的干预下,社会资源在现有的使用基础上可以得到改进。

（二）科斯对庇古外部性理论的评判

1960 年,科斯对庇古的外部性理论进行了批评。科斯指出,庇古在外部性问题上的思想是:社会成本与私人成本存在差异,外部性问题可以通过政府手段解决,并可以提高资源配置效率。科斯认为庇古的外部理论存在以下三个缺陷。

（1）庇古对外部性问题的分析方法存在缺陷。庇古的分析方法是比较外部性不会内部化的自由放任状态和外部性被政府纠正的理性状态,在这种分析方法下,比较对象的性质模棱两可,思维可以自由驰骋,每个人都能得到自己想要的答案,但是这种分析方法在现实世界中是不可用的。科斯认为分析方法要以现实为基础:"更好的方法是以一个近似实际发生的状态来开始我们的分析,并以此检验某个政策的变化所产生的效应,以及尝试判断变化所带来的新情形总体上是比原来的好了还是比原来的坏了。"①

(2)政府干预可以提高资源配置效率,提高社会福利,但是政府行为也要付出成本,其成本可能超过减少或消除外部性带来的收益。并且外部性问题并不是庇古所认为的单向的,相反,外部性是相互作用的。

(3)以庇古为代表人物的福利经济学在生产要素上存在错误概念。福利经济学中经济学家将生产要素看作是物品本身,而不是一定行为的权利,因此当人们使用、交换物品或者对其加以其他应用时,把物品的取得和使用看作是无限制的,而不会考虑物品应用的约束条件。如果物品应用中出现了问题,会想到让政府来解决。但如果将生产要素看作是权利,则要从社会总效果上考虑。

科斯的产权理论是在对庇古外部性问题的分析与批评上建立起来的,同时也产生了科斯对于法律与经济学的思想。

二、科斯定理中关于法经济学的思想

(一)科斯定理的起源

科斯关于法律与制度经济学的思想体现在其 1960 年发表的《社会成本问题》一文中,但是科斯定理是由斯蒂格勒在 1966 年发表的《价格理论》中最先提出的,而并非由科斯本人提出。《社会成本问题》发表之后,法经济学实际上已分为两个方向:一是新制度经济学中法律对经济学的影响;另一个是运用经济学分析法律。前者重点在于制度的重要性,认为企业、市场和法律对理解经济学系统是非常重要的。科斯在 1991 年诺贝尔经济学奖颁奖大会上发表的演讲中说道:"在这里,我不想多谈它(《社会成本问题》)对法学界的影响,尽管这种影响是巨大的,但我将主要考虑它对经济学的影响,虽然这种影响现在还不大,但我相信,这种影响在将来是巨大的。"②后者也称为法律的经济学分析或经济分析法学,着重于经济分析在法律方面的重要运用。其主要包括将经济学的概念和分析方法运用到法律系统的运行和法学家的研究原则中,关于该方向的研究已有很多文献,其代表人物是大法官波斯纳。

(二)科斯定理

1. 科斯第一定理

科斯在《社会成本问题》中提出:"如果定价机制的运行毫无成本,最终结果(产

---

① COASE R H. The problem of social cost[J]. Journal of Law and Economics,1960(10):1-44.

② 科斯.新制度经济学创始人[M].胡庆龙,译.北京:人民邮电出版社,2009:65.

值最大化)是不受法律状况的影响的。"罗伯特·库勒将此称为科斯的"交易成本论",即"法律权利的初始分配从效率角度看是无关紧要的,只要交换的交易成本为零"。在交易成本为零的条件下,任何无效率的产权配置都能通过自由交易得到解决,因此无论法律初始界定的权利如何,都能实现资源的有效利用。这就是科斯第一定理。在科斯第一定理下,法律无须以任何特殊的方式来界定产权,因为无效率的资源配置可以通过市场交易得到解决。

2.科斯第二定理

交易成本为零的市场是不存在的,市场中的所有交易都会存在成本,因此科斯第一定理只是分析的起点,交易成本为零是分析交易成本为正的基石。当交易成本为正时,"法律权利的初始界定对经济制度的运行效率将产生特别重要的影响",即当交易成本不为零时,权利的不同界定和分配,对资源配置的效率将产生不同的影响,此时要选择使交易成本最低的产权分配方式。这是所谓的科斯第二定理,也是科斯定理的核心所在。如果市场交易成本为零,我们要解决的问题就是权力的充分界定和对法律行为后果的预测。但如果市场交易成本不为零,就要将法院考虑在内,因为法院在裁判时会考虑行为后果,法院行为直接影响着经济行为。此时,科斯不仅强调了科斯定理的基本含义,即不同产权安排能增加或减少交易成本,从而导致不同资源配置结果,而且强调了产权实施对配置效率的影响,尤其是法院判决对资源配置效率的影响。

三、对科斯定理的两种平行的解读

标准的科斯第一定理是指,在交易成本为零的条件下,无论权利的初始界定如何,资源都可以得到有效配置。科斯第二定理是指,在交易成本不为零时,权利的不同界定和分配,对资源配置的效率将产生不同的影响。理论界对科斯定理存在两种不同的平行的解读,即"交易成本"维度和"产权"维度。

(一)"交易成本"维度

从"交易成本"维度来说,科斯定理着重分析交易成本对资源配置的影响。其表述如下:①给定初始权利安排,如果交易成本为零,那么当事人之间的谈判总是会导致有效率的资源配置结果;②给定初始权利安排,如果交易成本大于零,那么当事人之间的自由谈判将达不到有效率的资源配置结果。

(二)"产权"维度

"产权"维度更注重的是产权的影响而非交易成本对资源配置的作用。其表述如下:①给定交易成本为零,则不同的初始权利安排会导致同样有效率的资源配置结果;②给定交易成本大于零,则不同的初始权利安排会导致不同的资源配置结果①。

上述两种不同解读的侧重点不同,导致不同的研究方向和研究结果。"交易成本"维度假定初始权利安排是给定的,所不同的是交易成本,不同的交易成本将导致资源配置效率的结果不同,则侧重点自然就是交易成本,支持"交易成本"维度的学者探究如何降低交易成本来提高资源的配置效率。"产权"维度假定交易成本是给定的,影响资源配置效率的因素是初始权利安排,该方向的研究重点在于什么样的初始产权安排才可以达到资源配置最优。实质上,对科斯定理这两种不同维度的解读,就是上文提到的法经济学的两个方向。"交易成本"维度是经济学界的观点,即研究新制度经济学中法律对经济学的影响。"产权"维度是法学界的研究侧重点,运用经济学分析法律。

(三)科斯提出科斯定理的本意

科斯最初提出科斯定理并没有想到科斯定理会在法学界产生这么大的影响,他最初的目的是运用法律制度来分析经济学问题,研究交易成本对资源配置产生的影响,即从交易成本这一维度分析产权界定和分配对资源配置的影响。从以下分析中我们可以看出科斯的本意:

(1)科斯在 1960 年发表了《社会成本问题》,在该年代,法律制度比较完善,初始产权已是一个既定的事实,对他来说没有任何理由不把现实中的初始产权安排当作给定的外生变量来对待。而且,科斯在《社会成本问题》一文中,并没有把农夫和牧人之间的纠纷当作是由于外部性引起的,而是以双方之间初始权利界定为背景来探讨资源配置问题,科斯认为双方之间的初始权利是确定的、明晰的。

(2)科斯在诺贝尔颁奖大会上的演讲也体现了他的本意。科斯在演讲上多次提到"交易过程"这个概念,并且强调,需要关注"现实交易过程发生的制度背景",极少提到权利的初始配置问题,即使提到,也是把它看作是由法律已经先在地决定了的。科斯在演讲中说道:"在这里,我不想多谈它(《社会成本问题》)对法学界的影响,尽管这种影响是巨大的,但我将主要考虑它对经济学的影响,虽然这种影响现在还不大,但我相信,这种影响在将来时巨大的。"②

从法经济学的发展过程来看,用经济学方法分析法律问题却得到了很大的发

---

① 莫志宏.科斯定理与初始权利的界定:关于初始权利界定的法与经济学[J].中国政法大学学报,2008(5):112-122.

② 莫志宏.科斯定理与初始权利的界定:关于初始权利界定的法与经济学[J].中国政法大学学报,2008(5):112-122.

展,而法律对经济学作用这方面的研究没有得到很大的发展。

四、科斯定理的发展

(一)波斯纳定理

波斯纳定理是指在存在高昂交易成本的前提下,应把权利赋予那些最珍惜它们并能创造出最大收益的人,而把责任归咎于那些只需付出最小成本就能避免的人。试以天气预报来说明波斯纳的观点。波斯纳认为,虽然天气预报具有公共性,无法通过出卖这一"商品"从消费者那里得到直接的报酬,但是却可以通过买卖期货合同,借助于"期货"市场来间接地得到补偿并赚得利润。假定天气预报的发布人能够完全预见到未来天气的恶化情况。所以,可以去期货市场,以现时的价格大量购买未来的农产品,当产品收获时,发布人以当时(未来交货时)的高价格出售农产品,从中取得高额利润。这样,信息商品的私有产权的拥有者通过"曲折"收费完全可以克服公共物品的经济外在性,使私人市场制度的运行避开"市场失灵"的陷阱。波斯纳提出的法律的经济学分析框架的假设如下:

(1)行为人的行为是他们在特定法律条件下进行成本-收益分析的结果,当事人对一定权利的不同估价是其交易得以进行的原动力。

(2)法律制度在运行中会给当事人带来收益和成本,故可用最大化、均衡和效率来评价法律行为。

(3)财产权利界定清晰可以降低交易成本,通过制定使权利让渡成本比较低的法律,可以使资源流向使用效率高的人的手中,从而提高经济运行效率。

(二)波斯纳的"法律模拟市场"

科斯第二定理认为,在交易成本不为零的条件下,产权如何配置对资源有效利用产生重要影响,此时我们就要寻找能使资源得到充分利用的产权配置方法。对如何确定产权配置这一问题,波斯纳结合科斯定理与法律市场综合考虑,即交易成本下的"法律模拟市场"。在交易成本为零和具有完备契约的特定条件下,法律不需要配置任何特定的产权,市场交易总能使资源配置达到最优。当上述条件不满足时,则必须通过"模拟市场"来促进效率。波斯纳所认为的"模拟市场"是指这样的一种市场:在这个市场中,有关的法律机关应该把产权配置给那些通过市场交易可能获得这些产权的团体,这样才能实现资源的有效配置。在这里,波斯纳所强调的资源配置效率取决于人们的支付愿意,人们的支付愿意又取决于人们的实际支付能力。即一个人的财富越多,就越可能增加自身的财富,从而提高其效用,波斯纳的结论是财富最大化才能使效用最大化。

（三）对"法律模拟市场"的质疑

波斯纳认为当交易成本很高的时候,可以通过"法律模拟市场"来达到资源有效配置,但是理论界对于"法律模拟市场"也存在着质疑,这种质疑来自两方面:一是法庭能否有效地模拟市场;二是即使法庭能够模拟市场,但人们也不一定乐于接受用这种方式来配置资源。

对于第一方面的质疑,一般认为法庭是不能够有效模拟市场的,主要原因有以下几点。

（1）市场中存在交易费用。"法律模拟市场"认为要实现资源的有效配置,就要将资源配置给在无交易费用下愿意出最高价购买权利的团体或个人,但市场中只要有交易就会产生费用,所以"法律模拟市场"中无交易费用的前提条件不合理。

（2）法庭如果要将资源配置给最珍视资源的团体或个人,前提是能够获取关于哪一个团体或个人能够出最高价的充分的信息,但事实是,法庭很难获得足够多的信息。在交易市场中,交易双方为了各自的利益最大化,在交易谈判中常常伴有有利于自己的策略性行为,在这种情况下,信息是不对称的,愿意购买权利的团体或个人掌握的信息远多于法庭所掌握的信息,因此法庭无法有效判断出谁是能够出最高价的团体和个人,即法律不能够有效模拟市场。

（3）即使法庭能够通过模拟市场达到资源有效利用,但一般人也不乐于接受这种资源配置方式。"法律模拟市场"认为应该将资源配置给最珍惜它们的团体或个人,也就是出价最高的人,效率的高低归根结底取决于人们支付能力的大小。这种将资源配置效率与财富直接联系的配置方式,可能导致道德沦丧,因而,一般人都不愿意接受,除非一些经济学家。正如德沃金所说:"波斯纳的法律模拟市场理论对于赞美竞争的政治学说是适宜的,但对于主张更平等的理论却是远非恰当的,因为它贬低了穷人的要求,穷人希望花更少的钱,他们没有更多的钱。"①

（4）对法律价值认识的局限性。波斯纳的"法律模拟市场"强调对法律的经济学分析,忽略对法律的正义追求,强调法律的效率最大化,忽略法律的公平、公正、正义等价值。法律的价值是多元化的,不应该只将效率作为评判的唯一标准。波斯纳认为正义的基础和价值是财富最大化:"追求正义不能无视效率,有时没有效率的正义是非正义的,即与迟到的正义不是正义一样。法律中通过权利和义务的合理分配来实现正义,这里的合理即使要达到一种分配效益最大化。同时,法律在赋予人们权力的时候应该考虑效益因素,并应引导和促使人们按照最有效的方式

---

① 尹德洪.科斯定理的法和经济学拓展[J].东北财经大学学报,2006(3):3-6.

使用资源。"但法律宗旨是实现资源有效配置,而不是为了达到经济效率最大化①。

五、科斯思想在法经济学中的地位

科斯曾经说过,《社会成本问题》一文的写作对象是经济学家而不是法学家,但《社会成本问题》对法律界的影响远远超过对经济学界的影响。法经济学的代表人物波斯纳说:"命中注明科斯没有左右逢源,然而,必须立即补充说明的是,作为芝加哥大学法学院和经济学纲要的负责人,作为《法律和经济学》杂志的主编,科斯大大支持了威廉·兰德斯和波斯纳以及其他从事法律经济分析的开业律师。但是,这恰恰使得大家迷惑不解——科斯对这一运动缺乏兴趣,而为了兴起这一运动他却做了大量的工作。"尽管科斯的真正兴趣并非波斯纳等人研究的法经济学领域,但是科斯定理却构成了现代法经济学的基础。而在《社会成本问题》一文中,科斯对英美普通法中一系列涉及有害影响的侵权行为的具体分析,也对法经济学在英美普通法判例中的研究起到了示范性作用②。

科斯认为人们在市场中交易的是确定行动的权利,而不是物质商品。因为个人所拥有的权利是由法律制度决定的,法院的判决是有关经济问题的判决,所以法律制度对经济体系的运作将会产生深远的影响,并决定资源的配置方式和配置效率。科斯研究的侧重点在于交易成本,不同的交易成本对资源配置产生不同的影响,而不同的法律制度对交易成本的大小影响不同,因此,法律制度的选择与设定同样要考虑其经济的总效果。科斯关于法律与经济学的思想运用在法律问题的研究上,为法学的经济分析奠定了基础。

此外,科斯对英美判例法中一系列涉及有害影响的侵权行为进行了具体分析,这些分析对科斯定理的理解、交易成本的应用以及对英美普通法判例的研究都具有示范性的作用。在《社会成本问题》一文中,科斯以走失的牛群和谷物的损失为例揭示了科斯定理的实质,但这只是一个典型的问题。他接着又利用一系列的英美法中的典型判例阐述科斯定理的一般性原则,其案例包括:斯特奇斯诉布里奇曼案、库克诉福布斯案、布赖恩特诉勒菲弗案和巴斯诉格勒戈里案。前两个案例与走失的牛群和谷物的损失案例一样,当交易成本为零时,法院有关损害责任的判决对资源配置没有影响,揭示了交易成本为零条件下的科斯定理。布赖恩特诉勒菲弗案则阐述了侵权行为的问题。

科斯定理通过以上几个判例的分析得到了进一步的阐述,并且为法官的判决提供了范例,并指出法官面临的问题不是由谁做什么,而是谁有权做什么。通过市

---

① 杨亚辉.波斯纳财富最大化理论的局限性及评价[J].经济论点,2012(10):57-58.
② 罗君丽.罗纳德·科斯的法与经济学思想[J].经济师,2007(9):48-49.

场交易修改权利最初的合法界定是可能的。当然,如果这种市场交易是无成本的,那么通常会出现这种权利的重新安排,并导致产值最大化,这些都为法经济学的研究提供了理论和方法(罗君丽)。

第三节　不同博弈模型的法律制度比较

一、静态博弈模型下的法律制度比较

在静态博弈模型中,我们用"行人与司机的交通事故"进行分析,通过两种法律制度的博弈模型,分析行人和司机的收益,进而判断行人和司机的最优选择。

在"行人与司机的交通事故"中,法学家长期以来一直假定:如果司机对交通事故和行人遭受的损失负责,司机应该会更加谨慎地驾驶。但是通过不同博弈模型的分析,得出的结论却有所不同。

(一)严格责任制度下的博弈模型一

严格责任制度也称无责任制度,是指发生侵权时,即使没有过错,但只要造成他人损害,仅依据其行为造成客观存在的损害结果,依照法律的特殊规定,追究其民事责任的特殊准则。除非是不可抗力造成的损失才能免责。

在标准模型下,假定行人和司机只有两种选择,即适度谨慎和不谨慎:①若行人和司机都保持适度谨慎,则不会发生交通事故,每个人只需承担 10 单位的成本;②若任何一方不谨慎,就会导致交通事故的发生;③若发生交通事故,行人将遭受100 单位的损失。在纯粹严格责任制度下,只要发生交通事故,不论司机是否适度谨慎驾驶,司机都要承担责任,赔偿行人遭受的 100 单位的损失;④若双方都保持谨慎,交通事故发生的可能性为 1/10。该博弈模型结果如图 8-1 所示。

		司机	
		不谨慎	适度谨慎
行人	不谨慎	0, −100	0, −110
	适度谨慎	−10, −100	−10, −20

图 8-1　严格责任制度下的博弈模型一

从图 8-1 的博弈结果可以看出:若行人和司机都不谨慎,行人的损失为 0,而司机因交通事故要赔偿行人 100 单位的损失;若行人不谨慎,司机适度谨慎,行人损失为 0,司机损失为 110 单位,即保持适度谨慎承担的 10 单位成本和赔偿行人的 100 单位损失;若行人保持适度谨慎,司机不谨慎,行人损失 10 单位,司机损失 100 单位;若行人和司机都保持适度谨慎,行人损失 10 单位,司机损失 20 单位,即保持适度谨慎而承担的 10 单位成本和交通事故发生可能性的赔偿行人的损失。

在该模型下,行人有一个占优策略,即不管司机如何行动,行人都将选择不谨慎。因为,在完全责任制度下,司机承担全部责任,赔偿交通事故中行人遭受的所有损失,不管司机选择不谨慎还是保持适度谨慎。行人选择不谨慎的损失是 0,而如果选择适度谨慎则将承担 10 单位的损失,所以行人选择不谨慎。此时,司机也会选择不谨慎,因为这样不用承担保持谨慎的 10 单位成本。在这种法律制度下,双方都不谨慎,交通事故必然发生。

在纯粹责任制度下,司机承担全部责任,赔偿行人全部的损失,那么行人将没有充足的激励来保持谨慎,这种纯粹责任制度并不适用。在现实中,并不是所有的人都可以保持谨慎就可以避免事故的发生,例如空难中,乘客即使保持谨慎也避免不了灾难的发生,而且法官也不能判定发生事故时乘客是否保持了谨慎,这时倾向使用纯粹责任制度。但是,当受害者有能力保持谨慎时,则能激励受害者保持谨慎的法律制度就尤为重要,在严格责任制度或无责任制度(受害者承担全部责任)下,至少有一方当事人为了自身的利益使谨慎程度低于适度谨慎水平。

(二)严格责任制度下的博弈模型二

上述讨论的博弈模型是在严格责任制度条件下,司机承担交通事故的全部责任,那么行人将选择不谨慎,司机也将选择不谨慎。下面我们考虑另一种法律规则,即行人只有在自己谨慎而司机不谨慎的情况下才能获得赔偿,如果是由于行人自己的过失而司机无论是保持适度谨慎还是不谨慎,责任都由行人自行承担。其他的条件与严格责任制度下的条件相同。该博弈模型分析结果如图 8-2 所示。

		司机	
		不谨慎	适度谨慎
行人	不谨慎	-100, 0	-100, -10
	适度谨慎	-10, -100	-20, -10

图 8-2　严格责任制度下的博弈模型二

图 8-2 博弈结果显示,行人选择不谨慎将会损失 100 单位,而保持适度谨慎损失比较少,所以行人选择谨慎。同时,司机也会选择谨慎。在严格责任制度下,司机承担全部责任,那么行人和司机都不谨慎。当改变规则时,即行人只有在自己谨慎而司机不谨慎的情况下才能获得赔偿时,那么行人和司机都会保持谨慎。得出的结论是,法律规则的改变会改变当事人的行为。

在这种博弈模型下,均衡结果是行人不谨慎就得不到任何赔偿。有些人认为这个结果不恰当,不应该让行人一个人承担全部责任,应该倡导比较过失制度,即行人和司机都不谨慎时双方分担事故损失。

(三)比较过失责任制度下的博弈模型

很多法律制度在其事故法律中采取了比较过失责任制度,该制度是指对方存在过错的情况下才承担责任,对方无过错则无须承担责任。比较过失责任制度分为三种类型:①纯粹的比较过失责任。在这种类型下,原告可以获得赔偿,但具体的赔偿额度与原告过失程度成反比,与被告过失程度成正比。②修正了的比较过失责任。原告如果想获得赔偿,其过失在总过失中占的比例必须小于或不大于被告。③比较过失轻重方法。只有法院认为原告的过失与被告相比比较轻微时,原告才可以获得赔偿。

比较过失责任制度给予当事人的激励,取决于双方都不谨慎时责任如何分摊,此时要充分考虑双方过失的大小,根据过失大小确定双方的责任和行人获得的赔偿。这里我们只考虑一种极端的规则,即较粗心的人分担不对称的大部分事故成本。

在这种规则制度下,行人和司机可以选择适度谨慎、有点谨慎和不谨慎。条件如下:设定事故的损失仍为 100 单位损失,双方都有点谨慎或不谨慎时,则各自平均分摊责任和损失,当事故发生时,只要一方保持适度谨慎,那么则由对方承担全部责任。①双方都保持适度谨慎,各自承担 3 单位的保持适度谨慎的成本,同时发生交通事故的概率为 1/50,行人还需承担 2 单位的期望事故成本。②双方都有点谨慎,行人和司机平均分摊责任,每人承担 50 单位的事故损失和 1 单位的保持有点谨慎的成本。③双方都不谨慎情况下,各自只需承担 50 单位的事故损失。④当一方不谨慎,另一方有点谨慎时,不谨慎一方承担 99 单位的损失,有点谨慎一方承担 1 单位的谨慎成本和 1 单位的事故损失。一方不谨慎,而另一方保持适度谨慎条件下,不谨慎一方承担全部责任,赔偿 100 单位损失。一方有点谨慎,而另一方适度谨慎,那么有点谨慎一方承担 100 单位的损失及 1 单位的有点谨慎成本。该博弈模型分析结果如图 8-3 所示。

	司机		
	不谨慎	有点谨慎	适度谨慎
不谨慎	−50, −50	−99, −2	−100, −3
行人 有点谨慎	−2, −99	−51, −51	−101, −3
适度谨慎	−3, −100	−3, −101	−5, −3

图 8-3　比较过失责任制度下的博弈模型

图 8-3 博弈的结果表明,当对方选择适度谨慎时,自己选择适度谨慎的策略是最优反应,行人和司机都选择适度谨慎才使双方成本最小,该组合策略属于纳什均衡。而如果一方选择适度谨慎,另一方选择有点谨慎和不谨慎,那么该方将损失 100 和 101 单位,远大于适度谨慎策略中的 5 单位成本。

不同的法律规则对当事人的选择产生很大的影响。在严格责任制度下,行人和司机都选择不谨慎,当行人承担责任和在比较过失责任制度情况下,双方都选择适度谨慎策略组合是最优策略。

二、动态博弈模型和反倾销

反倾销是一种被各国普遍认可的限制进口和保护本国产业的贸易措施。随着世界经济一体化,各国之间的贸易越来越频繁,我国自从 2001 年加入 WTO 以后,凭借着低廉的成本和优质的品质,对外出口产品规模逐年增加,但随之而来的是国外企业对中国企业的倾销诉讼。我国企业遭受的反倾销调查和反倾销措施案例在世界反倾销案例总量中占比最大,我国已成为全世界反补贴调查的最大目标国。在我国,比较典型的案例有中美水产案例、中国彩电在欧洲的惨痛教训、中国浓缩果汁起诉美国商务部大获全胜案例、中国奥康鞋业公司应诉反倾销胜诉案例、中国光伏产业遭到美国及欧盟反倾销调查案例等。在这些案例中,有些胜诉有些败诉,但总体来看,在我国反倾销案例中,我国多数企业对反倾销采取不应对和消极应对态度,很少有企业采取措施反击。

倾销是指在正常贸易过程中,一国(地区)的生产商或出口商以低于其国内市场价格或低于成本价格将其商品抛售到另一国(地区)市场的行为。倾销概念由三个要素构成:①产品以低于正常价值或公平价值的价格销售;②这种低价销售的行为给进口国产业造成损害,包括实质性损害、实质性威胁和实质性阻碍;③损害是由低价销售造成的,二者之间存在因果关系。反倾销是指一国(进口国)针对他国对本国的倾销行为所采取的对抗措施,是 WTO 允许的世界各国都可以采用维护公平贸易秩序,抵制不正当竞争的重要手段之一。下面我们用动态博弈模型来分析中国光伏产业遭受的反倾销调查案例。

(一)中国光伏产业遭受美国、欧盟反倾销调查案例过程

2011 年 10 月,美国太阳能电池生产商 Solar World 要求对中国 75 家相关企业展开"双反"(反倾销,反补贴)调查,当年美国即开始立案调查。2012 年 11 月 7 日,美国国际贸易委员会发布公告,6 名委员全票通过此前美国商务部对中国太阳能电池及组件生产厂商在美销售价格低于成本的裁定,将向中国企业征收惩罚性关税,对中国光伏企业征收 18.32% ～249.96% 的反倾销税,且针对中国政府的补贴征收 14.78% ～15.97% 的反补贴税。

美国商务部的反倾销初裁结果刚刚公布两个月之后,德国 Solar World 公司向欧盟正式提交申诉请求,要求对中国光伏企业进行反倾销调查。欧委会接受申请并于 2012 年 9 月 6 日发布立案公告,宣布对出口到欧盟的光伏电池、组件和关键零部件发起反倾销调查。2012 年 11 月 8 日,欧委会正式启动对华光伏产品的反补贴调查。中国多家光伏企业向中国商务部提起应诉,2013 年 5 月,中国机电产品进出口商会和商务部先后与欧委会进行价格承诺谈判,但谈判以失败告终。2013 年 5 月 4 日,欧盟宣布对我国光伏产品征收临时反倾销税:第一阶段为 6 月 6 日到 8 月 6 日,税率为 11.8%,并在此阶段做出了反倾销初裁;第二阶段从 8 月 6 日到终裁,平均税率为 47.6%。经过一年多的谈判和磋商,欧盟最终就光伏产品"双反"案件与我国企业达成价格承诺,承诺协议规定:参与价格承诺的我国企业出口到欧盟的光伏组件最低价格为 0.56 欧/瓦,最高总量为 7 GW。2013 年 12 月 5 日,欧盟发布终裁结果,并接受 121 家中国企业的价格承诺,协议于 2013 年 12 月 6 日正式生效,2015 年 12 月 7 日到期①。

美国及欧盟对中国光伏产业的"双反"重创了我国光伏产业,使我国光伏行业发生了翻天覆地的变化。

(二)反倾销诉讼程序

反倾销诉讼与应诉过程中,每个环节都有严格的时间限制。首先由进口国企业向美国商务部或欧盟提起反倾销申诉,申诉被受理之后,由出口国企业提出应诉或不应诉策略。一般的话,欧盟在立案 12～15 个月内做出终裁,征收不超过 5 年

---

① 王静仪. 我国遭受反倾销调查的贸易效应探析:基于欧盟对我国光伏产品反倾销调查的案例分析[J]. 价格理论与实践,2014(12):115－117.

的反倾销税。终裁之后的 2 个月内,出口国企业可以向欧盟初审法庭起诉。由于各国在反倾销应诉、举证、抗辩等方面有自己的立法规定,有些国家程序性规定烦琐复杂,而出口企业必须以反倾销起诉国的法律法规为衡量标准,因此涉案出口国企业必须综合考虑应诉的各方面成本,做出应诉与不应诉的最佳决策。

(三)反倾销应诉模型的动态博弈分析

1. 博弈模型

该动态博弈模型是不完全信息动态模型,因为进口企业和涉案出口企业无法获得对方的全部信息。涉案出口企业无法获悉进口企业是否提出诉讼以及诉讼的结果如何,同时进口企业也不知道涉案出口企业是否应诉的信息,双方的信息是不完全的,因此本模型是一个不完全动态信息模型。模型假设如下:

(1)博弈双方为涉案出口企业 A 和进口国政府 B;

(2)博弈双方均为理性经济人;

(3)涉案出口商品的成本分为低成本 C_1 和高成本 C_2,出口价格分为低价格 P_1 和高价格 P_2;

(4)涉案出口企业的应诉费用和进口国政府的调查费用忽略不计[①]。

2. 博弈行动次序

进口企业向本国政府提出反倾销立案申请,进口国政府接受立案申请,经过大量的调查之后,决定起诉或不起诉,即进口国政府有起诉与不起诉两种行为选择。对应的是,涉案出口企业对进口国政府的起诉行为也有两种策略,即应诉与不应诉。但无论涉案企业是否应诉,只要进口国政府接受进口企业的诉讼申请,对出口企业提起诉讼,就要做出司法裁决。裁决包括无损害裁定、撤诉、价格承诺和征收反倾销税等[②]。

博弈的行动次序如下:

(1)涉案出口企业选择出口产品成本类型,A 制定出口产品价格 P_1 或 P_2;

(2)进口国政府 B 根据 P_1 或 P_2 做出起诉与不起诉的决策;

(3)如果进口国政府 B 选择反倾销起诉,涉案出口企业 A 的反应为应诉和不应诉两种行为;

① 刘爱东,曾辉祥. 基于动态博弈分析的企业反倾销应诉"成本-收益"决策模型研究[J]. 江西财经大学学报,2014(3):109 – 113.
② 孙凤英. 论反倾销会计应诉的"度"[J]. 中南林业科技大学学报(社会科学版),2012(6):48 – 51.

（4）如果涉案出口企业 A 选择应诉，那么 A 可能面临倾销不成立的价格承诺或被征收反倾销税等裁决结果[①]。

该动态博弈模型结果分析如图 8-4 所示。

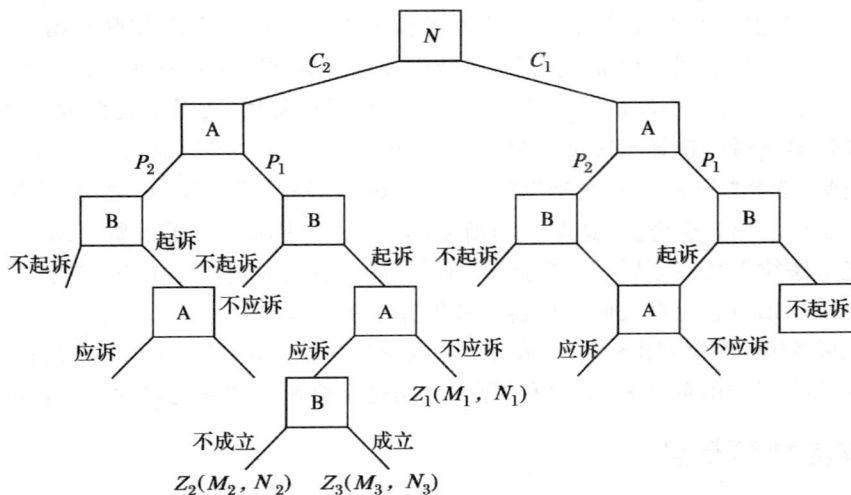

图 8-4　涉案出口企业应诉模型

在四种组合 (C_1,P_1)、(C_1,P_2)、(C_2,P_1)、(C_2,P_2) 中，进口国政府 B 都可能起诉，涉案企业 A 可以选择应诉和不应诉策略。这里，我们重点分析 (C_2,P_1) 组合。M 表示涉案企业 A 的收益，N 表示进口国政府 B 的收益。

①当进口国政府 B 起诉，涉案出口企业 A 选择不应诉行为时，A 被判定为反倾销，将被征收高额反倾销税或者价格承诺，几乎失去全部海外市场。其收益组合为 $Z_1(M_1,N_1)(M_1<0)$，即 A 收益为 M_1，B 收益为 N_1。

②当进口国政府 B 起诉，涉案出口企业 A 积极应诉，若 B 裁定 A 反倾销不成立时，A 保持原来的海外市场规模，A 收益为 M_2，B 收益为 $N_2(M_2=0,N_2=0)$。

③当进口国政府 B 起诉，涉案出口企业 A 积极应诉，若 B 裁定 A 反倾销成立时，A 将面临价格承诺或者被征收反倾销税，那么 A 会失去部分的海外市场，A 收益为 M_3，B 收益为 $N_3(M_1<M_3<M_2,N_1<N_3<N_2)$。

在上述三个策略组合中，对于涉案出口企业 A 来说，收益 M_2 最大，M_3 次之，M_1 最小，所以作为理性经纪人的涉案出口企业 A 会选择应诉，并且争取得到反倾销诉讼不成立，这样才可以获得最大收益。

从动态博弈模型中，我们得出涉案出口企业最优选择是应诉并争取使反倾销

①　张翼.不完全信息下联合组合形态动态博弈分析[J].技术经济,2012(7):124-128.

诉讼不成立,但是从我国的实际案例中,我们发现多数公司选择不应诉,只有极少数公司选择应诉,而应诉获得胜诉的案例又少之又少。多数企业之所以选择不应诉的原因有以下几点:第一,高昂的诉讼费用。上述模型中我们假定出口企业的诉讼费用为零,但事实上,出口企业在应诉过程中要面临取证费用、律师费用、应诉组织成本等高昂的费用。例如,中国奥康鞋业公司应诉欧盟反倾销诉讼过程中,一审判决应诉失败,奥康面临的是 500 多万人民币的诉讼费用,所以中国很多企业在面对反倾销案例时会选择不应诉。第二,较低的胜诉率。这一因素使多数出口企业望而止步,选择"搭便车"甚至坐以待毙。"市场经济地位"问题和"替代国"问题一直是困扰中国出口企业的"达摩克利斯之剑"。尽管中国加入了世贸组织,但中国还未能从法律上彻底摆脱"非市场经济地位"的歧视性待遇;"替代国"选择的随意性致使中国出口企业在反倾销应诉中长期处于被动地位[①]。

如果各国法律制度比较统一,或者中国企业从法律上摆脱"非市场经济地位"的歧视性待遇,给予中国企业平等的地位,那么中国也不会遭受如此之多的反倾销诉讼。

三、重复博弈模型

(一)重复博弈的定义

重复博弈是指这样一种博弈,在博弈中相同结构的博弈出现多次或者无限次,每次博弈称为"阶段博弈"。重复博弈中每次博弈的条件、内容和规则都相同,但由于存在长期的利益,博弈双方不能像在一次博弈中那样不考虑后期博弈中对方的利益,而要在当前博弈中的行为考虑不能引起后阶段博弈中对方的报复、对抗或恶性竞争。根据重复的次数,博弈可分为有限重复博弈和无限重复博弈。

(二)重复博弈模型案例分析

我国农业保险经过多年的发展,探索出多种发展模式,逐渐形成农业保险经营网络,保险经营主体趋于多元化。但是,农业保险的正外部性决定了在农业保险领域存在广泛的道德风险,同时农业保险法律法规的不健全和辅助政策不配套等问题,导致农业保险主体之间难以形成持续的、制度化的合作机制。下面我们分析在完全信息的无限重复博弈下,农业保险合作机制中双方的博弈[②]。

---

① 李晓翼.我国出口贸易面临国家反倾销原因的深度分析[J].国际贸易问题,2010(7):75-80.

② 王根芳,徐若瑜.农业保险主体合作机制研究:基于重复博弈视角[J].金融教育研究,2013,26(1):59-63.

假设博弈双方为保险公司和农民,我们用参与人 1 和参与人 2 来表示,其有两种行为策略:合作和违规。在囚徒困境博弈模型中,双方博弈的结果如图 8－5 所示。

	参与人 1	
	合作	违规
合作	8, 8	0, 10
违规	10, 0	2, 2

图 8－5　囚徒困境模型下双方博弈

当博弈双方都选择合作时,每个人都获得 8 单位的收益。当一方违规,另一方选择合作,违规的一方获得 10 单位的收益,而另一方则没有收益。在无法知道一方的选择时,双方都会选择违规,各获得 2 单位的收益,此时的组合(违规,违规)即为纳什均衡,双方获得的收益小于合作时的收益。

在囚徒困境博弈模型下,纳什均衡并不能为双方带来最大的收益,那么在重复博弈模型中的结果又如何呢?

博弈模型建立在三个假设条件之上:①重复博弈的阶段,博弈之间没有"物质"上的联系,即前一个阶段并不改变后一个阶段的博弈结构;②在重复博弈的每个阶段,所有参与人都能观测到该博弈过去的历史,收益即在博弈新的阶段,每个参与人都知道上一个博弈阶段对方的选择;③参与人的总收益为所有阶段博弈的收益的贴现值之和。设贴现因子为 $\delta(0<\delta<1)$,每阶段博弈的收益为 A,则第一阶段博弈收益为 A,第二阶段博弈收益折现到期初为 $A\delta$,以此类推,第 n 期收益折现到期初为 $A\delta^n$。

(1)当博弈双方一直选择合作,每个参与人获得的收益相同,我们以参与人 1 为例,参与人 1 获得的收益为:

$$P_1=8+8\delta+8\delta^2+8\delta^3+\cdots+8\delta^n=8\times\frac{1-8\delta^n}{1-\delta}$$

因为 $0<\delta<1$,当 $n\rightarrow\infty$ 时,$8\times\dfrac{1-8\delta^n}{1-\delta}\rightarrow\dfrac{8}{1-\delta}$,所以:

$$P_1=\frac{8}{1-\delta}$$

(2)同理,若博弈双方从一开始就选择违规,则参与人 1 的收益为:

$$P_2=\frac{2}{1-\delta}$$

（3）若参与人 2 开始选择合作,并且继续合作直到参与人 1 选择违规,一旦参与人 1 违规,参与人 2 不再合作。在这种策略里,因为参与人 1 一旦违规,参与人 2 在下一阶段博弈中也违规,那么参与人 1 只能占得一次便宜,即获得 10 单位的收益,比选择合作策略多 2 单位收益。但这 2 单位的收益只是短期的利益,参与人 1 将失去长期的利益。参与人 1 选择违规以后,每阶段只能得到 2 单位收益,比选择合作少了 6 单位,又由于损失是在下一博弈阶段实现的,所以参与人 1 的长期损失为 $\frac{6\delta}{1-\delta}$。

在重复博弈中,如果要获得一个合作解,那么就要使违规方获得的短期利益小于其损失的长期利益,即 $2<\frac{6\delta}{1-\delta}$。此不等式的解为 $\delta>0.25$,也就是说只要贴现因子大于 0.25,那么参与人 1 就不会背叛,博弈双方将一直合作下去,得到相同的收益。

对于所有具有完全信息的无限重复博弈,只要短期利益小于长期的损失,也就是贴现因子足够大,博弈双方就会选择合作。在无限重复博弈模型中,有多个子博弈完美纳什均衡,博弈双方就面临在多重均衡中进行选择的问题。虽然所有缩小均衡范围的方法中没有一种完全令人满意,但模型表明无限重复本身创造了合作行为的可能性,支持合作的机制是对偏离合作施以将来不合作的威胁,其中决定性因素是贴现因子,贴现因子越高,博弈双方从合作中获得的就越多[1]。

第四节　法律制度变迁的经济学分析

一、制度变迁的相关概念

(一)制度变迁的概念

制度变迁是新制度产生、替代或改变旧制度的动态过程。作为替代过程,制度变迁是一种效率更高的制度替代原制度。作为转换过程,制度变迁是一种更有效率的制度的生产过程。作为交换过程,制度变迁是制度的交易过程。

制度变迁也称为制度创新,制度创新与技术创新是两个不同的概念。制度创新着重于"人与人的关系",是人类为降低生产的交易成本所作的努力,而技术创新是指人类为降低生产的直接成本所作的努力[2]。

---

[1] 董景荣.制度经济学[M].北京:科学出版社,2015.

[2] 罗必良.新制度经济学[M].太原:山西经济出版社,2005.

（二）制度的均衡与非均衡

新制度经济学家认为，制度变迁是对制度非均衡的一种反应，制度变迁过程也就是制度结构从非均衡到均衡的演变过程。

1. 制度均衡

概括性地说，制度均衡是指人们对既定制度安排和制度结构的一种满足状态或满意状态，人们不想或不能改变现行制度。具体地说，所谓制度均衡，指在既定的制度安排下，已经获取各种资源所产生的所有潜在收益，或者潜在利润仍然存在，但改变现有制度安排的预期成本超过潜在收入，即处于帕累托最优的制度状态，在这种状态下，现有制度的任何改变都不能给处于该制度中的任何人带来收益。从供求角度来说，制度均衡是指制度供给适应制度需求。

2. 制度非均衡

与制度均衡相反，制度非均衡是这样一种状态，在该状态下，认为对现存制度不满意或不满足，意欲改变而又尚未改变。人们对现有制度不满意或不满意的原因在于，现行制度安排和制度结构的净收益小于另一种可供选择的制度安排和制度结构，即存在改变现行制度安排可以获得更多收益的机会。从供求角度来说，制度非均衡是制度供给与制度需求出现了不一致的情形，分为制度供给不足和制度供给相对过剩两种。制度供给不足指对新制度需求的产生往往先于制度供给；制度供给相对过剩指相对于制度需求而言，有些制度供给是多余的，或者一些无效的或无用的制度仍然在发挥作用。

均衡状态只是理想、瞬时的状态，在经济发展过程中，制度非均衡才是一种常态。制度变迁就是对制度非均衡的反应。但是，制度非均衡是制度变迁的必要条件，而非充分条件。制度变迁只可能在制度非均衡状态下发生，制度非均衡不一定导致制度变迁，更不能等于制度变迁。

二、法律制度变迁

（一）法律制度变迁的原因

在人口、环境、技术和意识发生变化的情况下，人们之间的相互关系发生变化，非正式制度也会发生变化，为了适应这些关系的变化，法律制度也会发生变化。

法律制度变迁的结果很大程度上取决于制定规则的规则即宪法，而当宪法存在冲突的情况下，通过对不同利益集团进行排序，决定其能否得到满足。利益集团是导致正式制度变迁和非正式制度变迁的博弈结果。有共同利益的人们在形成有意识行动的组织时,其过程常常是非正式的,是包括人们的习惯和世界观在内的文化制度的结果。组织内成员进行的个体决策累加起来导致了制度变迁。他们可能并不知道其选择是如何累积起来的,但是法律制度变迁往往会导致人们加入组织。同时,组织又会对法律制度的变迁施加压力。在法律制度变迁过程中存在"搭便车"问题,但仍然有人愿意承担实现变迁的成本,这是因为,试图推动制度变迁的主体有功能性目标。当某一利益集团对现状感到不满,而又发现变迁可以实现其目标时,则"搭便车"的机会主义问题就会得到解决,组织成员就会为改变法律制度而努力。

另一个法律制度变迁的观点是法律制度的替代或转换是以效率最大化为目标。波斯纳认为,法律制度安排决定了市场体制的运行环境。在市场体制运行良好的情况下,交易由双方自愿达成,资源达到最大化利用。一旦资源不能流向有效率的领域,则自由交流存在障碍,市场体制无法正常运行,从而需要法律制度的安排或变革来解决。谋求社会总财富最大化即追求经济效率最大化是制定法律的根本准则。如果一项法律制度的变革给受益人带来的收益大于其损失,那么这项变革增加了社会总财富。

(二)法律制度变迁的方式

法律制度变迁是制度变迁的过程,其变迁可分为三种方式:法律制度的继承、法律制度的移植和法律制度的革命。

1.法律制度的继承

法律制度的继承是指现有的法律制度来自原有的法律制度,不同时代的法律制度有其自身独特的特点,但又有一些共性的东西,而这些共性的东西就是法律继承的结果。但这种继承并不是全盘的照搬照抄,而是要经过历史的过滤和根本的变革。继承了的法律制度与原有的法律制度已不是同一个制度,其性质已经发生了改变,是发展了的法律制度。

2.法律制度的移植

法学家定义法律移植为:一条法规或一种法律制度自一国向另一国,或自一个民族向另一个民族的迁移[①]。如果说法律制度继承是法律的纵向发展,那么法律制度的移植则是法律的横向发展,即是在不同国家、地域、民族的传播、交流和发展。例如,在西方确定两大法系之后,其他国家的法律制度基本是移植这两大法系。

---

① 沃森,贺卫方.法律移植论[J].比较法研究,1989(1):67.

3. 法律改革

法律改革是指在现有社会法律制度的本质特征和基本属性不变的前提下对法律进行的局部变革和优化。法律改革以现有的社会制度为基础,不能动摇已有的根本政治制度、经济制度,在确保社会性质不变的情况下进行。法律改革以清理和废止现行法律规范为起点,以创新和更新部分法律规范为主题,是改变旧法和创立新法的有机统一[①]。

4. 法律制度的革命

法律制度的革命是在社会革命过程中,通过暴力的方式彻底推翻旧的历史类型的法律制度而建立新的法律制度,是法律制度变迁最暴力的方式。伯尔曼认为:"革命的历史含义是冲破法律制度凝聚力的急剧的、打破连续过程的和激烈的变革。"[②]伯尔曼所论述的只是革命与法律革命的关系,但法律革命的最终原因是经济基础的变革,根本原因是财产利益的变革。

三、法律制度变迁的需求

人们对制度的需求,是因为它具有一定的经济价值或能够给制度的消费者提供某些服务。制度变迁可以被理解为一种新的、效益更高的制度对另一种旧的、效益低的制度的替代过程。所以,人们对制度变迁的需求就是对效益更高的新制度的需求。人们在什么情况下会产生对新制度的需求?根据戴维·菲尼的观点,当出现了这样一种情况:"按照现有的制度安排,无法获得某些潜在的利益。行为者认识到,改变现有的制度安排,他们能够获得在原有制度安排下得不到的利益,这时就会产生改变现有制度安排的需求。"诺思也认为:"正是获利能力无法在现存的安排结构内实现,才导致了一种新的制度安排(或变更旧的制度安排)的形成。"法律制度变迁需求和制度需求一样,人们之所以要建立新的法律制度,是因为新的法律制度能够给人们带来收益,而这种收益在原有的法律制度下是不能获得的。

法律制度变迁需求与物品的需求有所不同,人们对物品的需求可以以数量计,但制度具有单件性,在一个国家中,一项具体制度确立以后,就不再需要重复创立。因此,制度变迁需求是以性质计,而不是以数量计,即人们对法律制度的需求不是需要多少同质的制度,而是需要哪方面的制度,以及在哪方面需要哪一种制度。社会对商品的需求是个人需求的简单加总,但是,社会对制度的需求不可能由个人对制度需求的简单加总得到,它需要经过一个公共选择的过程,由个人的制度需求排

---

① 李龙,汪习根. 法理学[M]. 武汉:武汉大学出版社,2011:179.

② 伯尔曼. 法律与革命[M]. 北京:中国大百科全书出版社,1993:24.

序综合成社会的制度需求排序,随之再得出社会对制度的需求。

影响法律制度变迁需求的主要因素有宪法秩序、要素和产品相对价格的长期变动、技术进步、市场规模等。

(一)宪法秩序

宪法作为最基本的法律制度,提供最基本的制度环境,奠定制度的最基本框架。关于宪法的经济学研究,美国历史学家比尔德在《美国宪法的经济观》中说道,美国在中华人民共和国成立初期,社会秩序一片混乱,充满了各种复杂的冲突。各利益集团通过长期争论建立起解决矛盾和冲突的规则,从而使美国走出了混乱。比尔德通过研究美国宪法制定者们的经济利益背景和美国宪法产生原因及其性质后,认为宪法事实上是利益集团从自身的利益出发,通过讨价还价之后达到的利益均衡结果。

(二)要素和产品相对价格的长期变动

德姆塞茨在 1967 年发表的《关于产权的理论》一文中指出,美国山区的印第安人之所以在 18 世纪之后开始形成了土地的私有产权,是因为动物毛皮的贸易大大提高了动物的相对价格,而动物相对价格的提高,使人们要有能力阻止偷猎行为,这就产生了人们对于土地私有产权进行界定和保护制度的需求。

中华人民共和国成立初期,我国颁布了《中华人民共和国土地改革法》,废除封建剥削的土地所有制,实行农民阶级的土地所有制,农民拥有土地的所有权和使用权。1950 年颁布的契税暂行条例和土地改革法,允许在私人间、各机关与人民相互间有土地买卖、典当、赠予或交换行为。既允许一定程度的土地所有权转移,也允许批租土地建设。1982 年的《全国农村工作会议纪要》对"包产到户、包干到户"作了完全的肯定。1988 年,宪法规定土地使用权可以依法转让,建立了以耕地保护为核心、用途管制为手段的土地管理制度,即现行的土地管理法。土地管理法的颁布标志着我国土地法制建设的开端,土地管理工作由分散多头管理转为集中统一管理,由行政管理转向行政、经济、法律措施综合管理的新阶段。它以法律形式确认了改革初期的成果,又为以后土地制度和土地管理制度的改革提供了引导①。我国土地制度的变革一方面是自古以来农民就对土地有着本能的需求,另一方面也是随着我国经济的不断发展,土地的价格逐渐上涨,农民急需对土地拥有使用权和所有权,并且允许所有权的转移。

这一点在我国城市土地使用制度上体现得淋漓尽致。作为改革开放的经济特

---

① 江虹,李涛.新中国土地法律制度的变迁研究[J].商业时代,2011(30):77-78.

区,深圳抓住了发展的机遇,经济得到了快速的发展,深圳的土地价格也随之上涨。因此,1986 年,我国出台了《深圳经济特区土地管理制度改革方案(草案)》,其中规定:国有土地的所有权和使用权分离,强化国有土地权,国有土地权作为特殊商品进入市场。2007 年,我国对城市房地产管理法做出修改,给出了拆迁补偿的法律依据:为了公共利益的需要,国家可以征收国有土地上单位和个人的房屋,并依法给予拆迁补偿,维护被征收人的合法权益,征收个人住宅的,还应当保障被征收人的居住条件。

中华人民共和国成立以来,关于土地制度的法律已颁布很多,不管是农村土地制度还是城市土地使用制度,对土地法律制度变迁的需求是随着土地相对价格的不断上升而产生的,自改革开放以来,这一点在城市土地使用权的法律制度中体现得尤为明显。

要素和产品相对价格的长期变动会使人们产生对新的法律制度的需求,因为新的法律制度可以为人们带来因要素和产品价格变得相对稀缺而导致的相对价格的上升带来的更多的收益。当所有者从对产品或要素的专有权中获得的收益大于保护这种专有权而支付的成本时,产权制度的建立就会成为迫切需要[①]。

(三)技术进步

在新制度经济学家看来,技术进步是引起制度变迁需求的一个重要的影响因素。从生产方面来看,新的制度安排需要利用新的潜在外部性,这在某种技术进步的条件下容易得到保证;从交易方面来看,技术进步可以影响交易费用,并使原先不起作用的某些制度安排起作用;从分配方面来看,技术进步可以有效地改变要素所有者或各个经济部门之间的收入流的分割。

(四)市场规模

市场规模越大,社会分工也就越细,这个道理同样适用于法律制度变迁的分析。首先,随着市场规模扩大,固定成本可以通过很多的交易而不是相对较少的交易收回。这样,固定成本就成为制度安排创新的一个较小的障碍了。其次,市场规模的扩大使一些与制度相适应的安排得以创新,如股份制公司、跨国公司等。最后,市场规模的扩大使一些法律制度的运行成本大大降低。

改革开放以来,我国版权法律制度变迁是一个不断完善的过程。从 1979 年我国版权法正式启动至今,关于版权的法律、条例、办法等颁布的已接近 20 部。版权法律制度变迁的需求有三方面原因:①国内学者的著作越来越丰富,市场需求也逐渐上升,但版权侵犯的事件也日益猖獗,国内学者为了保护自己的权益呼吁国家完

---

① 袁庆明.新制度经济学教程[M].北京:中国发展出版社,2011:340.

善版权法律制度;②国际贸易快速发展,我国与其他国家或地区的贸易越来越频繁,贸易国为实现本国知识产权相关企业获取最大化利润,要求对方国家完善其知识产权法律制度;③我国政府完善版权法律制度,不仅能满足国内民众的制度需求,而且有助于加快对外开放的步伐。我国版权法律制度不断完善以后,促使我国版权产业飞速发展。根据中国新闻出版研究院发布的"中国版权相关产业的经济贡献调研"结果显示,2009 年我国版权相关产业行业增加值为 22297.98 亿元,对国内生产总值的贡献率为 6.55%,对就业的贡献率为 6.8%①。

四、法律制度变迁的供给

法律制度变迁的供给主体是国家,制度变迁分为诱致性变迁和强制性变迁,诱致性变迁由个人和团体相应获利机会而自发进行,强制性变迁通过政府命令和法律来强制实施。法律制度变迁属于强制性变迁,变迁的主体是国家,所以法律制度变迁的供给主体是国家。法律制度变迁的供给不同于一般商品的供给,它具有以下特征:一方面,法律制度变迁的供给具有较高的成本。法律制度不同于其他制度,其需要通过法律制度的设计、立法部门的批准以及司法部门的实践检验等,具有较高的设计成本和实施成本。另一方面,法律制度的供给受利益集团的影响。法律制度由国家供给,国家在某种意义上可以看作是利益集团的均衡,因此利益集团的偏好决定了法律制度的选择。

影响法律制度变迁的供给因素有宪法秩序和规范性行为准则、法律制度设计成本、实施新法律制度的预期成本、现有法律知识的积累和相关科学理论的进步、法院的作用等。

(一)宪法秩序和规范性行为准则

宪法为法律制度提供了最基本的环境,决定了法律制度供给的基本方式和供给的成本。诺思指出:"一个政治体制由彼此间具有相互联系的一套复杂制度构成,宪法是这种体制最基本的组织约束,其目的是通过界定产权及强权控制的基本机构使统治者小于最大化。"②宪法是根本大法,是其他法律制定的基准,其他法律都在宪法的基础上制定。

文化背景、社会习俗、意识形态和公众态度等非正式制度也是法律制度环境的构成部分,这些规范性行为准则也会影响对制度安排的看法和选择。法律制度安

---

① 朱鸿军.改革开放以来我国版权法律制度变迁的特征分析:基于制度变迁理论的视角[J].中国出版,2012(21):32-36.
② 董景荣.制度经济学[M].北京:科学出版社,2015:257.

排要和行为准则、行为规范等相适应,法律制度供给也必须考虑与行为准则相协调。

(二)法律制度设计成本

法律制度设计成本包括在制定一项法律过程中所耗费的资源和利益集团谋求制度设计的努力过程中所耗费的资源。法律制度变迁的利益集团会游说立法者以及和其他利益集团谈判,立法者在利益集团的要求下,需要投入大量人力、物力、财力等各种资源,调查和研究该项制度设计的必要性和可行性。因为制度设计会直接或间接影响公民的行为,公民参与也是制度设计的必要环节,因此公民也会产生成本。一般来说,新法律制度设计成本越低,制度变迁就越容易进行,相反,如果一项法律制度设计成本要耗费大量的资源,那么该法律制度就越不容易发生变迁。

(三)实施新法律制度的预期成本

一项新的法律制度实施需要花费成本,这些成本包括国家司法机关在执法过程中耗费的资源和行为人在享受法律服务过程中耗费的资源。例如,建造司法机关的办公机构、司法工具、司法工作人员的工资以及具体法律活动等方面的耗费。如果法律制度变迁的成本高于预期收益,那么新的法律制度将不会被供给。相反,如果法律制度变迁的预期收益高于实施的成本,那么新的法律制度供给将会增加。例如,我国环保产业存在立法不健全、缺乏正当自由竞争机制、管理体制存在缺陷等问题,其原因在于,一方面我国环保产业的制度环境没有体现社会资源的分配效率,另一方面也是因为相关法律实施的障碍性社会成本过高。

(四)现有法律知识的积累和相关科学理论的进步

当科学和技术知识进步时,技术变迁的供给曲线会右移,同样的道理,当法律知识和相关科学理论进步时,法律制度变迁的供给曲线也会右移。现在拥有的法律知识越多,人们对问题认识的水平就越高,学习和创新的能力也就越强,制度安排选择合集的可选择空间也越大,那么潜在识别利润、设计和实施法律制度的成本也就越低,法律制度变迁也更容易实现。

影响法律制度变迁的供给因素除了以上四个主要的因素之外,还有现有的法律制度、法院对新的法律实施的作用等。

五、法律制度变迁的成本-收益分析

法律制度之所以能够变迁,是因为法律制度变迁能够给变迁主体带来在旧的法律制度下不能获得的利益,或者比在旧的法律制度下获得更多的利益。法律制度变迁是否可以实现,在很大程度上取决于变迁的成本和收益的比较,当法律制度变迁的收益大于其成本时,那么法律制度变迁就越容易实现。

(一)法律制度变迁的成本分析

法律制度变迁的成本包括立法成本、法律制度的实施成本、法律制度变迁的交易成本以及新的法律制度代替旧的法律制度的损失。

1.立法成本

立法成本主要有在制定一项法律过程中所耗费的资源和利益集团谋求制度设计的努力过程中所耗费的资源。立法成本类似于新古典经济学中的固定成本,立法成本不会随着执法和努力程度改变而变化。立法成本主要有:为法律立法者所支付的费用、为收集立法信息和资料进行调研所支出的费用、形成法律草案及审议修订的费用、制作法律文本的费用和法律宣传费用等[①]。

影响立法成本的主要因素有社会习惯、传统、社会政治秩序、社会科学技术积累和立法技术水平。立法的目标模式与社会习惯、文化传统越接近,立法过程中遇到的阻力就越小,相应的立法成本就越低。社会政治秩序包括基本的政治制度、宪法秩序以及各利益集团的谈判力量,这些因素贯穿于立法的全过程,是一国经济制度和政治制度的基本结构,是一切立法的基础。一项具体的法律制度与目前的社会政治秩序相容程度越高,立法成本越低,则该具体的法律制度越容易被实施。社会科学技术积累越多,立法技术水平越高,立法者在设计法律的过程中就越便利,对立法过程就越清晰,立法的成本也就越低。

2.法律制度的实施成本

法律制度的实施成本包括国家司法机关在执法过程中耗费的资源和行为人在享受法律服务过程中耗费的资源。例如,建造司法机关的办公机构、司法工具、司法工作人员的工资以及具体法律活动等方面的耗费。法律制度的实施成本随着实施的努力程度的变化而变化,类似于新古典经济学中的可变成本。立法只是为法律供给提供基础服务,具体的法律一旦被创造出来,那么服务的规模和质量就取决于法律制度的实施能力程度。

影响法律实施成本的主要因素有立法质量、执法和司法人员的素质,以及公民法律意识等。立法机关在制定法律过程中对法律所要调整和治理的行为关系的认识,对法律条文的文字的表述准确度,对行为相对人之间权利和责任的界定等都会影响法律的可实施性,进而影响法律的实施成本。法律实施的具体环境具有可变

---

① 胡元聪,向志勇.经济法律制度变迁的法经济学分析[C]//中国法经济学论坛论文集,2010.

性,而且法律是由执法和司法人员来实施,所以在具体的法律实施中,界定行为相对人的权利和责任需要法院获取充分信息并做出判断,法院获取信息的能力直接影响具体法律实施的成本。法律实施的成本与公民的法律意识也有直接关系,当公民的法律意识比较淡薄时,任何一项法律的实施都会遭到各种各样的阻力,法律实施的成本相应的也会上升。当法制观念深入人心,法律成为人们生活中的基本规范时,实施法律的阻力就会降低,法律实施成本也会降低。

3.法律制度变迁的交易成本

一项新的法律在实施的各阶段,往往并不能达到最优的运行状态,经常会受到各种阻力,消除这种阻力所耗费的成本就是法律制度变迁的交易成本。在新的法律制度实施时,会使一部分个人或组织收益,当然也会损害另一部分个人或组织的利益,受损害的个人或组织就会消极反抗,增加法律制度变迁的交易成本。

(二)法律制度变迁的收益分析

法律制度变迁的收益是指新的法律制度实施后产生的具体结果,包括经济收益和社会效益。

1.法律制度变迁的经济收益

(1)降低交易费用带来的收益。在现实经济生活中,市场并非是完全的,这必然产生信息的获取费用以及其他交易费用。这些费用的高低是检验市场机制的效率和发育程度的基本标准,而降低这些费用需要新的制度安排。例如,我国消费者保护法律制度明确规定了经营者有告知的义务,消费者有了解商品和服务真实情况的权利,这就在一定程度上降低了获取信息的费用。消费者保护法律制度体系通过法律、行政等手段对市场信息进行管理和揭示,对消费者实施教育以提高消费者的辨识能力、对经营者施加约束和激励等,为处于劣势的消费者提供一种在交易活动中应对市场缺陷和自身缺陷的手段和工具,从而可以促进公平交易的实现,降低交易费用,为人们带来收益[①]。

分工和专业化可以带来利益,但也会导致交易次数的增加,而交易都是有成本的,高额的交易成本可能会抵消分工和专业化带来的收益,进而影响交易的进行。所以,必须要有合适的法律制度安排来降低交易成本。

交易的发生是因为个人对权利的不同估价,如果没有对产权的合理界定,则交易的成本和收益无法估计,有效率的产权难以进行,从而不能实现资源的有效配置。关于产权的法律制度明确界定了产权的交易主体,有利于降低交易成本,从而

---

① 　郭广辉,戎素云.我国消费者保护法律制度变迁的经济分析[J].河北法学,2008(2):34-36.

实现资源的有效配置。

(2)规模经济带来的收益。规模经济受到制度的约束。在组织制度不变的情况下,组织的技术决定组织获得的规模经济的程度。但是,如果组织制度可以变化,那么组织本身规模的扩大就可以为组织带来规模经济。法律制度的变迁通过改变组织制度,为变迁主体带来规模经济的好处。

2. 法律制度变迁的社会效益

(1)宏观度量。经济法律制度变迁效益的宏观度量主要是从经济法律制度在时空转换条件下的相互比较中得出的。①无法和有法状态下的效益比较。从无法到有法状态的转换下,法律制度的出现产生了法制成本,但是也带来了收益,并且收益的增加大于付出的成本,法律制度变迁的效益提高了。②预测不同法律制度在同等条件下的收益比较。通过预测和比较不同法律制度的收益和成本,根据经验做出有效益的法律安排。③前后相继的法律制度的效益比较。比较变动前后的法律制度的边际效益,当边际效益大于1时,新的法律制度就会带来更多的社会效益。在几种法律制度的边际效益都大于1的情况下,选择边际效益最大的法律制度安排。

(2)微观度量。经济法律制度变迁效益的微观度量关键的问题,就是如何确立经济法律制度效益的量化指标。拥有明确的数量或指数参考指标,立法主体可以对经济法律制度做出更深入的分析,进而决定经济法律制度的立、改、废。

法律制度变迁的收益和成本在不同阶段是不同的,需要根据具体情况具体分析。法律制度收益是法律制度存在的合理性的基础,是决定法律制度变迁的主要因素。波斯纳主张将是否有利于增进人类对资源优化配置和提高经济效益作为判断制度变迁发展的根本依据。当然,这不是唯一的标准,法律制度变迁的成本和收益分析也存在局限性,因为这是建立在理性人的假设之上的,因而不能将所有法律现象都纳入法律分析的框架,也不能对法律做出完全精准的评价。而且,成本-收益分析无法代替法律的正义和公平。对于那些非理性的法律制度变迁,只能用其他方法,例如法律的道德分析、法律的伦理分析、法律的社会分析等①。

[案例] **邱兴华案件**

邱兴华特大杀人案震惊了全国。2006年7月,邱兴华在杀害10人之后,在逃亡过程中又杀害一人,砍伤3人。2006年10月19日,陕西省高级人民法院以故意杀人案判处邱兴华死刑,12月28日正式执行。这一案件引起了全国的关注,其关注点在于是否对邱兴华进行精神病鉴定。邱兴华家属认为其有精神病,并出具了其家族多人患有精神病的证明,几位法律界的学者也呼吁对其进行鉴定,但高级

---

① 胡元聪,向志勇.经济法律制度变迁的法经济学分析[C]//中国法经济学论坛论文集,2010.

人民法院拒绝对其鉴定,维持原判。

案例评析:

　　该案件中,社会关注的焦点已不再是邱兴华是否应该做精神病的鉴定,而上升为我国司法鉴定方面的不足。中国人民大学法学院教授陈卫东说:"根据刑事诉讼法,司法机关应该根据提供的证据,决定是否同意进行司法精神病鉴定。如果不鉴定,那么对于不进行鉴定的理由,司法机关必须作出回应。在诉讼中,只要被告一方或受委托人申请做司法鉴定,只要具备一定的理由和依据,司法机关就应为其做鉴定。"北京市律师协会刑法专业委员会许兰亭律师认为:"凡是有可能被判处死刑的人,都应该为其做司法精神病鉴定。"但是该案件中,法院并没有按照被告家属的申请进行精神病鉴定,也折射出我国司法鉴定中存在的不足,相关法律制度有待改善。

　　在该案中,其两种力量博弈,利益反对者的力量要远远大于利益推动者的力量。无论法院是否进行鉴定都会面临巨大的压力,关键取决于哪一方的压力更大。在该案中,从社会利益、社会秩序、社会公众接受程度等进行考量,是法院不可忽视的因素。本案的难点正在于邱兴华先后杀死了多人,"万一鉴定出邱兴华真的是精神病,按照现行的法律规定,邱兴华就得无罪释放。果真如此,法院如何安抚被害人家属都将是个问题,何况不少民众都主张对邱先杀之而后快"。于是,该案表现的制度变迁的力量博弈结果,明显地不支持新的制度安排。

案例讨论:

　　法律制度博弈模型有哪些? 如果该案件中要完善我国的司法鉴定机制,其成本和收益是什么? 从该案件中我们可以得到什么启示?

复习思考题

　　1.科斯定理中关于法经济学的思想有哪些?

　　2.简述法律制度变迁的原因和方式。

　　3.波斯纳"法律模拟市场"的质疑有哪些?

　　4.试分析法律变迁的成本和收益。

参考文献

[1] 李龙,汪习根.法理学[M].武汉:武汉大学出版社,2011.

[2] BARBER B. Science and the social Order[M]. New York :Nabu Press,2011.

[3] 李丹,彭如良.孔德的社会秩序理论对我国社会建设的启示[J].法制与社会,2008(11):270-271.

[4] 黄芳.社会秩序理论:种政治思想史的考察[D].杭州:浙江大学,2014.

[5] 吴永.哈耶克自生自发社会秩序理论探究[D].临汾:山西师范大学,2014.

[6] 斯坦,香德.西方社会的法律价值[M].王献平,译.北京:中国法制出版社,2004.

[7] COASE R H. The problem of social Cost[J]. Journal of Law and Economics，1960(10):1-44.

[8] 科斯.新制度经济学创始人[M].胡庆龙,译.北京:人民邮电出版社,2009.

[9] 莫志宏.科斯定理与初始权利的界定:关于初始权利界定的法与经济学[J].中国政法大学学报,2008(5):112-122.

[10] 尹德洪.科斯定理的法和经济学拓展[J].东北财经大学学报,2006(3):3-6.

[11] 杨亚辉.波斯纳财富最大化理论的局限性及评价[J].经济论点,2012(10):57-58.

[12] 罗君丽.罗纳德·科斯的法与经济学思想[J].经济师,2007(9):48-49.

[13] 王静仪.我国遭受反倾销调查的贸易效应探析::基于欧盟对我国光伏产品反倾销调查的案例分析[J].价格理论与实践,2014(12):115-117.

[14] 刘爱东,曾辉祥.基于动态博弈分析的企业反倾销应诉"成本-收益"决策模型研究[J].江西财经大学学报,2014(3):109-113.

[15] 孙凤英.论反倾销会计应诉的"度"[J].中南林业科技大学学报(社会科学版),2012(6):48-51.

[16] 张翼.不完全信息下联合组合形态动态博弈分析[J].技术经济,2012(7):124-128.

[17] 李晓翼.我国出口贸易面临国家反倾销原因的深度分析[J].国际贸易问题,2010(7):75-80.

[18] 王根芳,徐若瑜.农业保险主体合作机制研究:基于重复博弈视角[J].金融教育研究,2013,26(1):59-63.

[19] 董景荣.制度经济学[M].北京:科学出版社,2015.

[20] 罗必良.新制度经济学[M].太原:山西经济出版社,2005.

[21] 沃森,贺卫方.法律移植论[J].比较法研究,1989(1):67.

[22] 伯尔曼.法律与革命[M].北京:中国大百科全书出版社,1993.

[23] 江虹,李涛.新中国土地法律制度的变迁研究[J].商业时代,2011(30):77-78.

[24] 袁庆明.新制度经济学教程[M].北京:中国发展出版社,2011.

[25] 朱鸿军.改革开放以来我国版权法律制度变迁的特征分析:基于制度变迁理论的视角[J].中国出版,2012(21):32-36.

[26] 胡元聪,向志勇.经济法律制度变迁的法经济学分析[C]//中国法经济学论坛论文集,2010.

[27] 郭广辉,戎素云.我国消费者保护法律制度变迁的经济分析[J].河北法学,2008(2):34-36.